당신의 뇌가
사랑을
의심할 때

당신의 뇌가
사랑을
의심할 때

관계 번아웃에 빠진
커플을 위한 실천 뇌 과학

다니엘라 베른하르트
지음

추미란
옮김

불광출판사

추천의 말

책이나 강연에서 제가 자주 하는 말이 있습니다. 조언을 구하고 싶다면 꼭 당신이 원하는 곳에 이미 가 있는 사람에게 구하라는 말입니다. 예를 들어 자기 밥벌이도 못 하는 사람을 붙잡고 재테크를 의논하면 안 됩니다. 재테크라면 누가 봐도 이미 상당한 부를 축적한 사람에게 물어야겠죠. 같은 맥락에서 남녀 관계에 관한 조언은 이미 행복하고 바람직한 관계에 있는 사람에게 구해야 할 것입니다.

그런데 현실은 그렇지 못한 경우가 많은 것 같습니다. 물론 좋은 의도에서 하는 말이겠지만 부모, 친척, 친구 들이 정작 자신은 배우자와 전혀 행복하지 않으면서 이러쿵저러쿵 조언합니다. 아무리 '너'만은 잘 살라는 뜻에서 하는 말이라고 해도 그런 조언을 하는 사람들의 인생을 보면 대체로 사랑과 행복이 가득하지도, 유머와 열정이 있지도 않으며 그들과 그들의 배우자가 함께 성장할 수 있는 관계에 있는 것 같지도 않습니다. 그런 관계를 가꾸어 나가는 방법을 자신도 잘 모르고 있고, 해가 바뀔수록 관계가 점점 더 아름답고 행복해질 수 있음도 모르는 게 분명합니다.

제 경우는 그렇지 않습니다. 이 책의 저자와 결혼하는, 지금도 믿기지 않은 행운을 누릴 수 있었기 때문입니다. 지난 12년 동안 삶의 그 모든 희로애락에도 불구하고 우리의 결혼 생활은 매년 더 아름다워지고 있습니다. 그러므로 이 책이 하는 말이 얼마나 진정성이 있는지 저는 그 누구보다도 잘 알고 있습니다. 다니엘라는 어떤 상황에서도 늘 사랑과 건설적인 소통을 견지하는, 그야말로 이 분야의 전문가입니다. 그리고 제가 사랑하는 여인이고, 저의 가장 친한 친구이며, 가끔 제가 좋을 것 없는 아이디어에 빠져들 때면 저의 가장 혹독한 비평가가 되어 주기도 합니다.

저는 이 책을 제일 먼저 읽는 영광과 즐거움을 크게 누렸습니다. 이 책을 읽으면서 자주 큰소리로 웃을 수밖에 없었는데, 당연하게도 이 책의 몇몇 사례들이 저에 관한 이야기였고, 그때마다 뭔가 들켰다는 느낌이 들었기 때문이었습니다. 하지만 중요한 것은 이 책에 나오는 모든 조언과 방법에 효과가 있다는 것입니다. 그 사실을 저만큼 잘 아는 사람도 없을 듯하니 제 말을 믿어 주길 바랍니다. 이 책의 조언을 따르고 지켜나갈 때, 끝없는 싸움은 소중한 소통으로 바뀌고, 지나친 완벽주의에서 벗어나 삶의 즐거움을 만끽할 수 있을 것이며, 권태로웠던 사랑은 삶이 줄 수 있는 모든 감각적이고 감성적인 모험으로 바뀔 것입니다.

여러분의 그 여정에 기쁨이 함께하기를 바라며, 제가 매일 그러하듯 여러분도 매일 감사할 수 있는 관계를 곧 맞이하게 되길 기원합니다. 진심으로.

클라우스 베른하르트
『어느 날 갑자기 무기력이 찾아왔다』, 『어느 날 갑자기 공황이 찾아왔다』 저자

들어가는 말

단지 표현하지 않을 뿐,
우린 여전히 서로 사랑하고 있어요!?

"사실 무엇이 문제인지 모르겠어요"

표현은 조금씩 다르지만 번아웃에 빠진 이들이 자주 하는 말입니다.

큰 목표, 평균 이상의 노력… 이것들이 살면서 꿈꿔 온 것들을 이루어 줄 수도 있겠지만 그 부작용도 만만치 않습니다. 우리는 늘 더 높이, 더 빨리, 더 멀리 가야 하고, 늘 최상의 상태를 유지해야 합니다. 하지만 무언가를 위해 몸과 마음을 하얗게 불태운다면 언젠가는 자기 자신도 그렇게 불타기 쉽습니다.

많은 사람들이 경험하는 직업적 번아웃은 이러한 상황에서 대개 스트레스가 극심해 가장 힘들 때 찾아옵니다. 애정 관계에 있어서는 어떨까요? 결론적으로 말하면 애정 관계에도 번아웃은 찾아오며, 이 경우 자신과 상대에 대한 기대치가 지나치게 높을 때 발생합니다.

번아웃으로 인해 기분이 더할 수 없이 가라앉을 때, 더는 감당

할 수 없다고 느낄 때, 파트너에 대하여 짜증만 날 때…, 우리는 상대의 사랑 혹은 나의 사랑을 의심하게 됩니다. 하지만 이것은 잘못된 추론이며 상황을 더 나쁘게 할 뿐입니다. 그러니 그렇게까지 의심하지 말았으면 합니다.

우리 상담소에서 저는 부부·연인 관계의 번아웃이 극에 달한 커플들조차 다시 아름답고 행복한 파트너 관계에 이르는 경우를 많이 보아 왔습니다. 그러기 위해서는 문제 해결 과정을 단계별로 제대로 따라가는 게 매우 중요하고, 또 효과적입니다. 즉 제일 먼저 '나 자신', 다음으로 '상대방', 그다음 '사랑'을 돌봐야 합니다. '나'부터 돌보아야 하는 이유는 자신을 잘 알고 몸도, 마음도 다시 건강해진 사람만이 '좋은 관계' 프로젝트에 전념할 여분의 힘을 비축할 수 있기 때문입니다. 그래야 두 번째 단계인 '상대방'의 단계로 나아갈 준비가 되고, 그렇게 준비가 될 때만이 상대를 있는 그대로, 제대로 인지하고 이해할 수 있으며, 사랑으로 소통하며 함께 문제를 풀어 나갈 수 있습니다. 여기까지 잘해 나갔다면 세 번째 단계로 나아가 함께 '사랑'을 꽃피우며 행복하게 사는 법을 배울 수 있습니다.

저는 이 책을 통해 위의 세 단계를 요약·설명하고자 합니다. 부부·연인 관계의 번아웃 상태에 빠진 이들이 전문적인 치료가 없어도 스스로 다시 행복한 관계로 돌아갈 수 있게 하고 싶습니다. 이 과정에서 가장 이상적인 환경은 부부나 연인 양쪽 모두 안정적이고 사랑 가득한 관계를 위해 노력하는 것입니다. 하지만 일단 한쪽만이라도 이 책이 말하는 조언을 따르고 실천한다면 그것이 동력이 되어 관계가 눈에 띄게 좋아질 것입니다. 더욱이 이 과정의 처음에는 '나'에 집중해야 하므로 누구든 혼자 가야 합니다. 그러므로 지금 당장 시작하세요. '나 자신'이 최대한 빨리 꽃피울수록 더 빨리 다음 단계로 나아갈 수 있습니다.

관계 번아웃과 직업적 번아웃은 함께 온다

꼭 능력이 좋아야만 사랑받는 것은 아닙니다. 하지만 적지 않은 사람들이 가능한 한 훌륭한 동반자가 되어야 하고, 좋은 친구도 되어야 하며, 유머 감각도 좋아야 하고, (경우에 따라서는) 완벽한 부모까지 되어야 한다는 높은 이상을 가지고 관계를 시작합니다. 그리고 직업적 성공도 이루어야 합니다. 하지만 너무 높은 기대감과 잘해야 한다는 압박에 시달리는 것이 애정 관계에 좋을 리 없습니다.

동반자 관계에서 완벽주의는 과로와 실망을 부릅니다. 그럼 생활이 무거워지고 삶의 기쁨이 사라지게 되죠. 나아가 고요하고 조화로운 삶을 갈구하게 되고, 그래서 더욱 자신의 욕구를 억압하고 문제를 외면합니다. 서로의 욕구와 문제에 대해 말한다고 해도 너무 늦은 경우가 많습니다. 자신에게 지나치게 많은 걸 요구하며 희생할 때 연애 기분은 사라지고 성적 욕망도 줄어듭니다. 육체적 애정 표현에도 점점 소홀해집니다. 소파에 앉아 텔레비전을 보면서도 한순간조차 서로 떨어지지 않으려 하던 커플이라 해도 말이지요.

하지만 이런 상황까지는 가지 않았으면 합니다. 함께 다정한 저녁 시간을 보낼 여력도, 시간도 없다면 빨리 문제를 해결해야 할 때입니다.

당신은 견딜 수 없을 때까지 노력했다

직장 동료나 이웃에게는 여전히 행복해 보이는 커플이라도 당사자들은 이미 결별을 말하고 있거나 최소한 생각하고 있는 경우가 많습니다. 이상적으로 보이는 이런 커플들은 '실제로도' 부족한 게 없을지 모릅니다. 정말 슬프게도 당사자들조차 오랫동안 그렇게 믿어 왔을 테니까요. 하지만 안타깝게도 직장에서의 성공, 좋은 집, 나무랄 데 없는 아이(들), 경제적 안정이 생각만큼 행복을 보장해 주진 않습니다. 오히려 자신이 기계처럼 '기능하고 있다'는 생각만 자꾸 들게 합니다.

사랑의 감정이 우울로 변하는 것은 스스로 벌여 온 이상과의 싸움에서 진 결과입니다. 사랑하는 사람과 살아도 꿈같은 영화 속 삶과는 달리 실망과 좌절, 동경, 불안, 심지어 분노까지 일어나기 마련입니다. 이러한 감정을 표현하지 않고 계속 억압하기만 한다면 언젠가는 번아웃될 수밖에 없습니다.

완벽주의자들이 번아웃에 잘 노출되는 이유가 여기에 있습니다. 이들은 더할 수 없이 좋은 마음으로 계속해서 베풉니다. 몸과 마음이 더는 견딜 수 없을 때까지. 피로, 실망은 물론 심지어 반감이나 적의 등 모든 불쾌한 감정들이 일어나지만 계속 억압합니다. 이것은 급한 전화를 받기 싫다고 계속 받지 않다가 전화기를 아예 꺼 버리는 것과 비슷합니다. 결국 이제 중요한 소식이나 좋은 정보도 받지 못합니다. 다시 말해 중요하고 좋은 감정도 더는 느끼지 못하게 되는 것입니다. 그럼 감정은 더 억압되고 결국 전화기가, 아니, 감정이 아예 죽어 벙어리가 됩니다. 결국 지치다 못해 공허함을 느낍니다. 자기만의 느낌과 감정에 더는 접촉하지 못하기 때문입니다. 자기 자신을 제대로 느끼지 못하면 파트너의 감정도 느낄 수 없으므로 그만큼 서로 멀어질 수밖에 없습니다. 관계의 치유에는 상대에 대한 기본적인 믿음과 신뢰가 전제되어야 하는데 이렇게 서로 멀어진 상태라면 이 기본적인 전제 자체가 성립되지 않습니다. 하지만 다행히 이런 상태라도 조치를 잘 취하면 금방 예전으로 돌아갈 수 있습니다.

파괴는 늘 자체 제작된다

우리 상담소를 찾아오는 커플들은 평소에 자주 무력감을 느낍니다. 그러면서도 자신이 얼마나 쉽게 말 없는 체념 상태에 빠지곤 하는지 잘 인지하지 못합니다. 흥미로운 것은 그런 사람이 가끔은 거의 미친 사람이 되기도 한다는 점입니다. 상대가 말 한마디만 잘못해도 감정이 폭발합니다. 그런데 안타깝게도 정작 당사자는 자신이 감정의 감수와 발산, 체념과 폭발 사이를 오가는 전형적인 번아웃 증상으로 고통받고 있음을 전혀 모르는 경우가 많습니다. 게다가 그 원인을 대개 엉뚱한 곳에서 찾죠. 다시 말해 가장 편한 곳, 즉 외부에서 찾습니다. 구하는 자가 얻기 마련입니다. 대체로 잘못된 것을 얻더라도 말입니다.

"파트너, 일, 아이들, 주변 환경이 문제야!"

"다른 사람이 문제야!"

그러나 파괴는 늘 자체 제작됩니다. 바깥이 아니라 안에서 말입니다. 다시 말해 자신에 대해 생각하는 방식, 자신에게 말하는 방식, 그리고 자신에게 하는 억지 요구들, 바로 그 안에서 제작되는 것입니다.

따라서 둘만의 시간을 더 많이 보내는 것만으로는, 혹은 소통 훈련만으로는 대개 원하는 목적을 이룰 수 없습니다. 스트레스 상태라면 사랑 가득한 교감은 어차피 불가능합니다. 그러한 교감을 위해서는 제대로 작동하는 뇌가 필요한데, 스트레스로 인한 강한 흥분 상태, 즉 심장이 1분에 90회 이상 뛸 때 뇌가 제대로 작동할 리 없습니다. 스트레스 상태에 놓이면 인간의 뇌는 관계 메커니즘이 아니라 생존 확보 메커니즘으로 돌아가게 됩니다.

투쟁·도피 증후군 Fight or Flight Syndrom

스트레스가 극에 달하면 적절한 사고가 생리적으로 불가능해집니다. 부부·연인 사이에 큰 싸움이 터졌을 때도 그렇습니다. 이때 원시 뇌에 해당하는, 유아기에 이미 발달하는 우리 뇌의 부분들이 적극적인 활동에 들어갑니다. 그런 상태라면 사랑을 느끼기는커녕 합리적 반응과 객관적 듣기조차 어렵습니다. 더욱이 그런 상황이 오래될수록 우리는 점점 더 네안데르탈인과 비슷해집니다. 다시 말해 생각 없이 반사적으로 공격하거나 도망가게 됩니다. 혈액 공급 방식이 일시적으로 달라지며, 최근에 발달한 우리 뇌의 부분들에는 상대적으로 혈액과 산소가 충분히 공급되지 못합니다. 그렇게 되면, 하나의 예로 감성 능력이 적절히 발휘되지 못합니다. 의학적으로 보면 사랑하는 관계에 해로울 것이 분명한 정도의 스트레스 호르몬이 분비되죠. 숙고나 감정이입 같은, 생존에 (필요가 없으므로) '사치'인 활동에는 우리 몸이 알아서 일시적으로 그 연료를 끊어 버립니다. 응급 상황에는 대뇌피질이 최대 역량을 발휘하기 시작하므로 현명하고 애정 어린 반응을 보일 수 없습니다. 사랑 혹은 애정이 부족해서가 아니라 스트레스, 과로, 잘못된 생각 등이 불편한 상황을 부르기 때문에 서로 싸우게 됩니다. 이런 사실들을 알게 되면 내담자들은 대개 안심합니다. 그럼 관계 회복은 이미 시작된 것입니다.

상담소를 찾는 커플들

커플이 심리치료사에게 도움을 요청한다는 것은 이미 문제가 있다는 뜻입니다. 대개 힘든 상황이고 양쪽 모두 불행하다고 느낍니다. 그럼 최대한 빨리 문제를 해결해야 합니다. 그래서 내담자들 대부분이 몇 주간 이어지는 상담보다는 짧은 집중 상담을 원하고, 실제로도 이 시기에는 집중 상담으로 부담을 덜고 긴장을 푸는 것이 무엇보다 중요합니다. 따라서 저는 심리 상담에 일반적인 간접적 방법들은 대개 쓰지 않고 정신 계발 코치가 되어 이런저런 행동들을 지시하고, 그런 행동들을 하는 데 필요한 도구들을 제시합니다. 커플 치료를 받을 때는 양쪽이 꼭 같이 받아야 한다는 생각이 계율처럼 되어 있는데, 저는 관계 번아웃에 시달리는 커플을 상담할 때 보통 그런 계율은 무시합니다. 양쪽 모두와 함께 간단한 첫 상담을 마치고 나면 저는 그 즉시 각각 한 명씩 상담하며 솔직한 생각을 듣습니다. 그럼 대개 본격적인 고백의 시간이 이어집니다.

"너무 공허해요. 아무런 생각 없이 그냥 일만 해요. 제가 원하는 게 뭔지, 사랑을 하기나 하는지 아무것도 모르겠어요."

파트너와 같이 상담할 때는 둘이 서로 사랑하고 있고 꼭 함께 살기를 원한다고 했던 사람들이 이렇게 말합니다! 상담에서 들은 내용은 절대 누설할 수 없습니다. 덕분에 1인 상담을 할 때 진짜 원인을 듣게 됩니다. 내담자와 둘만 있을 때 상담자도 내담자의 생각에 가장 잘 공감할 수 있고, 그 사람에게 꼭 맞는 전략들을 조언할 수 있습니다.

이 책에서도 마찬가지입니다. 먼저 여러분 자신의 문제부터 혼자 온전히 파 보아야 합니다. 이 책이 소개하는 기술들을 스스로 이용해 본래 자신을 되찾을 때만이 상대에게도 마음을 열 수 있습니다. 자신을 이해할 때 비로소 상대도, 관계도 이해할 준비가 됩니다. 그 과정의 시작을 위해 저는 내담자들에게 먼저 테스트를 하나

받게 합니다. 질문지를 하나 주고 집중 상담일 전까지 상세히 답하게 하는 것입니다. 관계 회복은 준비가 잘 될수록 효과적으로 진행됩니다. 이 질문지만으로도 이미 중요한 점들을 많이 알게 되고, 치료 효과를 보았다고 하는 내담자도 많습니다. 여러분도 곧 「테스트 하나-몇 가지 질문들」에서 이 질문지를 받게 될 것입니다. 그것을 적극적으로 이용해 큰 효과를 보기 바랍니다.

[덧붙이는 말]

이 책은 남녀 모두에 똑같이 적합합니다. 하지만 서로 사랑하며 사는 동성 커플도 많고, 이들도 우리 상담소를 찾아오므로 저는 "남편"과 "아내"라는 말보다 "상대" 혹은 "파트너"라는 말을 씁니다. 경험상 남성적인 성향의 여성과 여성적인 성향의 남성도 많으므로 어차피 남녀의 역할을 분명히 구분하는 전통적인 클리셰들을 굳이 일반화해 말할 필요는 없을 것 같습니다.

관계 번아웃 상태라면 대개 서로 협력할 용의도, 화목함도 크게 기대할 수 없으므로 이 책은 혼자서도 충분히 좋은 결과를 낼 수 있게 작성되었습니다. 물론 둘이 같이 도움을 받을 수도 있습니다.

차례

Part 1

목표, 이상, 그리고
사랑할 수 없게 만드는 현실

"

예전의 당신으로
돌아가 줘.
내가 원하는 대로
해달라고!

"

서로 키스를 하던 사람들이 이제 싸웁니다. 그러더니 사랑하고 또 싸웁니다. 누가 봐도 행복해 보이던 이상적인 커플이었는데 갑자기 커플 상담을 받습니다. 곧장 이혼 법정에 설 수도 있습니다.

처음에는 모든 것이 아름다웠습니다. 그런데 지금은 이보다 더 심각할 수 없고 가슴이 쓰리도록 아픕니다. 하지만 주변 사람들은 아직도 이들을 이상적인 커플로 보고 있습니다. "도대체 어쩌다 여기까지 왔을까요?" 내담자들은 묻습니다.

"그냥 처음처럼 그렇게 행복할 수는 없는 건가요?", "우리 둘다 정말로 노력하고 있는데 왜 이렇게 힘든 걸까요?", "일을 이렇게 열심히 했으면 돈이라도 벌었겠지요?", "이 문제는 도대체 왜 해결하지 못하는 걸까요?" 왜냐하면 아무도 그 해결책을 가르쳐 주지 않았기 때문입니다. 그리고 사랑에 빠지는 것은 사랑하는 것과 완전히 다른 문제이기 때문입니다.

사랑에 빠질 때는 대체로 그럴 수밖에 없어서 그 사랑의 감정을 억누르기가 어렵습니다. 우리는 상대가 매력적이거나 지적이어서 등등의 이유로 사랑에 빠집니다. 그러는 동안은 사실 '제정신'이라고 할 수 없습니다. 왜 그런지는 뒤에 자세히 설명하겠습니다.

　반면 사랑하기는 정신적으로 더할 수 없이 온전한 결정입니다. 우리는 상대의 결점, 예민하고 날 선 부분들을 모두 알면서도 사랑하고자 결심하죠. 진실한 사랑은 그렇게 만들어지는 것입니다. 서로에게 충만한 관계를 위해서는 결과보다 과정이 중요합니다. 이것은 정원을 아름답게 관리하는 것과 비슷합니다. 아무리 훌륭하고 헌신적인 조경사라도 씨앗을 뿌리고, 물과 비료를 주고, 잡초도 뽑아 주며 매일 정원을 돌봐야 합니다. 공기와 사랑만으로는 정원도, 관계도 아름답게 꽃피울 수 없습니다. 빨리 자라게 한다고 이파리만 잡아당기는 행위도 무모하기만 할 뿐입니다.

마약 같은 사랑

막 사랑에 빠진 사람은 새 기운만 뿜어내는 것이 아니라 인식 능력도 바뀝니다. 우리는 이런 현상을 잘 알고 있습니다. 마치 마약에 취한 것 같은 느낌이죠. 인류학자 헬렌 피셔Helen Fisher에 따르면 사랑에 빠진 사람의 뇌는 코카인 중독자의 뇌와 비슷하다고 합니다.[1]

사랑의 대상이 마약처럼 우리를 끌어당깁니다. 그 사람은 우리가 평생 소망해 온 것들을 다 가진 듯합니다. 둘은 이제 서로에게 무엇이든 다 주고 싶고, 가능한 한 언제나 함께이고 싶습니다.

이 시기에는 상대를 위해 자신의 인생조차 위험에 빠뜨리는 사람도 있습니다. 서로에게 온전히 몰두해 있으므로 눈만 봐도 상대가 뭘 원하는지 압니다. 하지만 언제까지고 그렇게 서로만 보며 살 수는 없습니다.

사랑에 빠진 사람은 착각에 빠져 있습니다. 큐피드의 화살을 맞고 마침내 자신에게 모든 것을 주는, 지금까지 애타게 기다려 온 사람을 만났으므로 기쁘기 그지없죠. 사랑에 빠진 두 사람이 서로 다를수록 열정은 더 강하게 불타오릅니다. 나에게 없던 것을 상대가 가지고 있으니 언뜻 보기에는 이보다 더 좋을 수 없습니다. 하지만 놀랍게도 그렇기 때문에 나중에는 그 관계를 더 참을 수 없게 됩니다. 여러분이 완벽주의자라면 특히 더 위험합니다. 처음의 이상적인 시기를 하나의 완벽한 기준으로 삼고 나중에도 그 기준에 따라 자신과 상대의 관계를 판단, 심판하게 되기 때문입니다. 사랑에 빠지는 단계에서는 판단력이 결코 온전하다고 볼 수 없으므로 그 시기의 판단을 기준으로 삼아 버리면 파장이 클 수밖에 없습니다. 신경과학자 안토니오 다마지오Antonio Damasio는 사랑에 빠진 상태를 심지어 '단기 뇌 손상' 상태라고 했습니다.[2] 독일어에서 "사랑에 빠지다(verliebt)"라는 말 자체도 "길을 잃다(verlauft)"에서처럼 "ver"가 들어가서 무언가 잘못됐음을 암시합니다("길을 가다"는 "ver" 없이 "lauft"라고 한다-옮긴이). 정신과 의사이자 저술가인 호르헤 부카이Jorge Bucay도 사랑에 빠진 상태를 '광적인 과장이 함께하는, 망상에 의한 융합 상태'라고 설명한 바 있습니다.[3] 그러므로 사랑에 빠진 시점을 그 사람과의 미래를 위한 내면의 기준으로 삼기에는 결코 좋다고 할 수 없습니다.

금단 현상

행운이 따라 준다면 콩깍지는 2년 반 정도 지속됩니다. 하지만 대부분 몇 달 혹은 몇 주면 벗겨집니다. 사랑의 취기가 조금씩 사라지면 온통 장밋빛이던 세상이 그 본모습을 드러냅니다. 이제 더는 서로 다 내어 줄 것처럼 굴지 않고 이때쯤이면 양쪽 모두 마약을 끊을 때처럼 금단 현상을 겪습니다.

행복의 원천이었던 사람이 갑자기 어디에서나 볼 수 있는 다른 사람들처럼 예민하고 날 선 구석이 있고, 실수도 하며, 멍청한 습관들도 많은 보통 사람으로 변신합니다. 호의적인 선물과 관심 대신 주장과 요구가 늘어갑니다. 이 과정에서 대개 그동안 숭배했던 그 존재의 진짜 모습을 알아차리게 됩니다. 상대를 미화했던 엔도르핀endorphin이라는 안개가 걷힌 상태에서 보이는 그 존재는 투박하기 그지없습니다. 상대의 그런 특징들은 여러분이 그 또는 그녀에게서 처음에 보았다고 믿었던 특성들과 너무도 다릅니다. 그래서 사랑이 변했다고 생각합니다. 하지만 사실 그동안 잠시 활동 중지 상태에 있던 뇌의 중요한 부분들이 다시 활동하기 시작한 것이고 그래서 여러분의 시각이 바뀐 것뿐입니다. 우리 뇌의 몇몇 부분이 그동안 마약과도 같은 사랑이란 마법 때문에 잠시 무력해져 있었던 것입니다. 특히 인간관계와 사람에 대한 안목 등을 담당하며 합리적 사고와 결정을 관장하는 뇌의 부분들이 그 시기에는 믿음직하지 못한 상태가 됩니다. 다시 말해 서로에게 반한 시기가 지나야 서로의 파트너를 어느 정도 이성적인 눈으로 보기 시작하는 것입니다.

하루아침에 바뀌는 사람은 없습니다. 단지 우리가 하루아침에 그 사람을 다르게 볼 뿐입니다. 장밋빛 안경을 통해 볼 때는 매력적이던 것들, 혹은 '그럴 수도 있지.'라고 생각했던 존재의 특성들이 점점 여러분을 괴롭히는 그 사람의 성격이 되고, 어두운 면이 됩니다. 동전에 양면이 있듯 사람도 마찬가지라서 여러분에게 편안함과 안정감을 준다고 생각했던 그 남자가 끔찍하고 지루하기 짝이 없는 카우치 포테이토로 돌변할 수 있습니다. 이전에는 그렇게나 흥미진진한 성격에 활력으로 가득했던 여자가 지독하게 신경질적인 사람처럼 보일 수 있습니다. 뜨거운 열정이 멋졌던 여자가 드라마 퀸으로, 자부심이 가득해 듬직해 보였던 남자가 오만한 마초로 돌변하기도 합니다.

장밋빛 시기가 지나가고 이제 일상의 그저 그런 일들만 이어집니다. 자진해서 속아 준 상태의 그 끝, 즉 환멸을 애써 외면하며 우리는 어떻게든 서로 사이가 좋고 편안했던 애초의 상태로 돌아가고 싶어 합니다. 이때 많은 커플이 그 환멸감을 이기지 못하고 대놓고 알력 싸움을 벌이기도 합니다. 그리고 "예전의 당신으로 돌아가 달라! 내가 원하는 대로 해달라!"고 요구합니다.

이상이 높은 사람이라면 자신의 기대 수준을 다시 정상 상태로 낮추는 일이 유독 어렵습니다. '그동안 모든 것이 좋았어. 그렇다면 그저 조금만 더 노력하면 되지 않을까?' 하지만 때로는 좋은 의도에서 나쁜 결과가 나오기도 합니다. 노력해야 한다는 압박이 커질수록 상대는 지쳐 가고 사랑은 멀어져만 갑니다. 이쯤 되면 관계 번아웃이 시작된 것입니다.

어떤 커플이든 힘든 시기를 겪는다

어떤 커플이든 그 역사를 보면 힘든 시기가 있습니다. 하지만 갈등과 위기는 무엇보다 발전이 임박할 때 일어납니다. 그런데 그때 커플 수준에서 그 해결책을 찾게 되는 경우는 거의 없습니다. 해결책은 사실 대개 각자 개인적인 문제 속에 숨어 있기 때문입니다.

커플로서 위기를 겪을 때마다 여러분은 선택할 수 있습니다. 그때그때의 '숙제'를 잡고 자신 혹은 자신의 문제, 욕구와 담판을 벌일 수도 있고, 단순히 문제를 억압해 버릴 수도 있으며, 그것도 아니면 심지어 새로운 관계로 도망쳐 버릴 수도 있습니다.

두 번째와 세 번째의 경우 문제는 해결되지 않으며 그 문제 속에 숨어 있는 성장의 기회도 다음으로 연기됩니다. 처음부터 다시 시작해야 하니까 말이죠.

만족스러운 파트너십을 위해서는 큰 노력과 인내가 요구됩니다. 힘든 시기에는 더 말할 것도 없습니다. 사랑은 '견딤'을 뜻하기도 합니다. 문제가 있을 때마다 모든 걸 내팽개치는 것은 사랑이 아닙니다. 자신의 권리를 주장하고 상대를 위해서도 최선을 다하며 함께 목표에 도달하는 것이 사랑입니다. 그렇다고 '화목하자'는 마음 하나로 모든 걸 억지로 참으라는 뜻은 아닙니다. 하지만 힘든 시기가 왔을 때 제대로 판단하고 적절히 대응해야 우리는 최악의 사태를 방지할 뿐만 아니라 그러한 상황과 함께 성장할 수 있습니다.

그리스 옛말에 따르면 '위기'는 출구 없는 상태가 아니라 정지된 상태이고, 더 정확히 말하면 전환이 임박했음을 알려 주는 상태입니다(즉 이미 심각한 상황이 끝나고 있음을 알려 주는 상태입니다). 그러므로 기운을 차리세요. 이제부터는 더 좋아지기만 할 것입니다!

Part 2

테스트 하나 - 몇 가지 질문들

"

그동안 당신과의
모든 시간이 좋았어.
그러니까,
그저 조금만 더
노력하면 되지 않을까?

"

저는 이제 여러분에게 몇 가지 질문을 해 보려고 합니다. 이 질문들에 답하는 순간부터 모든 것이 나아짐을 느낄 것이고, 이 책을 읽는 효과도 극대화할 수 있을 것입니다.

먼저 종이 네 장과 펜이 필요합니다. 그리고 과자 한 봉지를 옆에 두면 좋습니다.

어떤 문제든 해결을 위한 첫 단계는 그 문제를 인식하는 것입니다. 그러므로 현재 상황을 조사하는 데 가능한 한 많은 시간을 들이세요. 다음 질문들을 통해 조사하면 됩니다.

질문지를 며칠 묵히며 여러분만의 느낌들을 조금씩 정리해 봐도 좋습니다. 단 이 질문들에는 꼭 글로 답하길 바랍니다. 머릿속으로만 답하는 것은 큰 효과가 없습니다. 정신적 작업은 기록할 때 더 깊어집니다. 그리고 이 책 마지막에 가서 그 기록이 한 번 더 필요하게 될 것입니다.

최소한 한 시간 정도는 들이되 아무런 방해도 받지 않는 곳에서 이 질문들에 하나씩 답해 보기를 바랍니다. 곤란한 상황이라면 언제든 그 과정을 중지하고 나중에 다시 시작할 수 있지만 가능하면 집중해서 한 번에 끝내세요.

각각의 주제마다 관련된 생각과 감정을 떠올리고 정리한 다음 마지막으로 적당한 말을 찾아 표현해내는 것이 쉬운 일이 아닐 수 있습니다. 하지만 그 과정에 정답은 없고 여러분이 어떤 답을 찾아내든 틀린 것이 아닙니다. 그 과정에 도움을 주기 위해 각각의 주제에 적용하여 답해 볼 수 있는 미완성형 문장들을 예로 제시해 두었습니다. 이 문장들을 이용해도 좋고 여러분만의 표현을 따라가도 좋습니다.

먼저 각각의 질문을 열린 마음으로 생각해 본 다음 기록을 덧붙입니다. 이때 여러분의 파트너에게 직접 말하듯 기록하세요. 이 책을 파트너와 함께 읽고 있다고 해도 각자 따로 대답하고, 그 대답을 서로에게 보여 주진 마세요.

참고로 우리 상담소 내담자들은 자신들이 생각하는 바람직한 관계를 적어 보는 세 번째 질문에서 가장 짤막한 대답을 하는 경향이 있습니다. 반대로 상대를 비판하는 첫 번째 질문에 대한 답은 몇 장을 넘기기도 하죠. 그리고 바라고 꿈꾸는 것에 대한 마지막 질문에도 긴 대답이 이어지곤 하는데 저는 여러분도 그럴지 매우 궁금합니다.

상대 비판

 질문 현재 파트너와 관련해 여러분이 나쁘다고 생각하고 더는 참고 싶지 않은 것을 모두 적어 보세요.

여러분은 파트너의 무엇 때문에 화가 나나요? 자신이 생각하기에 파트너가 잘못하고 있는 것들을 적어 봅니다. 파트너가 여러분에게 미안해하는 일, 후회하는 일 혹은 여러분 생각에 후회해야 마땅한 일이 있나요? 파트너와 관련해 여러분이 불편하게 생각하는 것들 혹은 여러분을 불안하게 만드는 것들을, 상대의 잘못이 아닌 것이라도 모두 적어 봅니다.

[예문] • 나는 … 에 이제 질렸어. … 은 더는 싫어.
- 당신이 … 할 때 너무 짜증이 나.
- 나는 당신이 … 할 때 감정이 상해. … 때는 상처를 받아. … 해서 슬퍼. … 해서 상심했어.
- … 이 그리워. … 이 겁이나. … 할까 봐 두려워. …

자기비판

 질문 현재 여러분과 관련해 바람직하지 않은 것들, 여러분의 파트너가 여러분에게서 참지 못하는 것들을 적어 봅니다.

여러분의 파트너는 여러분이 어떻게 할 때 화를 내나요? 파트너가 봤을 때 여러분의 허술한 부분 혹은 불공평하다고 느낄 부분을 적어 봅니다. 여러분이 파트너에게 미안하게 생각하는 것, 혹은 후회하는 일이 있나요? 여러분의 파트너를 불편하게 만드는 일까지 그것이 자신의 잘못이 아니라도 다 적어 보세요.

[예문] • 당신은 분명 나의 … 에 질렸을 거야.

• 내가 … 때 당신은 분명 화가 날 거야. 그때 내가 당신에게 상처를 줬어.

• 내가 … 했을 때 당신은 슬펐을 것 같아. … 일로 상심했을 것 같아.

• 당신은 … 이 그리울 거야. 당신은 내가 … 을 하는 것을 겁낼 거야.
  당신은 … 을 두려워할 거야.

• 나는 내가 … 을 할까 봐 겁이 나. 나는 … 이 부끄러워.
  나는 … 한 것을 미안하게 생각해. 나도 … 을 바란 것은 아니야. …

바람직한 관계

 현재 긍정적이고 좋은 것들 혹은 과거 그랬던 것들을 모두 적어 봅니다. 그 관계에서 그리고 여러분의 파트너에게서 여러분이 인 정해 주고 있는 것, 소중하게 생각하고, 감탄하고, 사랑하는 것을 모두 적어 보세요.

[예문] • 그때 당신에게 끌렸던 것은 … 때문이었어.

   당신이 … 할 때 나는 당신에게 반하게 돼. … 할 때 당신은 특히 매력적이야.

 • … 한 당신이 존경스러워. 당신이 … 해 줄 때 든든하다고 느껴.

 • 당신은 … 으로 나를 웃게 해. … 해 줘서 당신에게 고마워.

 • 나는 … 하는 당신이 경이롭게 느껴져.

 • … 하는 당신을 사랑해. …

바라고 꿈꾸는 것들

 바뀔 수 있는 것, 바뀌어야만 하는 것, 여러분이 바라는 것, 꿈꾸는 것은 무엇인가요? 미래에 여러분이 희망하는 것을 모두 적어 봅니다.

[예문]
- 나는 … 을 바라고 있어.
- 나는 … 할 자격이 있어. 당신은 … 할 자격이 있어.
- 나는 … 에 대한 이해를 바라. 당신은 … 에 대한 이해를 바랄 거야.
  나는 … 를 이해해. 나는 … 을 인정해.
- 내가 늘 원했던 것은 단지 … 이야. 우리가 늘 원했던 것은 단지 … 이야.
  내가 원하는 것은 단지 … 이야.

각각의 주제들을 숙고했고 답을 적으며 여기까지 씩씩하게 잘 왔다면 여러분은 준비해 둔 달콤한 과자 혹은 여러분이 좋아하는 것이 무엇이든 그 봉지를 다 비울 자격이 있습니다!

이 질문들에 집중해서 답하는 동안 분명 한두 번 '아하!' 하고 깨닫게 된 순간도 있었을 겁니다. 그랬다면 어떤 점에서 가장 놀랐나요?

이제 그 종이는 금방 손이 닿을 안전한 곳에 보관합니다. 앞으로 한두 번 더 필요할 때가 있을 겁니다.

Part 3

징후와 경고 —
작은 위기인가, 심각한 위기인가

"

너무 공허해요.
아무런 생각 없이
그냥 일만 하죠.
제가 원하는 게 뭔지,
사랑을 하기나 하는지
아무것도 모르겠어요.

"

천국에서 지옥으로 떨어지는 다섯 단계

하루아침에 생기는 위기는 없습니다. 위기는 천천히 고조됩니다. 관계가 처음 시작될 때는 앞 질문지의 첫 번째 주제에 관해(상대 비판) 그다지 쓸 말이 없었을 겁니다. 하지만 여러분이 전조를 아무리 무시하려 해도 관계 번아웃은 언제나 조만간 찾아오겠다고 미리 통고하기 마련이고, 그 통고 과정은 여러 단계를 거칩니다.

직업적 번아웃의 경우 허버트 프로이덴버거Herbert Freudenberger와 그의 동료 게일 노스Gail North에 따르면 일반적으로 열두 단계를 보입니다.[4]

1   자신을 증명해 보이고 싶은 갈망을 느낀다.

2   완벽한 출동 태세를 갖춘다.

3   수면 등 꼭 필요한 일과 사생활에 소홀하다.

4   문제를 외면하고 억압한다.

5   자신만의 가치와 이상을 의심한다.

6   참을성의 한계에 이른다.

7   물러나며 거리를 둔다.

8   자신이 무가치하다고 느낀다.

9   주변 세상은 물론 자신에 관한 관심도 사라진다.

10 내면이 공허하다.

11 우울하다.

12 무너진다.

사람에 따라 순서가 다소 달라질 수는 있습니다. 그런데 관계 번아웃도 유사한 증세를 보입니다. 단지 관계 번아웃의 경우 각 단계의 구분이 덜 뚜렷하다는 차이가 있죠. 그래서 저는 관계 번아웃에 이르는 단계를 다음의 다섯 단계로 정리해 보았습니다.

1단계: 열광하고 설렌다

♡

사랑하는 관계는 (희망컨대) 대부분 강렬하게 사랑에 빠지는 것으로 시작됩니다. 이때는 서로를 강하게 이상화하죠. 주변에서 모두 그렇지 않다고 해도 나에게만은 그 상대가 그야말로 완벽해 보입니다. 사실 최고의 모습을 보여 주려고 서로 노력하기도 합니다. 자신이 거절당하고 싶지 않은 마음이 커서 상대의 예민하고 날 선 부분을 외면하고 바람직하지 않아 보이는 점도 관대하게 넘어갑니다. 그 새로운 관계에서만 자신의 정체성을 찾고 정신적으로 황홀경에 빠진 채 다른 것은 생각할 수 없게 됩니다. 그리고 사랑하는 사람을 위해서는 어떤 일이든 할 태세를 갖춥니다. 올라가지 못할 산이 없고, 가지 못할 길이 없습니다. 잠도, 운동도, 제때 밥을 챙겨 먹는 것도 그다지 중요하지 않게 됩니다. 사랑과 공기만으로도 살 수 있을 것 같이 느껴집니다.

이 얼마나 좋은 느낌인가요? 여기에 잘못된 것은 없습니다. 단지 큐피드의 화살을 맞은 여러분이 그 사랑하는 사람을 위해 계속 자진하여 제 모습이 아닌 다른 사람이 되고, 자신만의 욕구를 거듭 무시하고, 개인적으로 싫어하는 것도 그렇지 않은 척할 때 문제가 됩니다. 그럴 때 여러분은 번아웃의 위험에 처하지만 그래서 생기는 갈등과 부정적인 감정을 또한 화들짝 지워 버리거나 억압합니다.

결국 이런 행동들로 인해 그 대가를 치르게 됩니다. 사모하는 대상에게 무언가를 증명해 보이고 싶은 욕구가 너무 크면 무의식은 그것을 지나친 요구로 느끼게 되어 있습니다. 이것이 결국 나중에 번아웃을 부르게 되죠.

 너무 전력을 다하다 보면 상대의 기대감이 높아지게 되어 장기적으로는 도저히 충족시킬 수 없는 요구들을 받게 됩니다. 이때 실망과 좌절이 따라오게 되어 있습니다.

2단계: 벗겨지는 콩깍지 … 첫 번째 경고

♡

일상을 함께하며 서로를 알아가다 보면 결국 최초의 실망감이 찾아오고 그렇게 천국에도 먹구름이 끼기 시작합니다. 파트너에 대해 칭찬할 일도, 경탄할 일도 차츰 줄어들죠. 이것은 정말 당연하고도 심지어 건강한 일이지만 완벽주의자는 그런 평범한 상황에 만족할 수 없습니다. 그러니 이제 더 노력해야 합니다.

더 확실한 미래를 위해 자신의 감정들을 회의하고 개인적인 이상들에도 의문을 제기해 봅니다. 이때는 혼자만의 시간을 갖고 현재 일어나고 있는 일에 대해 조용히 생각해 보며 감정을 정리하는 것이 현명합니다.

여러분의 직관도 그렇게 해야 한다고 말합니다. 하지만 작은 선물로 관심 표현하고, 직접 요리한 코스 요리를 대접하거나, 미용실에 가는 등으로 더 노력하며 그런 직관을 가볍게 무시합니다. 여기저기 굴러다니는 파트너의 양말들, 거듭 지키지 않는 약속들, 상처 주는 말들, 이 모두를 씩씩하게 무시합니다. 하지만 '매사에 노력하기'란 모토 아래 이루어지는 이러한 투자로는 안타깝게도 원하는 결과를 조금도 얻어낼 수 없습니다. 그러기는커녕 나중에 "나는 정말 최선을 다했어!"라고 말하며 자신을 정당화하게만 할 것입니다.

참고로 이 단계는 첫째 아이의 탄생과 함께 시작되는 경우가 많습니다. 아니, 더 정확히 말해 가속화되죠. 아이의 탄생을 고대했더라도 실제로는 삶이 송두리째 달라질 테고 생각보다 더 힘들 것입니다. 피곤한 몸은 고통을 호소하고, 수면 부족과 밀린 일들로 인한 압박감, 파트너를 외면해 온 것에 대한 죄책감이 가슴을 짓누르지만 바뀌는 것은 아무것도 없습니다.

이때 지금 힘든 상황이고 내면이 위급한 상태임을 솔직하게 인정하고 약한 모습을 보이기는커녕 자신을 더 희생하려 드는 사람이 많습니다. 이것은 엄청난 에너지를 요구하죠. 피곤하고 실망하고 낙담한 상태라면 더 말할 것도 없습니다.

 힘든 상황과 부정적인 감정들을 계속 부인하고 억압한다면 내면에 공허함과 거리감이 생길 것입니다. 파트너와 멀어지는 것은 물론 자신과도 멀어지게 됩니다.

3단계: 아무것도 아닌 일에 죽도록 싸우기 … 반론의 시기
♡

이제부터 상황은 심각해집니다. 계획대로 되는 일이 하나도 없습니다. 로맨스가 가득한 주말 같은 건 이제 없습니다. 비싼 오페라 공연 티켓을 구매했건만 따라온 건 올해 들어 가장 심한 실망감뿐입니다.

아침에 먹으려 한 달걀부침은 늘 차갑게 식어 있기 일수고, 아기는 귀가 찢어지게 울기만 합니다. 무력감이 번져 나갑니다. 파트너가 무력하고 무능하다는 생각이 자꾸 들죠.

그 모든 노력에도 불구하고 여러분이 생각하는 이상적인 관계는 이루어질 수 없습니다. 이때 느끼는 무력감은 받아들이기 매우 힘들죠. 자존감이 떨어집니다. 인정받고 싶은 마음이 절박한데 또다시 인정받지 못할 때 특히 그렇습니다. 언제부턴가 위험한 악순환이 계속됩니다. 상대로부터 존중받지 못한다고 느낄수록 상대를 존중하지 않게 됩니다. 자의식이 강해지고 그만큼 협력할 마음은 줄어듭니다. '당신이 무엇을 원하든 상관없어. 어차피 나는 반대할 테니까!'가 무의식적 모토가 됩니다. 이제 당연히 아무것도 아닌 일로 굉장한 싸움이 일어납니다. 처음으로 서로 죽일 듯이 싸웁니다. 하지만 문제는 해결되지 않고 긴장감만 더해집니다. 서로의 스트레스가 서로에게 전염되고, 집안에 평화가 사라집니다. 양쪽 모두 인내심의 한계선이 한없이 낮아지고 따라서 꼭 필요한 대화도 할 수 없게 됩니다. 필요를 충족시키지 않고, 갈등을 외면하고, 책임감을 거부할 때 상대는 물론 자신과도 진정으로 만날 수 없습니다. 이때 해결책을 찾기는 불가능합니다.

 좀처럼 식지 않는 갈등, 끝낼 생각이 없는 논쟁, 서로 비난하기 … 이것들은 전선을 치열하게 만들 뿐입니다. 그렇게 사랑은 낙오하다가 장기 스트레스로 서서히 죽어 갑니다.

4단계: 에너지 저장고가 동나다 … 이별 예감
♡

이제 개인적인 욕구와 문제가 끝없이 억압되는 건강하지 못한 상태가 점점 분명하게 감지됩니다. 이때 관계만이 아니라 여러분의 에너지도 바닥나게 됩니다. 파트너십을 위한 힘이 더는 없게 됩니다. 이때 여러분은 파트너가 무엇을 느끼고 어떤 일을 겪고 있는지에 무관심합니다. 그 마법 같던 "우리"라는 말도, 서로에 대한 소속감도 사라져 버립니다. 수면과 에너지의 부족, 자유롭게 할 수 있는 일이 아무것도 없는 상태가 너무 혹독해서 착취당하고 있다는 생각까지 듭니다. 신경이 곤두서고 몸은 고통을 호소하며 돌봐달라고 합니다.

안타깝게도 이 단계에서는 대개 외부로부터의 도움도 받아들이지 못합니다. 아니, 거부합니다. 누가 선의로 도와주겠다고 하면 참견이나 비판으로 받아들입니다. 사실 이때는 뭐든 다 신경에 거슬리므로 아무 말 없이 벽을 쌓는 것으로, 혹은 냉소로 모든 사람과 거리를 둡니다. '원래 혼자 잘 살아오지 않았나?' 당연하게도 이때부터는 헤어지고 싶은 마음이 부지불식간에 들기 시작합니다.

 피곤한 데다 혼자만의 시간에 대한 갈망이 너무 커 관계는 단지 부담일 뿐입니다.

5단계: 무너짐과 우울증
♡

체념하기보다는 차라리 화를 내는 것이 낫습니다. 하지만 힘이 없어 화조차 낼 수 없지요. 이제는 할 수 있는 일이 아무것도 없는 것 같습니다.

이 단계에서는 아침에 일어나 옷을 갈아입는 것조차 상상할수 없을 만큼 힘든 일이 되기도 합니다. 완전한 퇴각만이 논리적으로 타당해 보입니다. 에너지가 다 소진되어 모든 걸 체념했고 남은 것은 환멸뿐입니다. 이 상태라면 모두 어떻게 되든 상관없습니다. 아무것도 할 수 없고, 아무것도 바라지 않습니다. 마음은 이미 결정되었고, 실행은 시간문제입니다. 그때가 올 때까지 도망치고 싶은 마음은 술이나 여타 중독성 있는 무언가로 억누릅니다.

 이제 정말 치유해야 할 때입니다. 그러지 않으면 관계가 끝나는 데에만 그치지 않고 우울증으로 인해 정신적·육체적으로 완전히 무너질 수 있습니다.

사실 이 경우 우울증은 우리 정신을 위한 마지막 보호막입니다. 부정적인 감정과 문제를 계속 억압하고, 직감을 거듭 무시할 때 우리 정신은 우리 몸을 보호하기 위해 우울증이라는 비상구를 선택합니다. 정신의 그런 사려 깊은 작전이 우리를 다시 곰곰이 생각하게 하고 문제 해결에 돌입하게 합니다. 여러분의 정신이 레드카드까지 꺼내며 여러분을 아예 퇴장시켜 버릴 때까지 기다리지 마십시오. 여러분의 머리가 아니라 몸이 하는 말을 듣고 행동을 개시해야 합니다. 바로 지금!

허리 통증, 수면 장애 등 육체적 징후

"너 때문에 못 살겠어!" 독설 가득한 말이지만 안타깝게도 맞는 말인 경우가 생각보다 많습니다. 집안이 평화롭지 못할 때 정신적 부담도 커집니다. 선사시대라고 하면 아주 먼 옛날이야기 같지만, 위험에 처하고 불안해지면 인간의 몸은 여전히 그 옛날 그대로 반응합니다. 다시 말해 싸우거나 도망치거나 죽은 척합니다.

빨리 반응해야 하므로 아드레날린adrenaline이 대거 분출됩니다. 줄행랑치려면 여분의 에너지를 빠르게 소진할 수밖에 없습니다. 그런데 위급 상황용 아드레날린이 해결할 수 없을 정도라면 또 다른 방어 기제가 작동되며 스트레스 호르몬인 코르티솔cortisol이 대거 분출됩니다. 코르티솔은 위험에도 불구하고 도망갈 수도, 싸울 수도 없는 상태일 때, 그래서 완전히 상처받는 상태일 때 분출됩니다. 이때 우리 무의식은 자신이 죽느냐 사느냐의 상태에 있다고 생각합니다. 혈압이 치솟고 호흡이 얕아집니다. 코르티솔은 각성 효과도 있으므로 모든 감각이 날카로워지고 더없이 과민해집니다.

몸의 긴장감이 최고치에 달합니다. 그래야 위험에 금방 대처할 수 있기 때문입니다. 즉각적인 생존에 필요하지 않은 것들, 예를 들어 소화력, 면역력, 성욕 같은 몸의 기능들은 모두 중지됩니다.

정말로 위험한 짐승과 맞닥뜨린 경우라면 이런 스트레스 반응은 분명 도움이 됩니다. 하지만 그런 경우는 (그런 쪽의 취미나 직업을 갖는 경우라면 몰라도) 정말 드물지요. 그런데 일상에서 크고 작은 위협을 느끼는 것도 우리 몸에는 큰 부담입니다. 물어뜯을 듯이 이빨을 드러내는 들짐승과 맞닥뜨린 것이든, 노기등등한 상사와 마주치는 것이든, 목소리를 깔며 결혼기념일을 왜 또 잊어버렸냐고 실망 끝에 따지는 파트너를 봐야 하는 것이든 스트레스이긴 마찬가지입니다. 얼굴이 벌게지고, 식은땀이 나고, 맥박이 빠르게 뛰는 등의 증상은 우리 몸이 스트레스 모드로 전환되었음을 말해 줍니다.

다른 사람이 아니라 우리 내면의 목소리가 우리를 무자비하게 꾸짖을 때도 마찬가지입니다. "나는 정말 왜 이렇게 멍청할까? 그걸 또 깜빡했어. 나는 늘 모든 걸 망쳐!" 바깥의 누군가에 의해서든, 자기 자신에 의해서든 심판받을 때 우리 몸은 언제나 똑같이 반응하고, 똑같은 호르몬이 분출되며, 그만큼 정신적·육체적 안녕도 침해받습니다.

특히 고통받는 완벽주의자들

♡

스트레스 레벨은 놀랍게도 우리에게 일어나는 일과는 관련이 거의 없습니다. 오히려 우리가 그 일에 어떻게 반응하느냐에 더 좌우되죠. 다시 말해 어떤 일에 대해 우리가 어떻게 평가하고, 어떤 의미를 부여하느냐에 따라 스트레스 레벨이 결정됩니다.

정신과 의사이자 신경과학자인 빅터 프랭클Victor Frankl도 "우리를 곤란에 처하게 하는 것은 문제가 아니라 문제를 보는 우리의 시각이다."라고 했습니다. 내면에 주장과 요구가 많은 사람은 무엇이든 대충인 사람에 비해 매사에 더 많은 압박을 받습니다. 그러므로 완벽주의자는 일이 계획대로 되지 않을 때 특히 힘들게 됩니다. 거기에 몸까지 말을 듣지 않으면 더 말할 것도 없죠.

초기의 징후들은 대개 인식조차 되지 않고 무시되기 쉽습니다. 그러다 후에 모든 것이 갑자기 무너지는 것 같은 느낌을 받기도 합니다.

에너지가 고갈되어 육체적 경고 신호가 무시하기 힘들 정도로 잦게 되면 그때서야 몸의 경직, 통증을 비롯한 다른 증상들을 의식합니다. 증상들은 매우 다양해서 사실 안 아픈 곳이 없다고 봐야 할 정도가 되죠. 특히 흔한 증상들을 살펴보면 다음과 같습니다.

- 허리, 어깨, 목의 경직과 통증
- 두통, 편두통, 어지럼증, 이명, 청력 저하

- 설사, 메스꺼움, 압박감, 근육 경련
- 식욕 감퇴 혹은 폭식, 그에 뒤따른 체중 변화
- 불안증, 공황증, 쓰라린 느낌, 창조력 저하
- 집중력·기억력 저하, 만성 피로와 에너지 고갈
- 심란함, 수면 장애, 계속되는 고민, 신경증
- 가슴 답답함, 고혈압, 부정맥, 잦은맥박
- 성욕 상실, 삶의 기쁨 상실
- 일반적 감염증 및 피부 이상 빈도 증가
- 커피, 설탕 혹은 알코올에 대한 욕구 증가

역설적이지만 이 불쾌한 증상들에도 좋은 점은 있습니다. 우리는 늘 자신의 상태를 정당화하려 하기 때문에 우리 정신이 이런 증상들을 내보내는 것입니다.

이제 우리는 양심껏 이미 오래전에 해야 했을 일을 시작하며 에너지를 고갈시키는 일에 "싫다"고 대답해야 합니다.

여기에서 우리가 절대 간과하지 말아야 할 점이 하나 있습니다. 몸의 이상 증상은 분명 심신상관心身相關적일 수 있지만 그렇다고 착각은 아닙니다. 정신이 힘들 때 몸도 아프게 되어 있습니다. 그러므로 정신만이 아니라 우리 몸도 적당히 보살펴야 합니다.

여러분의 직관이 하는 말을 주의해서 듣고, 여러분의 직관이 보내는 증상들을 진지하게 받아들여야 합니다. 신뢰할 수 있는 의사와 상담한 후 건강 검진을 제대로 받아 보세요. 빠르면 빠를수록 좋습니다! 매사에 똑똑하던 사람도 사랑하는 사람과의 관계 때문에 병들었음을 너무 늦게 알아차리고 자신의 몽매함에 뒤늦게 놀라는 경우가 많습니다. 허리 통증의 원인을 사무실 의자로 돌리는 것이 파트너와의 관계가 통증을 불러 왔다고 말하는 것보다 더 편할 테니까 말입니다.

　이미 이 '심각한 단계'에 와 있는지 아닌지 잘 모르겠다면 다음의 테스트가 도움이 될 것입니다. 여러분이 지금 번아웃의 어느 단계에 와 있는지 알려 주는 테스트입니다.

자가 테스트 - '나는 번아웃이 아니다'?

직업적 번아웃이든 관계 번아웃이든, 번아웃 후보자들은 대개 그 징후들을 놀라울 정도로 오래 알아차리지 못합니다.

다양한 육체적 증상들로 몇 달 동안 괴로워합니다. 늘 무언가 고민하고, 화를 잘 내며, 공격적이게 되기도 하고, 낙담한 상태에 빠지기도 합니다. 종종 술에 빠져 살기도 하면서 말입니다. 수면의 질이 떨어짐은 물론입니다.

의사들은 대부분 특별한 병을 찾아내지 못하므로 일찍 잠자리에 들거나 운동을 하라는 조언을 해 줍니다. 또 좋은 의도에서 항우울제를 처방하는 달갑지 않은 도움을 주기도 합니다. 안타깝게도 약은 문제를 해결하기는커녕 종종 문제를 덧붙입니다. 정신의학 계통의 약들은 대부분 낮 동안 피로감을 더하고 정신을 흐리게 해 명확한 생각과 좋은 결정에 방해가 됩니다. 게다가 시간이 지나면 약에 의존하게 되는데 안타깝게도 이러한 점을 미리 알려 주지도 않습니다. 여자들만의 파티에 여러분을 초대하거나, 같이 사우나에

가자고 하는 절친이 사실 더 큰 치유 효과를 가져옵니다. 그 친구야 말로 사실 오래전부터 이미 여러분의 문제에 대해 알고 있었을 가능성이 큽니다. 하지만 그 불편한 진실을 말할 용기를 내지 못했을 것입니다. 물론 문제를 전혀 알아채지 못했을 수도 있지요.

번아웃 환자들은 사실을 억압하고 모든 것이 좋은 것처럼 행동하는 데 선수입니다. 하지만 뒤에서는 "꿈에 그리던 사람과 결혼했는데 내가 번아웃에 걸릴 일이 대체 뭐람?" 같은, 문제의 소지가 가득한 생각으로 고통받습니다.

아마 여러분이 이 책을 읽고 있다는 것은 여러분의 관계가 정말 아무 문제 없는지에 대해 이미 의문이 생겼다는 의미일 것입니다. 그런 의문이 적절한 것인지 아닌지, 여러분이 관계 번아웃에 있는지, 아니면 모든 것이 좋은 상태에 있는지는 다음 테스트로 알게 될 것입니다.

이 테스트에 최소한 30분은 들이기 바랍니다. 자신의 목소리를 열린 마음으로 진심을 다해 들어 보세요. 여러분의 감정과 행동 양식을 제대로, 그리고 때로는 비판적으로 들여다보는 것이 마지막에 '예', '아니오' 수를 세는 것보다 더 중요합니다.

번아웃 자가 테스트

♡

다음 질문들을 편안한 마음으로 읽어 보세요.

1 기꺼이 혼자이고 싶은가요?

2 감정 기복이 심해서 힘든가요?

3 내면의 동요로 자주 괴로운가요?

4 최근에 무슨 일에든 집중하기가 어려운가요?

5 자기 신뢰감이 떨어져 힘든가요?

6 특히 파트너와의 관계에 대해 자주 골몰하나요?

7 파트너와의 데이트를 이제 더 이상 고대하지 않나요?

8 사랑하는 사람과의 삶이 어쩐지 무겁게 느껴지나요?

9 자신의 문제보다 다른 사람의 문제를 해결하는 게
   더 쉬운 것 같나요?

10 완벽주의 경향이 있고 다른 사람에게 시키기보다
   직접 해야 안심하는 성향인가요?

11 파트너가 옆에 있을 때 좀처럼 긴장을
   풀기 어려운가요?

12 퇴근하고 나면 자주 피곤함을 느끼나요?

13 로봇처럼 움직이고 있다는 생각이 자주 드나요?

14 내면이 공허하고 아무 의욕도 없나요?

15 어떤 감정을 느껴야 할지 모를 때가 가끔 있나요?

16 파트너와 종일 같이 보내야 할 때 아무 의욕이 없나요?

17 가끔 모든 것이 아무 의미 없어 보이나요?

18 육체적으로 지칠 때가 많나요?

19 자신이 변했고, 그래서 알아보기조차 힘든 것 같다고
느낄 때가 있나요?

20 파트너가 하는 말을 전혀 듣지 않나요?

21 파트너의 생각 혹은 그가 여러분에게 원하는 것을
전혀 이해하지 못할 때가 많나요?

22 파트너와의 관계를 생각할 때 모든 것이
너무 힘들다는 생각이 드나요?

23 파트너에게 부쩍 화를 잘 내고 불친절하게 대하나요?

24 파트너가 여러분을 부당하게 대하는 것 같나요?

25 여러분이 파트너를 얼마나 사랑하는지
보여 주기가 어려운가요?

26 너무 지쳐서 성행위를 할 수 없는 때가 많나요?

27 몸 여기저기가 자주 아픈가요?

28 이전보다 파트너에 대한 관심이 떨어졌나요?

29 더 이상 이대로 지낼 수 없을 것 같은 느낌이 드나요?

30 자주 우울한가요?

31 둘이 보내는 시간이 아주 적나요?

32 파트너에게서 자꾸 멀어지는 것 같나요?

33 파트너와의 관계가 다시 행복해질 거라는

희망을 잃은 지 오래되었나요?

34 좀처럼 잘 자지 못하고 너무 적게 자나요?

35 파트너와의 섹스라면 기꺼이 사양할 건가요?

36 파트너에게 자주 신경질을 내거나 공격적이게 되나요?

37 파트너가 여러분을 너무 도와주지 않는 것 같나요?

38 파트너에게 좋은 말을 해 주기보다 비판하기가
   더 쉬운가요?

39 퇴근 후에 집으로 가기가 싫은가요?

40 파트너와 함께 웃을 일이 거의 없나요?

41 파트너가 노력해도 현재로서는 받아 줄 생각이 없나요?

42 어쩐지 꼼짝없이 갇힌 느낌이고,
   그래서 모든 것에 힘이 드나요?

43 습관적으로 움직이고만 있는 것 같나요?

44 떠나 버릴 수만 있다면 좋겠다고 생각하나요?

이 질문들에 솔직하고 정직하게만 대답한다면 그 결과의 해석은 어렵지 않습니다. '네'라고 대답한 수가 많을수록 번아웃 위험이 높은 것입니다. 이제 다시 한 번 정확히 세어 보세요. '네'라고 대답한 항목이 몇 개인가요?

[0~3개]

축하합니다. 여러분과 파트너의 관계는 건강합니다! 매일 '쨍

한 맑음'은 아니더라도 말이지요. 어떤 관계든 서로 안 맞는 점 한두 가지는 꼭 있기 마련입니다. 이제 이 책에서 좋은 전략들을 습득하게 될 테니 그마저도 전혀 문제될 게 없습니다. 계속 그렇게 유지하면 됩니다. 혹 이 책이 필요 없다고 생각이 든다면 이 책의 마지막 장인 「마침내 "사랑"」으로 곧장 넘어가길 바랍니다. 그 장에서 둘만의 아름다운 순간을 위한 좋은 영감을 얻게 될 것입니다.

[4~8개]

종종 피곤함을 느낄 수는 있어도 번아웃 위험성은 아직 낮은 편입니다. 여러분은 파트너와의 관계에 매우 몰입하고 있습니다. 만약 여러분이 철저한 완벽주의자라면 현재의 여러분에 100퍼센트 만족하지는 않을 겁니다. 이 단계에서는 자존감을 높이는 노력을 하면 좋습니다. 이 경우 「일단 "나" 먼저」 장에서 몇 가지 좋은 연습법을 얻을 수 있을 것입니다. 어쨌든, 가끔은 그렇게 느껴지지 않을 수 있어도 여러분은 훌륭한 파트너입니다! 앞으로 여러분 자신을 좀 더 돌보고 자신의 인생을 즐기려고 노력한다면 그 상태가 유지될 것입니다.

[9~15개]

겉으로는 모든 것이 괜찮은 것 같습니다. 파트너와 서로 잘 지내는 것 같고, 서로를 위해 시간도 많이 투자합니다. 하지만 바로 거기에 번아웃이 심해질 위험이 도사리고 있습니다. 강한 피로감이 덮쳐 오는 때가 잦을 테니 말이죠. 그래서 자신에게 기대하는 것만큼 그렇게 관계에 적극적이지는 못할 겁니다. 여러분은 이미 경고의 징후들을 보았을 겁니다. 너무 오래 지체하지 말고 여러분의 사랑하는 능력이 다 고갈되기 전에 조치를 취하세요.

[16~25개]

번아웃될 위험이 매우 높습니다! 이 건강하지 못한 상태가 더 이상 발전하지 않도록 저지해야 하고, 그러기 위해서는 도움을 받아야 합니다. 여러분이 지금 느끼는 피로와 지침은 시한폭탄이나 마찬가지입니다. 가끔 기력을 소진하는 것 자체는 문제가 아닙니다. 하지만 그런 상황 혹은 그와 비슷한 상황을 계속 무시하고 단지 아무 일도 없었다는 듯 살아간다면 절대 편치 않을, 혹독한 대가를 얻게 될 것입니다. 여러분은 무너지지 않으려고 지금까지 참으며 이미 오랫동안 부단히 노력해 왔습니다. 하지만 그랬기 때문에 휴식에 대한 갈망이 점점 더 강해졌을 것입니다.

마침내 여러분만의 시간을 가지며 곰곰이 생각해 볼 때가 왔습니다. 해야 할 일이 아무것도 없는 시간, 멍하니 연료를 다시 채우기만 하는 시간 말이지요. 그러고 싶은 욕망이 있음을 인정하고 자신에게 그 시간을 허락하면 좋을 겁니다. 어쩌면 주말을 통째로 혼자 보내며 이 책을 정독해 볼 수도 있습니다. 아직은 제대로 조치를 취하기만 하면 그 모든 것을 멈출 수 있습니다. 지금 바로 대응해야 합니다. 그렇지 않으면 관계가 위험에 빠지는 것에만 그치지 않을 수도 있습니다!

[26개 이상]

여러분은 이 테스트 결과가 놀랍지 않을 것입니다. 그렇게 많은 질문에 '네'라고 대답해야 했다면 심각한 위기가 여러분이 그렇게 오랫동안 부정해 왔던 것보다 훨씬 더 분명해졌을 테니 말이죠.

바로 오늘부터 여러분은 새로운 도전 과제 하나를 계획표에 가장 크게 써 넣어야 합니다. 극단적 자기애의 실천이 그것입니다 (이것에 대해서는 「일단 "나" 먼저」 장에서 더 자세히 배우게 될 것입니다).

여러분은 지금 긴 휴식이 시급합니다. 파트너와의 관계에서도 휴식기를 가질 수 있다면 더 좋습니다. 힘을 다시 모으기 위해서입니다. 왜냐하면 여러분은 지금 번아웃 위험에 처해 있는 것이 아니라, 이미 번아웃 그 한 가운데에 들어와 있기 때문입니다. 지금의 여러분은 파트너와 함께하는 미래를 상상할 수 없고 도망치고만 싶을 것입니다. 그렇게 할 수 없는 이런저런 이유들만 없다면 말이지요.

하지만 로봇처럼 기능하며 문제가 저절로 사라지기를 더 이상 고대해선 안 됩니다. 스스로 지금 여러분에게 절실한 변화를 만들어 가야 합니다. 모든 것을 혼자 견딜 필요는 없습니다. 도움을 요청하는 것은 부끄러운 일이 아닙니다. 오히려 그 반대죠! 여러분의 상황을 객관적으로 볼 수 있고 믿을만한 사람이면 제일 좋습니다. 지금으로서는 도움을 요청할 힘도 없을 테니 어려운 일처럼 느껴질 수도 있습니다. 하지만 심리치료사 혹은 좋은 친구에게 빨리 털어놓을수록 그 추락을 더 빨리 끝내고 희망찬 마음으로 다시 미래를 향해 나아갈 수 있습니다!

Part 4

긍정적인 것들을 찾아서

"

내게 무슨
잘못한 일이라도 있어?
갑자기 꽃은
왜 사 온 거야?

"

지금까지 이 책을 읽으면서 속으로 머리를 많이 끄덕인 사람일수록 현재 파트너와의 관계에 더 좌절하고 있을 가능성이 큽니다. 더구나 앞에서 살펴보았던 질문들과 테스트에 용감하고 솔직하게 대답했다면 여러분은 그 결과가 너무도 일관적이어서 소름이 끼쳤을지도 모릅니다.

이제 다시 한 번 돌아가 보죠. 지금의 파트너와 막 사랑하기 시작했을 때 어땠나요? 「테스트 하나 – 몇 가지 질문들」의 세 번째 질문에서 여러분이 생각하는 '바람직한 관계'에 대해 적기 시작했을 때 무슨 생각이 제일 먼저 들었나요? 처음 사랑에 빠졌을 때 여러분은 상대의 무엇에 끌리고 열광했나요?

커플들은 대부분 더할 수 없는 확신으로 관계를 시작합니다. 그리고 행복한 커플이라면 둘만의 첫 경험들을 기분 좋게 회상합니다. 처음 서로 얼마나 좋아했는지, 첫 데이트에 얼마나 행복했는지를 기억합니다. 그때는 문자 메시지가 끊이지 않았고, 매일 몇 시간이고 통화하는 게 일과였습니다.

　좋지 않았던 시간들을 돌아볼 때조차 문제를 함께 해결해 왔음을 보고 그 과정에서 어떤 역량을 쌓아 왔는지 구체적으로 말할 수 있습니다.

　반대로 번아웃에 빠진 커플이라면 어느 한쪽 혹은 양쪽 모두가 그동안 자신들이 함께해 왔던 역사를 무의식적으로 조금씩 다시 쓰기 시작합니다. 자신도 모르게 과거를 부정적으로 각색하는 것입니다. 그렇지 않느냐고 물으면 그보다 더 확신할 수 없게 처음부터 관계가 절대 쉽지 않았고 대단한 사랑도 아니었다고 말합니다. 이런 현상은 한쪽이 다른 사람에게 한눈을 팔고 있을 때 특히 강하게 나타납니다. 그것이 외도가 아닌, 단지 한눈만 팔고 있다고 해도 말입니다. 바위같이 단단한 확신으로 그 관계가 어쨌든 처음부터 옳지 않았다고 주장합니다. 그렇게 거부당한 쪽의 경우 어이없다는 듯 상대의 말을 듣다가 완전히 다른 사실을 말하며 그런 부정적인 생각을 정정하려 하지만 별 소용은 없습니다.

바뀐 인식

반면 관계의 초창기에 있는 커플들은 긍정적인 것들과 공통점에 집중합니다. 서로 다른 점은 부수적일 뿐입니다. 각자 그런 점들을 알아차리기라도 한다면 말이지요. 이 시기 서로의 차이점은 서로에게 흥미로워 보입니다. 사랑에 빠져 행복한 상태라면 상대의 부정적인 행동들도 기꺼이 상황 탓으로 이해해 주고 오히려 다른 긍정적인 측면들이 있어서 그럴 수밖에 없다고 생각합니다. 하지만 싸우는 중일 때는 그 반대입니다. 서로 불행하다고 느끼는 번아웃 상태가 오래된 커플일수록 인식하는 점들과 그 초점이 자신도 모르게 더 심하게 바뀝니다. 다시 말해 상대에게서 트집 잡을 점들이 점점 더 강하게 보입니다. 보기 싫은 모습들만 자꾸 눈에 띄고, 이제는 그럴 때마다 직접적으로 지적합니다. "당신은 왜 늘 컴퓨터만 해?" 혹은 "당신 제발 옷 좀 정리해!" 가정의 분위기가 좋지 않다면 행동을 조금만 잘못해도 금방 성격 탓이 되고, 좋은 행동은 반대로 어쩌다 한 번 일어나는 일이 됩니다. 일상의 아름다운 점은 이제 보이지 않고 보여도 말하지 않습니다. 심지어 긍정적인 행동에도 부정적인 동기가 숨어 있을 거라 생각합니다. "뭐 잘못한 일이라도 있어? 꽃은 왜 사 왔어?" 번아웃이 대화를 이 정도로 지배할 정도라면 함께 하는 일상에 이미 좋지 않은 분위기가 가득할 것입니다. 공통의 목적을 따라가기보다 단지 같이 살기만 할 뿐입니다. 게다가 무의식적으로 끊임없이 상대가 사랑받을 자격이 없는 사람이란 증거를 찾아댑니다. 이것이 에너지 저장고를 고갈시키며 성공적인 새 출발을 위한 기반까지 무너뜨립니다. 그러므로 이럴 때는 무조건 최대한 빨리 대처해야 합니다.

기억은 조작이 가능하다

좋은 소식은, 기억은 조작이 가능하다는 점입니다. 반면 나쁜 소식은 긍정적인 기억을 되새기는 것보다 당장 화나는 것들을 보기가 더 쉽다는 점입니다. 바로 이런 이유에서 앞의 첫 테스트 때 부정적인 것들에 대해 더 쉽게 떠올릴 수 있었을 것입니다.

우리의 기억은 잘 정리된 서랍처럼 옛 서류는 맨 뒤로 가고, 새 서류는 앞에 놓는 식으로 기능하지 않습니다. 우리 뇌는 그보다 감정에 따라 기억을 정리합니다. 모든 서류, 즉 모든 기억은 일단 '기억'이라 불리는 커다란 서랍 속으로 들어가는데 그때 받은 감정의 입장 스탬프에 따라 분류됩니다. 다시 말해 감정의 강도에 따라 그 기억은 하나 혹은 다수의 감정 점수를 받습니다. 감정 점수를 많이 받을수록 서랍 앞쪽, 손에 금방 닿는 곳에 저장됩니다. 그래야 언제고 빨리 꺼내 볼 수 있으니까요.

예를 들어 '주방 세제를 사야 해.' 같은, 감정이 거의 들어가지 않는 생각은 서랍 깊숙한 곳에 저장되기 때문에 금방 잊게 됩니다.

그래서 일상의 작은 것들은 금방 잊어버리고, 긍정적인 경험들(긍정적으로 평가받지 못하는 긍정적인 경험들)보다 부정적인 경험들을 훨씬 더 잘 기억하는 것입니다. 그러므로 생일 때 받은 꽃은 덧없지만, 상처가 된 말은 귓전에서 영원히 떠나지 않습니다.

하지만 우리 뇌 신경의 기억 체계는 사실 매우 유연하고 감정적으로 잘 조종됩니다. 쉽게 조작이 가능하고, 우리가 무언가를 기억할 때마다 끊임없이 조종당합니다. 우리는 좋은 경험이든 나쁜 경험이든 모든 경험에 쉬지 않고 새로운 의미 혹은 가치를 무의식적으로 부여합니다. 기억 분야 전문가이자 행동 심리학자인 줄리아 쇼 Julia Shaw는 특정 기억을 너무 신뢰하지 말 것을 경고합니다. "우리는 기억을 신뢰할 수 없다. … 아무리 중요하고 강한 감정과 트라우마를 유발한 경험처럼 보여도 인간은 모든 경험을 잊어버리거나 잘못 기억하거나 완전히 다르게 상상할 수 있다."[5] 조금 무섭게 들릴 수도 있지만 그렇기 때문에 우리는 행복해지기 위한 뇌 훈련을 할 수 있는 멋진 기회를 선사받습니다. 원한다면 여러분은 조금씩 자력으로 그 늪에서 빠져나올 수 있습니다. 그럼 정확하게 어떻게 그럴 수 있는지 알아보지요.

기억 조율하기

마르틴 루터 할레 비텐베르크 대학과 취리히 대학에 재직 중인 르네 프로이어René T. Proyer 교수와 그의 동료들은 목적에 따라 주의 집중을 달리하고 약간의 연습만 한다면 인생에 대한 전체적인 감정을 대단히 향상할 수 있음을 증명했습니다.

이들은 단지 피험자들에게 낮 동안 있었던 좋은 대화, 훌륭한 마사지 혹은 시원하게 웃었던 일 같은 좋았던 순간을 매일 아홉 가지씩 적으라는 숙제를 내줬습니다. 피험자들은 일주일 동안 그렇게 매일 밤 자신만의 '긍정 장부'를 기록했습니다. 그리고 이들이 그 후에 더 행복해졌음은 어느 정도 예상했던 결과였습니다. 그런데 그런 상태가 한 달 후에도 지속되었음은 놀라운 결과였지요.[6]

좋았던 순간을 매일 아홉 가지 적어 보는 것, 혹은 앞에서 우리가 해 본 희망 사항을 적어 보는 것, 둘 다 어쨌든 인생에서 긍정적인 것에 집중하는 일입니다. 주의를 어느 쪽으로 보내 뇌의 어떤 시냅스synapse를 자라게 할지는 여러분 스스로 선택할 수 있습니다.

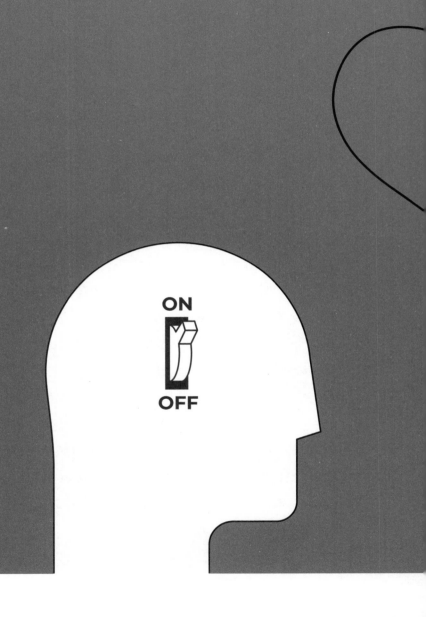

Part 5

원인과 **발생**

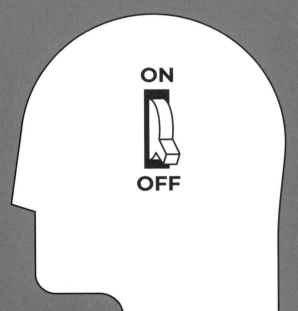

"

그들이 부러워요.
경제적으로도, 가정적으로도
제가 꿈꾸던 모든 걸 가졌어요.

"

누가 특히 더 위험한가

관계 번아웃, 그 배후에 무조건 무거운 상황이나 비극적 유년기가 숨어 있는 것은 아닙니다. 사랑하기 그 자체만으로도 이미 충분히 어려운 도전입니다. 마침내 꿈에 그리던 파트너를 찾았다면 당연히 그 사람과 오래도록 함께 살고 싶을 것입니다. 그 사랑은 반드시 깊어져야 하고 최적의 상태로 발전해야 합니다. 대개 그 안에서 최고의 친구가되고, 최고의 애인이 되고, 최고의 부모가 되는 세 범주를 동시에 만족시키면 가장 좋다고 생각합니다. 하지만 관계에 있어 문제가 발생할 때 적절히 대처하는 법은 아무도 가르쳐 주지 않습니다.

과하지도 부족하지도 않은 적절한 선은 대체 어디쯤일까요? 너무 가깝지도 너무 멀지도 않는 완벽한 사이란 어떤 사이일까요? 둘만의 시간을 가질만한 에너지가 남아 있지 않을 때는 어떻게 해야 할까요? 퇴근 후 파트너나 아이들과 무언가를 하기에 이미 너무지쳤다면 어떻게 해야 할까요?

서로 마음 깊이 사랑하는 사람들이라도 혼자 있고 싶거나 자신만을 위한 무언가를 하고 싶다는 생각이 더 강한 날도 있습니다. 이런 욕구는 매우 건강하지만 완벽주의자들은 이런 욕구를 그 싹부터 잘라 버립니다. 완벽주의자는 대충하는 법이 없고, 마음을 주는 일이라면 더욱 그래서 밀고 당기는 일은 더더욱 하지 못합니다! 사랑하기로 했다면 그 사람을 위해 늘 거기 있어야 합니다.

늘 출동 준비가 되어 있는 사람

♡

인생의 동반자를 위해서만 그런 것도 아닙니다. 감기로 아파 집에서 쉬고 있을 때조차, 혹은 열심히 일한 후 얻은 휴가로 해변에서 몸을 태우고 있을 때에도 번아웃 후보자들은 늘 연락이 닿습니다. 늘 출동 준비가 되어 있는 것입니다. 직장 상사든 아이든 짜증을 유발하는 시어머니든 상관없습니다. 사람들이 필요하다고 할 때마다 이들은 늘 거기에 있고 최선을 다해 도와주기로 유명합니다. 막 사랑에 빠졌을 때는 더욱 그렇지요. 속도를 조금 늦추는 것은 생각도 할 수 없습니다. '거절'은 선택 사항이 아닙니다. 물론 이런 완벽주의자에게도 늘 무시되며 맨 마지막 자리를 차지하게 되는 사람이 있습니다. 그 사람이 누구인지는 여러분도 잘 알 겁니다.

물론 그런 이타적인 태도는 호감을 사지만 '모든 사람의 호구'가 되기에도 안성맞춤입니다. 그럼 언젠가는 당연히 하루가 서른 시간쯤 되면 좋겠다고 생각하게 될 것입니다. '시간이 너무 부족해!'라는 생각이 내면의 끊임없는 주문이 되어 울려 퍼지지만 상대의 오해를 사지 않게 영리하게 입 밖으로 꺼내 보기는커녕 제대로 숙고하지도 못합니다. 눈 한 번 꾹 감고 그냥 해야 할 일을 완수합니다. 위급한 상황임에도 무리를 합니다. "괜찮아. 할 수 있어!"가 구호가 됩니다. 완전히 무너질 때까지.

게으름 혹은 한가함의 결과는 아니다
♡

번아웃은 게으름과 한가함의 결과가 아닙니다. 그렇다고 해야 할 일이 너무 많은 것, 혹은 일과 가정에서의 다중 부담이 꼭 몸과 마음의 좌초를 부르는 것도 아닙니다.

번아웃에 적격인 사람들이 있습니다. 이런 사람들은 특정 사고방식과 마음가짐을 바탕에 갖고 있지요. 일단 여러분이 어떤 프로젝트 혹은 어떤 사람을 어떠한 경우에도 여러분 인생의 가장 상석에 올려놓는 일을 거듭 반복하고 있다면 여러분은 번아웃에 빠질 위험이 있습니다. 기본적으로 자신보다 일이나 가족을 먼저 생각하는 것이 번아웃 유력자들의 전형적인 특징이기 때문입니다. 다음의 사람들이 특히 (관계) 번아웃 위험군에 속합니다.

- 열정적이고, 무엇이든 다른 사람들보다 더 적극적이며, 더 잘하려는 사람
- 쉽게 열광하는 사람, 혹은 관계를 열망하는 사람. 사랑하는 사람을 위해서라면 자신이 무엇을 잃게 되든 상관없이

다 줄 수 있고, 무엇이든 할 수 있는 사람

- 자신과 타인을 끊임없이 비교하고, 완벽주의 경향이 있는 사람
- 자신의 일에 말 그대로 온몸을 불사르는 사람
- 사람들을 돕거나 돌보거나 간호하거나 안내하는 일을 하는 사람
- 사업가이면서 동시에 전문가인 프리랜서나 자영업자

안타깝게도 직업적 번아웃과 관계 번아웃은 서로를 부추깁니다. 하지만 순수한 관계 번아웃의 경우 흥미 상실과 거리를 유지하고 싶은 마음이 단지 파트너와 그 파트너와 함께하는 일상에만 제한되기 때문에 둘을 구별할 수는 있습니다. 직업의 문제로 스트레스와 좌절이 시작되었다가 언제부턴가 파트너에게도 그런 부정적인 감정이 흘러들어 갔다면 파트너를 주시하기 전에 직업과 관련한 상황부터 해결해야 합니다. 이런 경우 관계 번아웃은 감염된 것이지 애초부터 관계에 문제가 있었던 것은 아닙니다. 직업적 번아웃은 이 책의 주제가 아니므로 여기에서는 좋은 전문가의 도움을 받거나 제 멋진 남편, 클라우스 베른하르트의 책 『어느 날 갑자기 무기력이 찾아왔다Depression und Burnout loswerden』(동녘라이프, 2020)를 추천하는 것으로 넘어가려 합니다. 클라우스의 책은 읽기 쉽고 실행하기도 쉬운 팁들로 가득합니다.

여러분은 여러분만의 우울한 상황에서 성공적으로 벗어날 수

있습니다. 둘이 함께 다시 확신을 갖고 행복한 미래로 힘차게 나아
갈 수 있습니다. 다시 행복을 향한 그 길에서 여러분이 꼭 생각해야
할 것들은 다음 장, 「일단 "나" 먼저」에서부터 자세히 살펴볼 것입
니다.

과다한 활동과 욕구의 억압

"이봐, 제드. 여기서는 다들 잠을 안 자나 봐? 그 쌍둥이 외계인들이 우리를 센타우루스 별자리 시간 속에 넣고 있잖아. 거기는 하루가 37시간이라고." 영화 《맨 인 블랙》에 나오는 유명한 대사입니다. 이 영화가 개봉했을 때 저는 막 세 살 된 딸을 키우던 터라 '하루가 37시간이라고? 멋지군. 내가 필요한 게 바로 그거야.'라고 생각했었습니다. 당시 저는 하루 반나절 파트타임 일을 했고, 집안일은 대체로 혼자 처리했으며, 덧붙여 정골의학osteopathie을 공부하고 있었습니다. 만성 시간 부족에 하루 37시간은 완벽한 해결책인 것 같았습니다. 하루하루가 늘 너무 짧았고, 모든 일을 끝내기에는 저녁 시간이 너무 빨리 지나가 버렸습니다.

　　매일 일찍 일어나 하루를 시작했고 아이를 씻겨 사설 유아원에 보냈습니다. 파트타임 일을 마치면 아이를 찾으러 온 마지막 부모가 되지 않으려 유아원으로 늘 달려가다시피 했습니다. 사설 유아원은 유치원 부족에 대한 베를린시가 내세운 대안이었는데 공립

이 아니어서 부모들이 해야 할 일이 꽤 많았지요. 아이들 점심 준비 차례는 또 어찌나 금방 돌아오던지 저는 선생님과 다음날 점심 메뉴를 의논한 뒤 집으로 향하곤 했습니다. 장을 보고 집으로 돌아오면 아이 옷을 갈아입히고, 청소하고, 요리하고, 또 치우고, 아이가 지루해하면 근처 놀이터로 나갔습니다. 늘 그렇듯 딸이 조금 가팔라 보이는 미끄럼틀을 힘겹게 오르락내리락하는 동안 저는 앞의 벤치에 전투태세로 앉아 있었습니다. 아이가 떨어지기라도 하면 언제든 뛰어가 구조할 수 있도록 말이지요. 동시에 한쪽 귀에는 이어폰을 끼고 있었습니다. 최신 기술 덕분에, 그리고 학교에서 허락해 주었으므로 저는 강의 내용을 녹음해 아이를 보는 중에도 늘 듣고 다녔습니다.

점심을 먹고 난 후에는 유아원의 24명 아이들을 위한 음식을 만들어냈습니다. 간 고기를 넣은 토마토 스파게티와 과일을 얹은 프레쉬 치즈 디저트는 요리라고 할 수도 없지만, 저로서는 양적으로만 봐도 엄청난 부담이었습니다. 게다가 우리 세 가족의 저녁도 같이 해결하려다 보면 양은 더 늘어납니다. 그 전에 재빨리 운동복을 찾아 놓습니다. 그래야 딸아이 아빠가 퇴근해 오면 서둘러 아이를 맡기고 아직 해가 다 떨어지기 전에 한 바퀴 달릴 수 있기 때문입니다. 남편은 아이를 재워 주었습니다. 남편과 저, 단 둘만의 시간은 같이 저녁을 먹는 정도로 줄어들었습니다. 저녁을 먹고 나면 또 각자의 길로 흩어집니다. 한 명은 컴퓨터 앞으로, 또 한 명은 다림질을 하며 텔레비전을 봅니다.

그렇게 저는 번아웃으로 향한 단계들을 성실히 밟아 나갔고 헤어짐은 예정되어 있었습니다. 안타깝게도 그때는 그 사실을 몰랐지요.

상상과 현실

♡

우리가 알게 모르게 갖는 현대적 가정의 표상은 많은 커플에게 예상치 못한 결과를 부릅니다. 야심, 완벽주의, 멀티태스킹, 꽉찬 계획표… 이 모든 것은 행복을 향한 가파른 계단이 아니라 장기적으로 볼 때 관계의 연소만 부릅니다. 하루는 고작 24시간이고 모든 인간은 자신만의 한계를 갖습니다. 일상에 대한 우리의 영향력과 예측 가능성에도 한계가 있습니다. "우리 계획과 완전히 다르게 흘러가는 것이 인생이다."라고 작가 헨리 밀러Henry Miller도 경고하지 않았나요? 그런데 우리의 스트레스 레벨은 예상치 못한 일이 일어나서가 아니라 그 일에 우리가 어떻게 반응하고 평가하느냐에 따라 달라집니다.

번아웃 잠재성을 가진 사람들은 그렇지 않은 사람들과 비교해 늘 더 시간이 부족한 것은 아닌데 자기 자신에 대한 기대감만큼은 확고부동하게 높은 경우가 많습니다. 그 기대감은 어떤 경우에도 항상 균형을 유지하고 어떻게든 항상 자연스럽게 기능하려 애쓰는 것으로 그 정점에 이릅니다. 그러기 위해서는 자신에게 매우 엄격한 잣대를 들이밀며 매사를 통제해야 합니다. 하지만 통제할 수 없는 것은 늘 생기기 마련이고 그럼 스트레스가 시작됩니다. 스트레스 칵테일에 무너진 통제력과 무력감만큼 훌륭한 재료도 없습니다. 감정, 상황, 더 나쁘게는 자신을 더 이상 통제할 수 없다면 완벽주의자는 극도의 불편함을 느낍니다. 그런데도 대외적으로는 다 좋다는 인상을 주기 위해 부정적인 감정과 육체적인 경고 신호를 격하게 억누릅니다.

역설적이게도 스트레스가 가장 높은 바로 그 시점에 추가 프로젝트를 떠안는 사람이 많습니다. 문제를 무시하고 자신을 더 바쁘게 몰아붙이는 것은 다른 생각이 들지 않게 하며, 스스로 하는 다른 무리한 요구들과 거리를 두는 데 심지어 도움이 됩니다(단기적으로는 말입니다). 하지만 결국에는 위험한 추락을 가속합니다. 이쯤되면 완전히 지친 채 한 가지 생각만 하게 됩니다. '대체 왜 이렇게 기분이 나쁜 거지?' 이런 질문은 객관적으로 사고할 수 있을 때라면 분명 도움이 됩니다. 하지만 눈가리개는 여전히 눈을 굳게 가리고 있고, 갈등은 은폐되고, 사건의 조사 대상은 바깥세상에 한정됩니다. 죄인을 찾는 과정에서 참으로 철저하게 엉뚱한 곳만 수색하며, 그 문제가 스스로 만든 스트레스와 어떤 연관이 있을지도 모른다는 생각은 거의 혹은 전혀 하지 못합니다. 자신의 완벽주의가 부른 무리한 요구가 진짜 중요한 혐의자인데도 말입니다. 그렇다면 이제 왜 이렇게 될 수밖에 없는지, 그리고 이것이 사랑하는 사람과의 관계에 어떤 영향을 주는지 알아보겠습니다.

계산된 비관주의와 완벽주의

여러분도 완벽한 것을 좋아하는 사람인가요? 모든 것이 완벽할 때까지 절대 쉴 수 없는 사람 말입니다. '일 먼저 하고 그다음 놀자.'라고 생각하나요? 놀기 위한 시간도, 에너지도 남아 있지 않을 때까지 모든 일을 최소한 200퍼센트 완성해 둬야 하나요? 그런데도 그 결과로 드러난 성과를 높이 사기보다 더 잘할 수 있었던 작은 것들로 흠을 잡나요?

완벽주의자들은 매우 비판적인데 특히 자기 자신에게 그렇습니다. 이들은 늘 최고를 원하고, 어떠한 경우에도 자신과 타인으로부터 최대치를 끌어내려 합니다. 하나의 목표가 달성되면 그다음 기준은 더 높고 어렵게 책정됩니다. "오! 정말 맛있네요!" 같은 호의적인 칭찬이라도 그대로 받아들이는 일이 거의 없고 어땠어야 했다는 둥 작은 점이라도 자신을 비판합니다. "네, 하지만 좀 싱거운 것 같아요! 그리고 오레가노를 말린 것보다 생으로 썼으면 더 좋았겠죠. 사실 샐러드도 하나 더 만들려고 했어요…."

완벽과 실수
♡

완벽을 추구하는 일이 오히려 일을 망칠 수도 있다고 하면 이해하지 못하는 사람도 많을 것입니다. 저 역시 특별한 경험을 했던 몇 년 전까지만 해도 이해하지 못했지요.

당시 저는 취미로 그림을 그리고 있었는데 한번은 화가 친구인 페터 덕분에 이틀 정도 그의 작업실에서 그림을 그릴 수 있었습니다. 첫날, 친구의 정물화가 놀라운 속도로 그 형상을 갖추어 가는 동안 저는 이미 몇 달 동안이나 작업하던 한 여성의 초상화를 달팽이 속도로 그려 나가고 있었습니다. 제가 페터와 달리 전문 화가가 아니라는 점을 무시하더라도 유화는 우리 집처럼 어린아이가 뛰어다니는 집에서 쓰기에 좋은 재료로 그릴 수 있는 것이 아닙니다. 그러므로 주말 내내 남편이 아이를 봐주는 동안 방해 없이 그림을 그릴 수 있다는 것만으로도 제게는 아주 소중한 크리스마스 선물이었습니다. 하지만 긴장을 풀고 붓을 놀리며 그 방해 없는 주말을 즐기는 일이 그리 쉽지는 않았지요. 저는 계속 작은 것들에 집착했습니다. 그림을 아주 가끔만 그리다 보니 연습이 안 되어 있어서 색을 제대로 조합할 수 없었습니다. 하지만 페터가 정확한 조합으로 캔버스를 현란하게 칠할 때마다, 그리고 제가 그림을 다 망칠 것 같고, 재능이라곤 없다고 생각할 때마다 나에게로 와 준 것에 더욱 감동할 수밖에 없었습니다. "그래, 바로 그거야! 잘했네!" 제가 잔뜩 의심의 눈초리를 던져도 그는 계속 저를 칭찬해 주었습니다. "계속 그렇게만 해!

그리고 여기에 이 노란색을 아주 조금만 섞어봐." 저는 따라 그리고 있던 옛날 흑백 사진처럼 세피아 톤의 따뜻한 그림을 그리고 싶었습니다. 하지만 노란색을 쓸 생각은 전혀 하지 못했지요. 마지막 물감 배합에서 놓치고 있던 것이 바로 그 색이었습니다. 저는 제 그림을 보고 만족했고 행복했습니다.

완성된 그림에 서명할 일만 남게 되었을 때 저와 페터는 잠시 커피와 케이크를 즐기고 있었습니다. 그때 예술품 수집가가 페터에게 의뢰했던 작품을 가지러 왔지요. 작업실을 둘러보다가 그는 제 그림 앞에 서더니 놀랍다는 표정을 보였습니다.

"흠, 페터, 이건 전혀 자네 스타일이 아닌데, 새로운 스타일을 시도하는 중인가?"

"아니요." 페터가 대답했습니다.

"이건 제가 아니라 이 젊은 예술가가 그린 겁니다."

흰머리 노신사는 반갑다는 듯 저와 악수를 했습니다.

"멋진 작품입니다! 시선이 굉장히 강렬해서 눈을 뗄 수가 없어요. 계속 이게 뭘까 생각하게 되네요. 글쎄, 뭐랄까? 뭔가 약간 교활해 보이기도 하고요."

저는 그 아름다운 칭찬에 매우 기뻐했습니다. 그런데 페터가 의도치 않게 저로 하여금 현실을 직시하게 했습니다.

"그건 왼쪽 눈 동공이 중심에서 약간 벗어나 있어서 그럴 겁니다."

안타깝게도 사실이 그랬습니다. 제가 전혀 알아차리지 못한 점이었지요.

"흠, 정말 그렇네요. 나라면 그대로 두겠어요. 이게 이 그림에서 가장 매력적인 점이니까요." 수집가가 이야기했습니다.

그 뒤로 그 두 남자 사이에 흥미진진한 토론이 일어났습니다. 페터는 제가 그 실수를 바로잡아야 한다는 입장이었지요. 제가 동공을 의도적으로 그렇게 그린 것이 아니라 실수로 그렇게 된 것이기 때문입니다. 그의 생각에 따르면 일단 완벽하게 그리는 법부터 배워야 하고, 그다음 의도적으로 실수처럼 그릴 수 있으며 그때 그 실수는 작품의 완성도를 높입니다. 당시 저는 경험이 없었고 충분히 완벽주의자였으므로 페터의 조언을 따랐습니다. 그 오점을 수정하는 데에는 몇 분도 채 걸리지 않았습니다. 하지만 그 몇 분을 다시 되돌리며 내 그림 속 여인에게 신비한 마력을 되찾아 주는 데는 며칠이 걸렸습니다.

지금 그 그림은 제 작업실에 걸려 있습니다. 완벽함이 목표를 향한 가장 빠른 길인 경우는 드물고, 실수할 때 훨씬 더 많은 것을 배울 수 있다는 점을 상기시켜 주면서 말입니다.

사랑과 능력은 서로 비례할까?

♡

완벽주의는 예술에서만 결과를 망치는 것이 아닙니다. 여러분은 사랑하는 사람과의 관계를 망치고 싶나요? 그렇다면 이상적인 관계를 목표로 삼고 매 순간 완벽하도록 열심히 노력하기만 하세요! 그러는 동안 파트너는 은근한 압박과 요구를 받게 되지만 그것은 애초에 충족시켜 줄 수 없는 것입니다.

완벽을 향한 그 모든 노력이 오로지 투사 때문인 경우도 많습니다. 완벽주의자는 상대의 사랑을 노력해 벌어야 한다고 생각하고 충분히 노력하지 않으면 그 사랑을 잃게 될 거라 생각합니다. 완벽주의자에게 이런 생각은 더할 수 없이 자연스럽습니다. 하지만 그 완벽주의자를 도저히 행복하게 해 줄 수 없음을 깨달은 상대는 매우 절망할 수밖에 없습니다.

그런데 대체 왜 우리는 완벽주의에 집착하는 걸까요? 무엇이 완벽주의자를 그토록 몰아대는 걸까요? 그것은 성배와도 같은 완전함 그 자체인가요? 아니면 실수할지도 모른다는 강한 두려움인가요? 이것은 부러움을 살만한 특징인가요? 아니면 성가신 기벽 혹은 결함인가요?

완벽을 추구하는 사람은 절대 만족하는 법이 없고, 끝없이 자신을 희생합니다. 결코 '이 정도면 괜찮아!'라고 생각할 수 없습니다. 누가 도와주어도 자신의 기준에는 어림없는 도움이거나 오히려 그런 도움을 모욕으로 받아들입니다. 완벽주의자 두 명이 만났다면 상황은 더 힘들어질지도 모릅니다. 완벽주의자들이 서로에게 끌리는 경우도 많지만 그럴 때는 자신들도 모르게 서로에 대한 경쟁 속으로 빠져들기도 하죠.

모든 것은 통제의 문제다

♡

완벽주의는 단지 하나의 고정관념인 경우가 많습니다. 모든 것을 통제 아래 두겠다는 바람은 외부에서 볼 때 환상에 불과하며 전혀 바람직하지도 않습니다. 물론 여러분이 정말로 통제할 수 있고 그래서 바람직한 것도 분명히 있습니다. 바로 여러분 자신의 기분 말입니다. 부정하고 싶을 수도 있지만, 여러분이 완전히 통제할 수 있고, 동시에 완전히 책임질 수 있는 것은 여러분의 생각뿐입니다.

여러분이 생각하는 것을 생각하기 때문에, 여러분이 느끼는 것을 느낍니다.

이 주제에 대해서는 뒤에 다시 돌아올 것입니다. 분명한 것은 우리에겐 언제든 선택권이 있다는 것입니다. 여러분은 어떤 상황에 대해 심판하는 생각을 선택할 수도 있고, 호의적인 생각을 선택한 후 단지 평가만 부정적 혹은 긍정적으로 할 수도 있습니다. 성공의 가장 의미 있는 잣대는 여러분이 삶에서 얼마나 기쁨을 느끼느냐입니다. 일이 잘못될 것을 미리 생각하며 삶의 기쁨에 안전장치를 해둔다고 삶의 질이 올라갈 것 같나요? 실망하지 않으려고 긍정적인 말이라면 늘 조심스럽게 하고, 늘 최악의 사태부터 생각하기를 선호한다면 여러분은 서둘러 앞서가는 계산된 비관주의와 그 확약에 중독된 것입니다. 다만 문제는 '계산된 비관주의'가 삶의 기쁨을 지켜주는 것이 아니라 삶의 무게를 더욱 무겁게 한다는 데 있습니다.

피그말리온 효과

♡

비관주의자들에게 흔히 일어나는 일, 즉 부정적인 기대가 실제로 부정적인 현실을 부른다는 것은 1960년대 이미 센세이션을 일으킨 바 있습니다. 관련하여 당시 진행된 실험들의 결과는 학자들 사이에서 후에 "피그말리온Pygmalion 효과"로 알려졌는데, 현재 이 실험들은 윤리적인 이유에서 더 이상 할 수 없습니다. 당시에는 가짜 지능 테스트로 초등학생들의 학습 능력을 조작하는 실험에 문제성을 느끼지 못했던 듯합니다.

당시 아이들에게 모두 IQ 테스트를 시킨 뒤 그중 무작위로 몇 명에게는 IQ가 낮아 학습 능력이 떨어진다고 말해 주었습니다. 그리고 다른 몇 명에게는 머리가 좋아 학습 능력이 좋다고 말해 주었습니다. 그리고 1년 뒤, 다시 IQ 테스트를 시켰는데 그 결과는 이해하기 힘들었습니다. 1년 전의 실제 테스트 결과와 전혀 달랐던 것입니다. 아이들에게 해 줬던 말에 놀랍도록 맞아떨어지는 결과였습니다. 원래는 똑똑한 아이들인데 연구를 위해서 학습 능력이 떨어진다는 낙인을 받은 아이들은 그런 낙인에 맞는 학생이 되어 있었습니다. 반면 사실 그리 똑똑하지 않았지만 연구를 위해 아주 똑똑하다는 말을 들은 아이들은 학자들의 그 조작된 진단에 맞게 자신을 자랑스럽게 생각하며 열심히 공부했고, 따라서 두 번째 IQ 테스트에서 1년 전보다 훨씬 더 좋은 결과를 낼 수 있었습니다.[7]

이런 '피그말리온 효과'는 심지어 쥐에게도 나타납니다. 설치

류를 위한 전통적인 지능 테스트인 미로 속에서 치즈 찾기 테스트를 보면 그렇습니다. 이 실험에서 선생의 역할을 대학생 훈련사들이 해 주었습니다. 쥐들은 치즈 빨리 찾기 경쟁에 나설 예정이었고 대학생들이 쥐들을 훈련시켰습니다. 이 실험에서도 물론 그 전에 미리 대학생들에게 그 경쟁에서 어떤 쥐가 이기고 질지 (아무 근거 없이 무작위로 결정해) 말해두었습니다. 몇 명 학생들은 덜 똑똑하고 그래서 길들이기 힘든 쥐를 받았음을 알게 했고, 또 다른 학생들은 챔피언 쥐를 훈련하는 행운을 얻게 되었다는 소리를 들었습니다. 여기에서도 결론적으로 학생들의 기대심이 쥐들의 행동에 상당한 영향을 준 것으로 판명이 났습니다. 이 연구에서는 한 단계 더 나아가 그 경험에 대한 참가자들의 후기도 들어 보았습니다. 똑똑한 쥐를 훈련시키게 되었다고 (거짓) 정보를 받은 학생의 경우 즐겁게 훈련시킬 수 있었다고 했습니다. 그리고 그 털 달린 유망주는 더 세심한 주의를 받았습니다.[8]

계산된 비관주의
♡

긍정적인 기대는 성공적인 결과만 부르는 것이 아니라 그곳으로 향하는 길도 더 달콤하게 만듭니다. 임박한 어떤 일에 대하여 미리 행복해할 때 행복 호르몬인 도파민dopamine은 그 일이 실제 일어날 때보다 혈관 속으로 더 많이 분출된다고 말하는 연구 결과도 있습니다. "김칫국부터 마시지 마라!"라는 말로 계산된 비관주의자들은 생각보다 훨씬 더 많은 행복을 놓치고 있는 것입니다.

김칫국부터 마실 때 육체뿐만 아니라 정신의 에너지 수준도 올라가므로 최악의 경우에도 실망감을 소화할 에너지를 더 많이 비축해둘 수 있습니다. 물론 순진하게 뭐든 다 잘될 거라고 믿으라는 말은 아닙니다. 이런 좋은 말도 있지 않습니까? "신을 믿되 그 전에 낙타는 매어둬라."

그리고 이 장에서 제가 '계산된 비관주의와 완벽주의'에 대해 얼마나 평균 이상으로 길게 썼는지 보기 바랍니다. 이건 당연히 완벽함과는 거리가 멀고 앞으로도 저는 절대 완벽하지 못할 것입니다. 제가 쓴 글을 읽을 때마다 늘 개선할 점들이 보이니까요. 하지만 저는 제가 완벽하지 않아서 참 좋습니다!

이상과 현실

"이웃을 보면 다 참 좋아 보여요. 부부 관계가 정말 이상적이에요. 그 외에도 다 가졌어요. 큰 집, 아름다운 정원, 몇 대씩 되는 자동차, 아이들도 셋이나 되는데 다 훌륭하고, 개도 한 마리 있어요. 그 사람들이 싸우는 걸 한 번도 본 적이 없어요. 그 집과 우리 집을 바꾸면 더 바랄 게 없겠네요."

제 상담소를 찾은 내담자들이 다른 사람의 인생에 대해 부러움 가득한 찬사를 보낼 때면 저는 이렇게 말합니다. "누가 알겠어요. 그 사람들도 우리 상담소를 찾아올지요?" 경험상 남들이 보기에 더할 수 없이 모범적인 가정을 가꾸는 사람들이 특히 번아웃과 우울증을 겪게 되기 쉽습니다. 저를 찾아온 번아웃, 우울증 환자들은 자신은 이별을 생각하고 있는데 주변 사람들은 모두 자신과 자신의 파트너를 이상적인 커플로 보고 있다고 말하곤 합니다. 갈등을 드러내지 않고 상냥하게 웃고만 있다고 해서 다 행복한 것은 절대 아닙니다. 동반자 관계의 질에 관해서라면 전혀 싸우지 않는 커플이 이상적인 것처럼 보일 수는 있습니다. 언뜻 생각할 때 행복한 커플이라면 갈등이 있어도 큰 논쟁 없이 금방 절대적 화목함 속에 들어갈 것 같습니다. 그리고 경제적으로 여유로운 가정이라면 어쨌든 성공한 사람들이므로 늘 만족할 것 같지요. 하지만 이웃집 정원의 잔디가 진짜로 늘 더 푸른 것은 절대 아닙니다. 페이스북에는 그렇게 보이더라도 말이죠. 그 이웃도 인간이고 인간은 누구나 자신만의 문제를 갖고 있습니다. 그 문제를 인터넷에 올리지 않는 것뿐이고, 혹은 포토샵으로 아름답게 만들어 올렸을 뿐입니다. 경제적 여유, 품위 있는 직장, 큰 집… 이것들이 사람을 무조건 행복하게 만들지는 않습니다. 하지만 자신을 끊임없이 남과 비교하는 것, 이것은 분명 우리를 불행하게 만들고 관계 번아웃을 부릅니다.

비교할 수밖에 없는 세상

♡

안타깝게도 현대에는 다양한 매체들이 숱하게 많은 비교 공간들을 제공합니다. 독일 잠언 작가 사라 클로제Sarah Klose도 "끝없는 비교로 영혼이 파괴된다."라고 말한 바 있습니다. 그런데 영혼만이 아니라 관계도 파괴하고 심지어 건강도 잃게 만듭니다. 다음과 같은 말들이 특히 그렇지요.

- "내 상사의 부인은 당신보다 더 일찍 집에 온다더라!"
- "우리 이웃들은 우리보다 더 자주 휴가를 떠나."

- "당신 동료가 나보다 훨씬 예쁘잖아."
- "다른 남자들은 집안일을 더 많이 도와!"
- "예전에 당신은 나한테 더 관심이 많았어!"

고삐 풀린 비판의 목소리가 본격적인 비교 모드에 들어갔다면 천국에 먹구름이 끼는 건 시간문제입니다. 이제부터는 부족한 것, 아직 얻지 못한 것, 거절당한 것, 좌절감에만 온통 관심이 쏟아집니다. 그럼 갑자기 직장 동료의 싹싹하던 남편, 성공하고 행실 바른 조카들, 싱글 친구의 멋진 섹스 라이프, 늘 행복해 보이는 이웃 커플 모두 참을 수 없게 느껴집니다.

비판적으로 생각하고 비교하는 데에는 완벽주의자를 따라갈 자가 없습니다. 더욱이 그런 그들을 멈추게 하기란 대단히 어렵죠. 생각들이 그렇게 속절없이 추락하는 동안 상당한 에너지와 자기 확신을 도둑맞게 됩니다. 다른 커플들은 모두 화목하고 어쨌든 우리보단 행복하다는 순진한 생각이 불만을 더하고 과잉 활동을 부채질합니다. 이제 악순환이 시작됩니다. 열의만으로 목표점만 높아지고 그것의 달성 가능성에 대해서는 생각하지 않습니다. 매일 해야 할 목록이 새롭게 만들어지고 그럴 때마다 그 하루만큼 목록은 더 길어집니다. 해야 할 일이 쌓여감에 따라 스트레스 수치도 높아만 갑니다. 이러한 상황은 결코 매력적이지 않습니다. 더욱이 실현과도 거리가 멉니다.

한편 넷플릭스, 페이스북, 아마존 등 꿈의 세상은 참으로 유혹적입니다. 이것들은 소비를 조장하며 여러분의 은행 계좌를 가볍게 하는 것도 모자라 늘 남들과 비교하게 하는 것으로 고통을 줍니다. 여러분은 늘 여러분보다 더 매력적이고, 더 잘나가고, 더 빠르고, 더 성공적인 사람을 볼 수밖에 없습니다. 75억 인구와 비교할 수 있으니 당연하지 않나요? 하지만 그러는 중에도 여러분은 항상 이런 생각을 염두에 두어야 합니다. 세상에는 '나보다' 덜 매력적이고, 더 못 나가고, 더 느리고, 덜 성공적인 사람이 훨씬 더 많다는 것을 말입니다.

'신이 인색한 곳은 늘 있다!'

♡

이 독실하지 못한 생각은 제 펜 끝에서 나온 말이 아니라 작센 지방 출신의 자의식 강한 포토 모델인 내담자의 입에서 나온 말입니다.

그녀는 표준어를 익힌 듯했지만 이 주제를 가지고 열변을 토할 때 분명 자신도 모르게, 그리고 그녀가 생각하기에 적당한 선 그 이상으로 사투리를 썼습니다. 저는 신이 관련된 이 주제가 불현듯 마음에 들어서 그 응용 가능성을 검증해 보고자 했습니다. 풍모가 뛰어난 VIP 내담자들이라도 보통은 한두 개 단점들이 눈에 띄기 마련인데 이 내담자는 아무리 봐도 신이 그녀의 어디에 그렇게 인색했는지 도무지 찾을 수 없었습니다. 매우 매력적이고 호감을 사는 타입이라 적어도 외모에서만큼은 어떤 흠도 찾을 수 없었습니다. 포토 모델로 성공한 데는 다 그만한 이유가 있었던 셈입니다.

"그렇다면 당신 생각에 신은 당신의 어디에 인색했나요? 솔직히 말해 나는 잘 모르겠는데요?"

그녀의 흠을 찾지 못했음을 인정한 후 저는 기대에 찬 채 그녀의 대답을 기다렸습니다.

"드러나지 않으니까요. 이제는요. 하지만 어렸을 때 그것 때문에 아주 많이 힘들었어요. 다행히 그것을 은폐하고 그것과 잘 살아가는 법을 배웠죠."

신체 해부상의 아주 드문 이상으로 그녀는 눈꺼풀을 완전히 올릴 수 없고 콘택트렌즈 없이는 거의 장님에 가까웠습니다. 그 때문에 과거 그녀는 늘 사람들을 멸시하는 듯한 표정을 하고 있었다고 합니다.

"다들 저를 오만하고 자기만 아는 나쁜 애로 생각했죠. 다들 절 피하거나 괴롭혔어요. 파티에 초대된 적이 한 번도 없었어요. 자만심에 빠진 멍청이와 상대하고 싶은 사람은 없겠죠. 제 학교생활은 끔찍함 그 자체였어요!"

심리요법 전문가들의 도움으로 후에 그녀는 그 엄청난 거절의 경험들을 다 극복해냈습니다. 그리고 이어서 연기 수업을 들으며 자신의 표정과 제스처를 교정했죠. 직업적으로는 그녀의 진지해 보이는 표정이 전혀 문제되지 않았습니다. 패션쇼 무대에서는 어쨌든 웃지 않으니까.

또다시 누구와 비교하고 싶은 마음이 든다면 이제부터 이 우주가 여러분의 어떤 점에 아낌없이 주었는지 생각해 보세요. 여러분이 자랑스럽게, 그리고 감사하게 생각하는 것은 무엇인가요? 그리고 지금까지 여러분이 부러워한 인생이 있다면 신은 그 인생의 어떤 점에 인색했을까요?

은총이며 저주인 감정 이입

10대 시절 제 침대에는 노란색의 작은 장식용 쿠션이 하나 있었습니다. 만화가 킴 카살리Kim Casali의 그림이 그려져 있는 하트 모양의 쿠션이었습니다. 킴 카살리의 "사랑은 …하는 것"이라는 문구가 꼭 따라오는 그 그림들은 당시 대단한 인기를 끌어 그때그때 다른 문구들과 함께 엽서, 달력, 머그컵 등등을 장식했었죠. 어린 제가 가장 좋아했던 문구는 "사랑은 상대를 위해 온전히 거기 있어 주는 것"이었습니다.

　나 아닌 다른 사람을 언제나 이해하고 도와주는 것은 훌륭한 것이란 이미지가 있습니다. 상대의 마음을 잘 헤아려 줄 수 있다면 사랑 가득한 동반자 관계는 이미 보증된 것 같습니다. 하지만 공감도 좋기만 한 것은 아닙니다. 상대의 모든 바람을 눈빛만 봐도 알 수 있다면 그것은 물론 매우 호감을 사는 측면이 아닐 수 없습니다. 하지만 그런 이타주의가 여러분을 위해 꼭 지켜야 하는 개인적 경계선까지 무너뜨린다면 동반자 관계는 물론 여러분 자신에게도 건강하지 못한 결과를 초래할 수 있습니다. 예를 들어 상대에게 완전히 집중하기 위해 자신의 취미 생활을 포기하고, 자신의 모든 관심사를 거두어들이면 여러분은 그런 희생이 부를 손상을 과소평가하는 것입니다.

질투심 강한 남편을 사랑하는 마음 하나로 자신의 피겨스케이트 경력을 포기한 내담자가 있었습니다. 그녀는 얼음 위에서 피루엣pirouette(한쪽 발끝으로 서서 회전하기-옮긴이)을 돌 때마다 프로에서 뛰던 경기들, 힘든 연습, 박수갈채 등을 그리워하게 되는 것이 싫어 자신의 스케이트를 다른 사람에게 주고는 아예 빙상에 나가지 않았습니다. 그리고 몇 년 후 남편이 외도를 했습니다. 상담을 받으러 온 남편이 흐느끼며 고백하기를 그녀가 생기 없고 지루한 사람으로 변한 것 같았다고 했습니다. 그래도 헤어지기는 싫다고 했습니다. 게다가 그 결혼을 쉽게 포기하지 말라고 독려하는 세 명의 아이들이 있었습니다. 그 결혼을 되살리는 일이 쉽지 않았으므로 둘은 때로 정말 가슴 아픈 시간을 보내야 했습니다. 하지만 각자 따로 혹은 둘이 같이 우리 클리닉에서 상담을 받은 것이 효과가 있었습니다. 이제 그녀는 남편을 용서했고, 그는 그녀에게 새 스케이트를 선물했습니다. 지금 빙상 위에서 춤을 추는 그녀를 보면 그녀가 언제 빙상을 떠났나 싶습니다. 극단 "홀리데이 온 아이스Holiday on Ice" 아이스쇼 순회공연은 더 이상 하지 않겠지만 행복하게 살고 있으며 작년에는 그녀가 사는 지방 아이스 갈라쇼에서 다시 작은 공연을 펼치기도 했습니다.

"아니, 괜찮아"

♡

혹시 여러분 자신, 그리고 여러분이 소중하게 생각하는 것을 가족을 위해 소홀히 하는 게 사랑이라고 생각하나요? 그렇다면 심각하게 잘못 생각하고 있는 것입니다. 그런 자세는 많은 문제를 일으킬 수 있지만 정작 만족스러운 만큼의 사랑은 부르지 못합니다.

내면의 목소리를 거듭 무시하는 사람은 시간이 지날수록 자신의 감정에도 무뎌지게 됩니다. 개인적으로 꼭 필요한 것에 대한 감정이 메마르게 되죠. 큰 번아웃에 걸릴 확률이 높은 사람은 타인이 필요한 것은 잘 감지하는 데 반해 정작 자신에 대해서는 몸의 변화조차 잘 감지하지 못합니다. 태엽 장치처럼 틀림없이 작동하고 다른 사람이 필요한 것은 정확하게 아는데 자신에게는 무엇이 필요한지 전혀 모릅니다. 자신에 관해서라면 억눌린 감정들이 만든 두꺼운 장막 뒤로 늘 물러서기만 하므로 어느 순간부터 자신이 무엇을 좋아하고 어떤 일에 기뻐하는지 도무지 알 수 없습니다. 그 누구에게도 부담을 주기 싫으므로 호의에 의한 도움도 단호하게 거절합니다.

"내가 뭐 도와줄 일 없을까?"

"아니, 괜찮아."

당신이 행복하면 나도 행복하다

♡

저도 그런 상태에 빠진 적이 있습니다. 제 딸이 태어난 후 첫 몇 달 동안 좋은 엄마가 되려고 온갖 노력을 다하다가 그렇게 되었지요. 딸의 외할머니, 그러니까 제 어머니가 당시 저의 생일 선물로 무엇을 갖고 싶으냐고 물었을 때 한동안 아무 생각 없이 그녀를 바라보기만 했습니다. 아무리 생각해도 받고 싶은 게 생각나지 않자 저는 이렇게 말했습니다.

"그냥 로우라에게 좋은 거 하나 사 줘요. 아이가 행복하면 저도 행복한 거니까요! 로우라가 저렇게 좋아하는 큰 토끼 인형을 하나 더 사 주는 것도 괜찮겠네요. 그럼 하나를 빨아야 하거나 잃어버려도 괜찮잖아요."

저의 어머니가 제게 무엇을 선물해 줬는지는 기억나지 않습니다. 분명 토끼 인형은 아니었습니다. 하지만 저는 그해 저를 위한 완벽한 선물이 무엇이었는지 잘 알고 있습니다. 바로 라벤더 향이 가득한 욕조에서 긴 목욕을 하는 것이었습니다. 당시 저처럼 똑같이 갓 엄마가 된 저의 가장 친한 친구가 파란색 라벤더 목욕 용품을 사 주면서 이렇게 말하기도 했습니다. "목욕은 못 하더라도 뚜껑 열고 향기만 맡아도 기분이 좀 나아질 거야."

모든 것을 감수하지는 마라!

♡

번아웃 유력 후보자들은 자신에게 유독 혹독하고 요구하는 바가 많아 필요 이상으로 괴로운 삶을 살아갑니다. 다른 누구에게도 자기에게만큼 그렇게 많이 요구하지 않고 기대하지도 않습니다. 그리고 다른 누구도 자기만큼 그렇게 심하게 벌주지 않습니다. 다른 누구에게도 그토록 무자비하지 않습니다.

여러분이 갖는 그 모든 규칙과 이상에서 벗어나 다른 사람이 아닌 여러분 자신을 한 번이라도 제대로 돌보길 바랍니다! 불가능한 일처럼 보이더라도 말이죠. 더 이상 모든 것을 감수하지 마십시오! 가정을 등한시하고 아이들을 굶기란 뜻은 아닙니다. 가끔은 여러분 자신부터 먼저 생각해 보라는 뜻입니다. 최소한 하루에 한 번만이라도. 그렇게 그동안 다른 사람을 위해 해 오던 몇 가지 일을 하지 않게 된다면 기분이 한결 나아질 것입니다. 최소한 이론상으로는 분명 그렇습니다. 하지만 실질적으로 늘 하던 일을 갑자기 줄이는 게 말처럼 쉽지만은 않을 수 있습니다.

남을 돕는 일은 사랑할만한 일이고, 남들에게 꼭 필요한 사람이 되는 것도 기분 좋은 일입니다. 하지만 언제나 필요한 사람이 되어야 한다고 생각한다면 여러분뿐만이 아니라 상대에게도 나쁠 수 있습니다. 다시 말해 도움의 '희생자'가 생길 수 있습니다. 꼭 필요한 일이 아닌데 가족, 친구, 혹은 동료가 스스로 해야 할 일을 가져와 서로 협력할 기회를 없애 버린다면 모두에게 결코 좋을 리 없고,

여러분은 번아웃에 걸리게 됩니다. 과도한 보살핌을 끊임없이 받는 가족 구성원은 독립하기 어렵습니다. 독립해서 멀쩡하게 잘 살던 사람도 여러분에게 다시 의존하게 됩니다. 옆에서 계속 보살펴 주는 사람이 있으면 어떤 문제든 스스로 책임지고, 생각하고, 해결할 필요가 없습니다. 아주 편리하기는 하겠지만 이 경우 여러분은 그들을 도와주는 것이 절대 아닙니다. 아이들일 경우는 더 말할 것도 없습니다. 이것은 제대로 된 교육이 아닙니다.

미국인 청년 잭 안드라카Jack Andraka의 부모는 그런 면에서 매우 엄격했습니다. 잭이 세 살이 되자 각각 마취과 전문의, 건축 기사였던 그의 어머니와 아버지는 잭의 질문에 대답하기를 그만두었습니다. 그 대신 잭이 '스스로 대답을 찾도록' 도와주었지요. 그렇게 스스로 생각하는 훈련을 받은 잭은 열다섯 살의 미약한 나이에 이미 획기적인 발견을 하나 합니다. 사랑하는 할아버지를 갑자기 암으로 잃자 잭은 암을 초기에 발견하는 방법을 연구했습니다. 이미 존재하는 연구 결과들을 인터넷에서 집중적으로 검색·분석한 결과 잭은 기존의 진단 방식보다 더 빨리, 더 확실히, 더 싸게 진단할 수 있는 독창적인 진단 키트를 계발해냈습니다. 이 일로 잭은 상금 높은 과학상을 받았을 뿐만 아니라 교육 철학이 확고한 부모님과 함께 백악관에 초청되기도 했습니다.[9]

남을 기쁘게 하려는 병

♡

우리는 사랑하는 사람의 행복을 위해 하기 싫은 일을 하고, 하고 싶은 일은 하지 않습니다. 하지만 자신을 사랑하고 존중하는 사람만이 장기적으로 볼 때 파트너의 사랑도 받습니다. 삶과 사랑에 있어 더 행복하고 싶다면 자신에게 좀 더 진실해져야 합니다. 남을 기쁘게 하려는 그 병(모든 사람을 만족시키고자 하는 그 고질병)의 자리를 최소한 한동안만이라도 급진적 자기애로 대체해 보세요! 이것이 어떤 사람에게 있어 왜 힘든지는 다음 장에서 살펴볼 것입니다.

성격 차이는 힘들다

서로 다른 사람끼리 더 끌릴까요? 아니면 비슷한 사람끼리 더 잘 만날까요? 어느 쪽이 더 맞는 말일까요? 차이가 클수록 매력도 큰 것만큼은 확실한 것 같습니다. 하지만 이것이 늘 좋은 것만은 아닙니다. 로맨스 영화 관객들을 즐겁게 하는, 청춘 남녀 사이의 그 고전적 긴장감은 현실에서라면 대부분 그다지 재미없습니다. 영화 시작 단계에서 주인공 남녀가 서로 원수지간처럼 보인다면 우리는 어렵지 않게 그 둘이 머지않아 키스하게 될 것을 예측할 수 있습니다. 하지만 영화에서는 그렇게 재미있고 로맨틱한 상황이 실제 현실에서 해피엔딩으로 끝나는 경우는 사실 거의 없습니다. 현실에서는 잉꼬 커플이 악몽의 커플이 되고, 사랑 고백이 아니라 전쟁 선포가 일어납니다.

장점과 호불호

♡

누구나 자신만의 장점과 호불호를 가지고 있음을 잘 안다고 해도 싸울 때 그런 것들은 너무나 쉽게 무시됩니다. 우리는 우리의 부족한 점을 메워 주고, 그래서 마침내 완성되었다는 느낌을 주는 파트너를 선택합니다. 그리고 동시에 나와 다른 그 사람이 나와 똑같이 행동해 줄 것을 기대합니다. 하지만 사람은 누구나 자신만의 아주 개인적이고 인간적인 운영 체계를 갖고 있습니다. 그 운영 체계가 우리의 만사를 조종하고, 그 운영 체계에 따라 하기 쉬운 행동과 하기 힘든 행동이 정해집니다. 그 운영 체계에 의해 (예를 들어 특정 행동 방침 같은) 특정 소프트웨어가 부드럽게 돌아갈 수 있고, 자꾸 버벅댈 수도 있으며, 전혀 작동하지 못할 수 있습니다. 그 운영 체계에 따라 파트너가 '나'와 잘 맞는지 아니면 문제가 예정되어 있는지 알 수 있고, 어떤 직업이 '나'에게 얼마나 나쁠지 혹은 자신이 꿈꾸던 직장을 찾았는지 아닌지도 판단할 수 있습니다.

어떤 사람의 운영 체계를 정확하게 알아볼 수 있다면, 예를 들어 면접관으로서 이상적인 미래의 직원을 분명히 알아볼 수 있을 것입니다. 커뮤니케이션 코치인 로저 베일리Rodger Bailey와 쉬엘 로즈 샤르베Schelle Rose Charvet도 그렇게 생각했고 관련해서 이른바 랩 프로파일LAB-Profile이라는 것을 계발해냈습니다. 랩LAB은 "언어와 행동"의 약자로 14쌍의 언어-행동 습관들을 정리해 둔 것입니다. 각각의 쌍은 두 개의 기본 습관, 즉 두 개의 서로 반대되는 행동상의 특징들로 이루어져 있습니다. 이 습관의 쌍들은 인간이 어떤 일을 왜, 그리고 어떻게 하며, 어떻게 하면 동기 부여를 가장 잘할 수 있는지 설명해 줍니다.[10] (고도의 지능이 요구되는 과학은 아니지만) 이 랩 프로파일은 이해하기 쉬우며 커플 테라피에 효과가 굉장히 좋습니다. 하지만 이 책에서 전부 설명하기에는 그 내용이 방대하므로 여기에서는 관계 번아웃에 걸린 커플들에서 특히 자주 목격되는 행동 습관과 서로 참을 수 없어 하는 점들만 자세히 살펴보려 합니다.

여러분만의 행동 습관에 대한 힌트를 얻고 싶다면 스트레스를 받을 때 나오는 행동을 분석해 보는 것이 가장 좋습니다. 스트레스를 받을 때 여러분의 행동 습관이 가장 강하게 드러나기 때문입니다. 다음에 설명될 행동 습관의 예들에 대해 여러분과 여러분의 파트너가 어느 쪽에 속하는지 확신이 서지 않는다면, 이 행동 습관들이 여러분과 파트너 사이에 폭약으로 작용하지는 않는다고 생각해도 좋습니다. 참고로 저는 이해를 위해 해당 행동 습관들을 의도적으로 조금 과장했습니다. 일상에서는 모든 것이 흑과 백으로 분명히 나뉘지 않습니다. 회색 지대도 있고, 혼합형도 있는 법입니다.

이타주의 혹은 이기주의?

♡

이것은 모든 번아웃 후보자들에게 가장 중요한 두 가지 행동 습관이라고 할 수 있는데 주의의 방향과 관계합니다. 인식의 방향이 내면으로, 즉 여러분 자신을 향하고 있나요? 아니면 상대방 쪽에 집중

되어 있나요? 여러분의 초점이 다른 사람에게 가 있을수록 그만큼 여러분의 공감 능력은 클 것입니다. 공감 능력이 좋은 이타주의자와 강한 대비를 이루는 사람은 당연히 이기주의 성향이 강한 사람이겠지요. 이 사람은 극단적인 경우 나르시시즘 경향도 있을 수 있습니다.

어느 쪽이든 주의의 방향이 극단적으로 한쪽에 집중될수록 번아웃을 부르는 경향도 그만큼 큽니다. 다른 사람을 위해 너무 노력할 때도, 자신의 계획에 너무 몰두할 때도 번아웃이 올 수 있는 것입니다. 둘 다 자신도 모르는 사이 건강에 좋지 않을 정도로 에너지를 쏟아붓습니다. 에너지 인출 한도를 거듭 넘나듭니다. 몸이 응급 브레이크를 밟으며 계좌를 닫아 버릴 때까지 말이지요.

옆에 있는 사람이 무엇보다 중요한 사람은 자신이 보살펴 주면서 행복감을 느낄 수 있는 누군가가 필요합니다. 이렇듯 주의가 항상 다른 사람에게 가 있는 사람은 자신의 정신 상태를 분석하는 일에 그만큼 무능할 수밖에 없습니다. 다른 사람의 행복에 마음을 쏟느라 자신만의 목적들은 자주 잊어버립니다. 그런 의미에서 성공한 사업가라면 자신에게 집중하는 경향이 강한, 조금은 나르시시즘적인 경향이 있는 사람 쪽이기 쉽지요. 이들은 자신을 인정해 주고 자신에게 기꺼이 집중해 주는 사람이 필요합니다. 그러니 이 두 유형의 사람들이 만나 떠들썩하게 사랑에 빠지는 것도 전혀 놀랄 일이 아닙니다. 둘 중 공감 능력이 더 좋은 쪽이 상대가 과하게 에너지를 쏟기 전에 멈추게 할 정도의 능력이 충분하다면 둘 모두에게 좋습니다. 그리고 희생하는 경향이 있는 사람은 그런 자신의 희생에 고마워할 줄 아는 사람이 필요합니다. 그런 사람을 만나지 못하고 반대로 애정 어린 도움을 무분별하게 이용하고 적절한 때 멈출 수 있도록 도움을 주지 않는 사람을 만나면 언젠가는 번아웃에 빠지게 되어 있습니다. 정말 그런 상황에까지 처했다면 양쪽 모두 책임져야 합니다. 자신이 한 행동과 하지 않은 행동에 대해서 모두가 스스로 책임을 져야 하기 때문입니다.

빨리빨리 스타일 혹은 언제나 조용한 스타일?

♡

문제가 생기면 여러분은 어떻게 대처하나요? 길게 생각하지 않고 당장 할 수 있는 일을 하나요? 아니면 일단 조용히 모든 것을 숙고하는 편인가요? 여러분은 주도하는 스타일인가요? 아니면 인내심을 갖고 반응하는 쪽인가요? 둘 다 장단점이 있습니다. 주도하는 사람이 자주 성급하게 행동하고 종종 잘못된 방향으로 내달린다면 반응하는 사람은 스트레스가 클 때 완전히 소극적인 상태로 빠져들 수 있습니다. 그럴 때 계속 압박을 받으면 더 이상 아무 일도 하지 않게 되죠(압박은 주도하는 사람 쪽이 더 잘 견디는 편입니다)! 파트너를 행동하게 만들고 싶은가요? 그럼 "나는 당신을 믿어!", "당신은 충분히 할 수 있어!" 같은 말로 동기를 주는 것이 더 생산적입니다.

주도적 행동 습관과 반응적 행동 습관의 사람 둘이 만났다면 그 관계에는 폭약이 많이 숨겨져 있을 것입니다. 이 둘은 안타깝게도 서로 동기 부여를 받는 부분이 매우 다릅니다. 대부분 여자 쪽이 신속한 군인이라면, 남자 쪽은 작전가 쪽이기 쉽죠. 둘 중에 어느 쪽도 낮거나 부족한 것은 아니므로 이 조합은 심지어 이상적이기까지 합니다. 물론 양쪽이 서로를 잘 이해하고 있다면 말입니다.

반응을 주로 하는 사람이 행동에 돌입하는 데 필요한 것은 대개 사랑 가득한 자극입니다. 왜냐하면 이 사람은 대개 혼자서는 문제 자체를 잘 보지 못하기 때문입니다. 이 경우 주도적인 사람 쪽이 흔히 하는 비난은 "당신도 그 정도는 봤어야지!"입니다. 왜냐하면 그에게는 그 문제가 말 그대로 툭 붉어져 보이므로 상대가 그 일, 즉 스스로 해야 하는 일을 보지 못했다는 사실을 이해할 수 없기 때문입니다. 반응하는 사람에게는 "당신이 이것 좀 도와주면 정말 좋겠어!"라고 말할 수 있고 또 말해야 합니다! 반대로 주도하는 사람에게 그렇게 말하면 그는 금방 그것을 비판으로 받아들입니다. 그러므로 이 사람은 상대에게 그렇게 말하는 경우도 거의 없습니다. 이쯤이면 여러분도 지금쯤 눈치챘을 듯합니다.

주도적인 사람일수록 번아웃에 걸리기 쉽고, 반응적인 사람일수록 우울증에 걸릴 위험이 높습니다.

여러분은 옮겨 다니길 좋아하나요, 한 자리에 오래 앉아 있기를 좋아하나요? 자기 의견을 갖고 있나요? 아니면 다른 사람의 확인이 필요한가? 어떤 결과를 위해 노력하는 데 집중하는 편인가요? 좋지 않은 결과를 피하는 데 집중하는 편인가요? 일에 있어 정해진 절차를 따르는 편인가요? 아니면 스스로 절차를 만들어 가는 편인

가요? 습관대로 사는 걸 좋아하나요? 아니면 모험이 필요한 사람인
가요? 주의가 주로 다른 사람에게 가 있나요? 아니면 자신에게 가
있나요? 스트레스를 받으면 매우 감정적이게 되나요? 아니면《스
타트렉》에 나오는 스팍 박사처럼 쿨하게 반응하나요? 이 모든 것
이 운영 체계에 해당하고, 이 운영 체계는 우리의 깊은 잠재의식 속
에 설치되어 있습니다.

서로 다른 운영 체계
♡

두 사람의 운영 체계가 서로 비슷하다면 모든 것이 조화롭습니다.
반대로 너무 달라서 전혀 맞지 않는다면 둘은 점점 더 불행해질 것
입니다. 이 '다름'은 처음 서로를 마법처럼 끌어들입니다. 나와 다른
사람은 나를 보완하고 영감을 줍니다. 하지만 다른 별에서 온 것 같
은 존재와 끊임없이 소통해야 한다면 장기적으로 볼 때 소모적일
수 있습니다. 서로 너무 달라서 두 시스템이 조금도 양립하지 않는
다면 늘 예기치 못한 상황들에 대처해야 하고 자신의 문제와 대면
해야 합니다. 이런 관계라면 유쾌하고 질 높은 삶은 기대하지 않는
편이 낫습니다.

　참고로 저는 "운영 체계"란 표현을 의식적으로 선택했는데 이
런 행동 습관들이 대체로 협상의 여지가 없기 때문입니다. 이미 어
릴 때 생성되고, 커서 성격으로 굳어진 것이라 바꾸기 어렵고, 거의
바꿀 수 없다고 봐야 합니다. 마더 테레사가 자기만 아는 프리마돈

나가 되기는 어려운 법입니다. 하지만 남들만이 아니라 자신도 돌보는 법은 배울 수 있습니다. 여러분이 꼼꼼한 회계사에게 일을 대충 해치우라고 할 수는 없습니다. "괜찮아, 대충해!"라고 하면 그는 오히려 더 꼼꼼해야 한다고 생각할 것입니다.

상대를 완전히 바꾸기는 거의 늘 불가능합니다. 차라리 타협을 조금씩 해 가는 게 낫습니다.

유유상종
♡

두 사람이 많이 비슷하다면 함께하는 일상이 상당히 편해질 수 있습니다. 하지만 여기에서도 당연히 정도가 문제가 될 수 있습니다. 둘이 너무 비슷해서 매사에 동조한다면 언젠가는 긴장감이 떨어지고 열정도 줄어들게 될 것입니다. 그러므로 여러분의 인지 스펙트럼 밖으로 너무 멀리 나가지는 않는 사람을 파트너로 고르되 가끔은 그 사람이 특이하게 행동해도 넓은 마음으로 이해해 주는 것이 좋습니다.

상대가 그럴 때면 늘 그의 운영 체계가 그런 행동 방침을 정해 주었으므로 어쩔 수 없음을 알기 바랍니다. 여러분도 마찬가지입니다. 머릿속에 뜬금없는 생각이 들고 꼭 그 생각대로 해야만 할 것 같은 때가 있을 것입니다. 힌트를 주자면 나중에 돌아볼 때 '내가 왜 그랬는지 정말 모르겠어.', '왜 꼭 그래야만 했는지 정말 설명이 안 되네.' 같은 생각이 드는 경우입니다. 분명한 것은 그 내면의 막돼먹은 존재는 타협하지 않고 특히 우리가 스트레스를 받을 때 주도권을 잡는다는 것입니다. 그 존재가 주도권을 잡으면 이성이 아니라 무의식적 운영 체계가 여러분의 행동을 조종합니다. 그리고 그 운영 체계는 여러분의 의도와 확신이 아니라 고리타분한 행동 프로토콜만 완고하게 따릅니다.

이 주제에 대해 더 알고 싶다면 쉬엘 로즈 샤르베의 책 『생각을 바꾸는 말Wort sei Dank』을 추천합니다.

무엇보다 변하지 않는 사실은 유감스럽게도 스트레스가 전염성이 강하다는 것입니다. 그러므로 긴장을 풀어 주는 방법을 찾는 것이 우리의 가장 큰 목표입니다. 그럴 수만 있다면 무슨 방법을 써도 괜찮습니다. 라벤더 향 가득한 목욕도 좋습니다.

유년기를 돌아볼 때

좋은 부모 밑에서 사랑을 듬뿍 받고 자라는 행운을 누린 사람은 기본적으로 사람을 신뢰하고, 자기 확신이 있으며, 연대감을 잘 느낍니다. 이 세 가지가 함께 올 때 자존감과 건강한 애착 관계가 잘 형성되죠. 이때 사랑은 강한 신뢰를 바탕으로 시작되며 천국에 작은 구름이 끼어도 그것이 실패나 상실에 대한 두려움으로 이어지지 않습니다. 반면 어릴 때 사랑을 적게 받은 사람은 인정받기 위해 너무 많이 노력하는 성인이 되기 쉽습니다. 타인에게 진정으로 소중한 사람이 되고 싶은 마음이 강하므로 타인의 기분과 타인이 필요로 하는 것을 잘 알아차리는 매우 섬세한 안테나를 갖게 됩니다. 정화 작용을 하는 '바람직한 다툼'에 있어서도 금방 불안감을 느끼며 장기 스트레스 상황에 빠질 수 있습니다.

유년기에 장착된 행동 프로그램이 나중에 스트레스를 잘 느끼고 번아웃에 잘 걸리는 성향을 부른다고 해서 다시 건강해지기 위해 몇 년 동안 정신 분석을 받아야 할까요? 아닙니다. 오히려 그 반대입니다! 관련 연구들에 따르면 번아웃 환자에게는 정신 분석보다는 좀 더 체계적이고 적극적인 치료가 훨씬 좋습니다. 자아 발견을 위한 정신 분석의 결과는 어쨌든 상당히 예측 가능합니다. "부모님이 잘못했지만, 부모님 자체도 좋은 유년기를 보내지 못했으므로 어쩔 수 없다." 정도가 될 것입니다. 물론 지나치게 단순화한 감이 없지 않고 주류에서 벗어난 생각임은 인정합니다. 하지만 신뢰할 수 없는 부모 아래에서, 혹은 보호자가 자꾸 바뀌는 환경에서 자란 사람, 혹은 부모의 돌봄을 잘 받지 못했거나 위협적인 환경에서 자란 사람이 특히 번아웃에 걸릴 위험이 높은 것만은 분명해 보입니다. 이것은 뉘른베르크 대학 병원 정신 치료 및 심신상관 의학과의 정신 요법 의사들이 이미 증명한 바 있습니다. 이 연구는 상당수의 번아웃 환자들이 번아웃에 걸리지 않는 비교 그룹의 사람들에 비해 훨씬 더 고착된 애착 불안 양상을 보임을 알려 주었습니다.[11]

매달리는 애착 스타일
♡

애착 불안 양상 중에서도 '매달리기'와 '회피하기'라는 두 가지 서로 상반되는 행동 습관이 번아웃 환자들에게 두드러집니다.

매달리는 사람은 위기 상황이 오면 상대가 떠날지도 모른다는 불안감을 특히 많이 느낍니다. 이런 사람은 어릴 때 괴팍스럽고 일관성이 없어 행동을 전혀 예측할 수 없는 부모 밑에 자란 경우가 많습니다. 이런 부모를 둔 자녀는 높은 감정 이입 능력을 갖게 되고 항상 다른 사람에게 집중하는 능력을 갖춘 운영 체계를 발전시키기 쉽습니다. 또 자신이 사랑받고 있음을 늘 증명받아야 하고, 관계에 문제가 생겨 논쟁을 벌여야 할 때면 가끔 극단적으로 반응하기도 합니다.

연구에 따르면 매달리는 애착 스타일의 사람 중에는 마음 아픈 경험에 대해 곱씹기를 멈추게 하는 뇌의 브레이크 능력이 부족한 경우가 많다고 합니다. 이들은 불편한 시나리오를 거듭 상상하고 생생하게 그려보는 데 특히 유능합니다. 안타깝게도 이것 모두 번아웃을 두 손 벌려 환영하는 특성들입니다.

거기에 더 나쁜 소식도 있습니다. 유년기의 경험이 부정적일수록 커서 자신이 사랑받고 있다는 증명을 더 많이 받아야 하는데 이 사람들은 긍정적인 말을 유독 잘 받아들이지 못합니다. 지나치게 이성적이라 감정을 많이 절제하는 파트너를 만나면 상황은 더 나빠집니다. 그런 상대의 절제하는 습관이 불안감을 심화시킵니다. 그럼 시간이 갈수록 '싸움'이 또 언제 일어날지에 대해 촉각을 점점 더 곤두세우며 점점 더 예민하게 반응하게 됩니다. 제대로 사랑받지 못할 거라는 두려움이 질투심과 급격한 감정 변화를 부르기도 합니다. 이때 이 사람은 상대와 더 가까워져야 한다는 확신에 가까운 욕구와 차라리 안전을 위해 거리를 두어야 한다는 생각 사이를 왔다 갔다 할 수 있습니다.

회피하는 애착 스타일

♡

회피하는 애착 스타일인 사람은 상대에게 버려질 것에 대한 두려움이 덜하거나 없습니다. 이 사람은 어차피 계산된 비관주의자이므로 그럴 수 있음을 미리 계산하고 있기 때문입니다. 유년기에 받은 사랑이 너무 부족할 경우 언젠가는 다시 거부당할 것이라는 예상을 늘 하게 됨은 물론 자신이 사랑받을 자격이 없는 사람임을 확신하는 단계까지 갈 수 있습니다. 따라서 이들은 일찍부터 혼자서도 잘 사는 법을 배우므로 남의 도움을 받기 싫어하고 완벽주의 성향이 있습니다. 자신만의 자유 공간이 줄어들거나 독립성을 위협받으면 이들은 금방 불안해하며 공격적이게 되기도 합니다. 사실 회피하는 애착 스타일의 사람들도 부정적인 생각과 감정을 오랫동안 억압할 수는 없기 때문입니다. 하지만 질투심을 비롯한 모든 요동치는 감정들은 이들에게 일종의 공포입니다. 그래서 이들은 지나치게 냉정해 보이고 대체로 혼자서 바쁩니다. 다시 말해 자신의 감정을 통제하느라 바쁩니다. 그리고 자주 자신의 능력을 최대로 출력시키는 상태가 되죠. 하지만 아무리 잘해도 만족스럽지 않습니다. 모든 일을 혼자 해결하는 것이 가장 좋다고 생각합니다. 회피하는 행동 스타일의 사람은 대체로 남의 충고를 듣지 않습니다. 그러므로 일단 무너지고 나서야 자신이 번아웃되었음을 알게 됩니다.

관계 중독

♡

회피하는 애착 스타일의 사람이 친밀한 관계를 두려워하고 피한다면, 관계 중독에 있는 사람은 혼자 있게 될 것을 굉장히 두려워하므로 자신에게 좋든 나쁘든 관계를 무조건 참아내는 경향이 있습니다. 사랑하지 않은 지 이미 오래되었고, 모든 것이 짜증스럽기만 하며, 상대에게 상처만 주면서도 그 관계에서 벗어나지 못합니다. 싸우고, 조종하고, 괴로워하고, 울부짖고, 서로 망가지면서 바닥까지 갑니다. 그리고 때로는 그 바닥에 와서도 희망을 버리지 못합니다. 그 모든 과정을 되풀이할 희망을.

좋은 관계와 나쁜 관계

♡

하지만 좋은 소식도 있습니다! 애착의 양상은 주의 깊은 관계와 사랑을 통해 '치유'될 수 있습니다. 잘못된 파트너를 참고만 있거나 그 누구에게도 틈을 주지 않는 사람은 관계에 무능한 사람입니다. 한쪽은 매달리고 한쪽은 벽을 쌓는 관계라면 아무 보람이 없을뿐더러 급기야 서로의 부정적인 측면을 더 강화하는 지옥의 이중주가 되기도 합니다. 둘 다 늘 거리를 두는 성향이어도 절대 좋을 리 없습니다. 하지만 둘 중 어느 한쪽이라도 (인내심과 관대함을 가져 주는 것, 믿음을 주는 것, 이해해 주는 것, 자존감을 갖는 것 같은) 안전한 애착 행동에 대해 배웠다면 다른 한쪽도 도움을 받을 수 있습니다. 그러니 늘 다음과 같이 생각하세요.

상대의 반응이 거칠게 나올수록 그 빨간 단추가 어릴 때 장착된 것일 뿐 현재의 상황과는 상관이 없을 가능성이 큽니다.

상대도 가끔은 상처받은 '어른이 된 아이'일 뿐이며 자신의 운영 체계가 주는 행동 규칙 앞에서 속수무책일 때도 있는 것입니다. 하지만 누구나 자신의 인생에 대한 책임은 온전히 자신이 져야 하는 것도 사실입니다. 내면의 비판자에게 그동안 수고했다 말하고 늦지 않게 은퇴시킨 다음 자기만의 한계를 존중하고 자신을 잘 보살피는 것도 그 책임 안에 포함됩니다. 이런 방식으로 번아웃을 미리 방지할 수 있고, 나아가 치료도 할 수 있습니다. 그렇게 삶의 질을 높이기 위하여 여러분이 구체적으로 할 수 있는 일들, 즉 삶의 주도권을 되찾는 법들에 대해서는 다음 장들에서 배우게 될 것입니다. 요약하자면 먼저 '나 자신'부터 살펴야 합니다. 그래야 자신을 다시 찾고, 나아가 '상대방'과 '사랑'을 위해서도 마음을 열 수 있습니다.

Part 6

일단 "나" 먼저 - 나는 오늘 하루를 잘 살았는가

"

이렇게 자란 걸 어떻게 해.
나도 어쩔 수 없어.
당신이 그냥 받아들여.

"

자신의 인생을 살고 있는가

"나는 이제 감정이 무엇인지도 잘 모르겠어요! 완전히 메말라 버렸어요." 심한 번아웃으로 꼼짝하지 못하는 사람들이 주로 하는 말입니다. 동시에 이들은 모든 것이 너무 과하다고 느낍니다. 아침에 일어나기도 힘들고, 직장에서의 일도 더는 즐겁지 않습니다. 모든 것이 오를 수 없는 거대한 산 같고 파트너가 무슨 일을 하든 신경 쓰이지 않습니다. 어차피 다 마음에 들지 않으므로.

이들은 일상에서조차 자신이 무엇을 원하는지 잘 모릅니다. 자신에게 필요한 게 무엇인지 모르고 예전에 바랐던 것도 다 잊어버린 것 같습니다. 자기 결정권도 포기한 지 오래고 그저 로봇처럼 움직이기만 합니다. 삶에서 경쾌함을 찾아볼 수 없고, 자기만의 아이디어도 없으며, 자존감은 바닥나고, 자기 의심만 가득한 채 매일 자신을 고문합니다. 특히 부모들 중에 이런 사람이 많습니다. 이들은 더할 수 없는 선의로 가족을 위해 희생하지만 그런 자신이 아이들에게 전혀 모범이 되지 못함을 보지 못합니다. 부모가 자신을 돌

127

보지 않으면 아이들은 어머니 혹은 아버지로 사는 것이 힘든 일이라고 배웁니다. 혹은 책임감 있는 부모 밑에서 자란 아이라면 자신만의 필요는 무시해야 한다고 배우게 됩니다.

여러분은 비행 안전 수칙을 들어본 적이 있을 것입니다. "비상시, 기압이 하강하면 본인부터 산소 마스크를 껴야 합니다! 그다음 아이들과 다른 사람들을 도와주십시오." 이처럼 여러분 자신부터 돌봐야 합니다. 이것은 좋은 동반자 관계에서도 가장 중요한 기본 중의 기본인데 가장 과소평가되고 있습니다. 가장 먼저 자기 자신을 다정히 대하세요. 그럼 다른 사람들도 여러분에게서 영감을 받을 것이고, 아이들도 여러분을 본보기로 삼으려 노력할 것입니다. 커플 양쪽 모두 스스로 균형 잡힌 사람이 되려고 노력한다면 그것은 곧 서로에게 행복을 선물하는 것입니다.

유토피아적 공상처럼 들리나요? 그렇더라도 여러분 자신과 생각에 좀 더 관심을 가지세요. 그럼 그 즉시 인생을 조금씩 즐기게 될 것입니다. 그럼 힘든 상황이 와도 사랑하는 마음을 유지하고 원활하게 소통하기가 점점 더 수월해질 것입니다. 먼저 '나'부터 생각하고 그다음 '파트너'를, 그런 다음 '사랑'을 보살피세요.

행복의 개척자는 자기 자신이다

♡

여러분의 행복을 책임질 사람은 다른 누구도 아닌 여러분 자신입니다. 파트너는 감정에 영향을 줄 수 있지만, 여러분의 감정에 책임을 저야 하는 것은 아닙니다.

이것을 쉽게 인정하지 못하는 분이 많은 것 같습니다. 여러분의 소망을 드러내지 말라는 뜻이 아닙니다. 오히려 그 반대죠. 상대가 여러분의 생각을 읽을 수 없으므로 여러분이 바라는 것을 최대한 이해하기 쉽게 말해 줘야 하고, 이것은 여러분의 의무입니다. 좋은 동반자 관계라면 파트너에게 원하는 것을 요구할 수 있고, 또 요구해야 합니다. 상대가 그 요구를 무조건 (자신이 원하는 것과 상충하더라도) 그 즉시 들어줄 거라 기대하지만 않는다면 말이죠. 그런 의미에서 여러분의 기분을 다시 좋게 하는 법을 배워 보겠습니다.

여러분의 행복에 필요한 것이 무엇인지 더 이상 알지 못하겠다면 하나씩 차례대로 알아보세요. 어쩌면 이미 오래전이라 기억도 안 날 수 있지만 먼저 과거에 좋았던 때를 떠올려 봅시다.

- 마지막으로 잘 먹고 잘살았던 때가 언제였나요?
- 과거에는 무엇이 여러분을 기쁘게 했나요?
- 어떨 때 기분이 매우 좋아지나요?
- 어떻게 해야 기분이 좋아지나요?
- 어떨 때 내면의 안정을 느끼나요?
- 만족감과 행복감을 느낄 때 몸의 어느 부분이 제일 먼저 반응하나요? 얼굴에서? 아니면 얼굴에서 가장 마지막에 나타나나요?

일상에서 가능한 한 자주, 짧지만 편안한 휴식 시간을 가져 보세요. 처음에는 손을 씻을 때마다 좋았던 일에 집중해 보거나 몇 번 심호흡을 해 보는 것으로도 충분합니다. 그것에 익숙해지면 이제 깨끗한 물이 여러분의 손을 타고 흘러내릴 때마다 긍정적인 에너지가 몸속으로 들어오며 필요 없는 것들은 날숨과 함께 더러워진 물처럼 몸 밖으로 나간 후 하수구 속으로 사라져 버린다고 상상하세요.

여러분 자신을 위한 시간을 좀 더 마련해 긴장을 풀어 주고 휴식하세요. 몇 차례 깡충깡충 뛰어 보는 것도 좋습니다. 제 사무실에는 작은 트램펄린이 설치되어 있습니다. 컴퓨터 앞에서 오래 작업하느라 목 근육은 물론이고 뇌까지 스트라이크를 벌일 때면 전 트램펄린 위를 껑충껑충 뛰며 다시 모든 것이 유연해질 때까지 온몸을 털어 줍니다.

- 무엇이 여러분에게 좋은가요?
- 여러분은 어디에서 더 많은 휴식이 필요한가요?
- 여러분 인생에서 소홀한 대접을 받는 쪽이 있다면 무엇인가요?
- 어떻게 하면 여러분의 인생을 더 즐겁고 활기차게 만들 수 있을까요?
- 직관이 하는 말을 자꾸 무시하게 하는 문제가 있나요?
- 여러분의 절친이라면 어떤 충고를 해 주시겠습니까?

하느냐, 하지 않느냐, 그것이 문제로다

♡

일상에서, 그리고 관계에서 경계선을 그어도 괜찮습니다. 파트너에게 안 된다고 말하기를 어렵게 생각하는 사람이 많지요. 그러므로 안 된다고 말하는 기술을 알려 주는 책이 그렇게나 많은 것도 이해가 갑니다. 여기에서도 연습, 연습, 연습이 중요합니다! 안 된다는 말은 빨리할수록 흥분하지 않은 상태에서 제대로 전할 수 있고 그럼 상대도 제대로, 분명히 이해할 수 있습니다. 자신을 방어하기까지 너무 오래 기다린 사람은 방어하면서 금방 불친절해지고 목소리가 커지거나 공격적이게 될 수 있습니다. 상대 때문에 해야 할 일이 너무 많고, 그런 상황이 부당하다고 느껴진다면 여러분이 기꺼이 안 된다고 혹은 싫다고 말하고 싶은 것 세 가지를 생각해 봅니다. 예를 들어 달갑지 않은 집안일, 파트너나 다른 가족을 위해 해야 하는 일, 그 외에 보람 없는 프로젝트 등이 있을 겁니다. 여러분 외에 그 일을 할 사람이 없다고 해도 최소한 그중에 하나는 모른 척하세요. 여러분이 고양이 화장실을 계속 청소하는 한 그 일을 맡아 줄 사람은 아무도 없을 것입니다. 여러분이 늘 가족 모두를 위해 장을 보는 한 여러분에게서 그 일을 뺏어갈 사람은 아무도 없을 것입니다. 하지만 여러분이 스트라이크를 벌이면 (미리 말해 주면 더 좋습니다) 상황이 급변할 수 있다. 가족 문제 상담치료사인 버지니아 사티어Virginia Satir도 "역할에서 빠져나올 때 문제에서도 빠져나온다."라고 했습니다.

가족이 처음에 좋아하지 않아도 물러서지 않습니다. 조용히 논리적으로 여러분의 결정을 설명합니다. 그런 거부가 여러분의 자존감을 높이기 시작한다는 것을 잊지 마세요. 무너질 때까지 참는 것은 가족에게도 좋지 않습니다. 참기만 하면 언젠가는 모든 것을 가차 없이 버리게 될지도 모릅니다. 파트너와 가족에게 기회를 제대로 주세요. 관계에 아직 목적하는 바가 있고 바라는 것이 있을 때 늦지 않게 시작하세요.

착한 요정
♡

공상과학 영화와 판타지 소설을 좋아하므로 저는 큰 힘을 가진 존재 혹은 소망을 들어주는 요정이 등장하는 이야기를 자주 접합니다. 최근에 이런 이야기의 작가들은 한 가지 점에서 서로 동의하고 있는 것 같은데 다름 아니라 우리는 이제 요정에게 소망을 말할 때 조심해야 한다는 점입니다. 늘 함정이 하나 숨어 있기 마련이어서 잘못하면 큰일이 나기 때문입니다! 어쩌면 첫 아이나 여러분의 영혼을 팔아야 할지도 모릅니다.

기쁘게도 어느 날 요정이 나타나서 어떤 이유로 여러분의 그 어떤 소망이든 다 들어주겠다고 합니다. 여러분은 꿈에 그리던 자동차를 소망할 수도 있습니다. 그럼 그 차가 5분 안에 여러분의 집 앞에 주차되어 있을 것입니다. 차 모델과 색깔만 말하세요. 그 즉시 배달될 겁니다. 그런데 함정이 하나 있습니다. 여러분은 평생 그 자동차 외의 다른 자동차는 가질 수 없습니다. 그 자동차가 여러분의 마지막이자 유일한 자동차가 될 것입니다. 그러므로 여러분은 최대한 오래 탈 수 있는 자동차를 선택해야 합니다. 게다가 여러분은 그 소망을 거부할 수도 없습니다.

그럼 이제 여러분이 꿈에 그리던 자동차를 말하세요. 제 경우 당연히 클래식 자동차를 고를 것입니다. 재규어 E 타입이나 쉐보레 콜벳 클래식이 좋겠네요. 자동차를 골랐다면 이제 여러분은 어떻게 할 건가요? 그 자동차를 보통의 중고차처럼 다루며 마구 몰고 다닐 건가요? 싸구려 엔진 오일을 쓰고 자동차가 멈출 때가 되어서야 겨우 연료를 넣어 줄 건가요? 늘 최고 속도로 달리고 이상한 소리가 나거나 특이한 표시를 보내도 그냥 무시할 건가요? 아니요. 여러분은 절대 그러지 않을 것입니다. 그 단 하나의 자동차를 여러분은 절대 되는대로 취급하지 않습니다. 하지만 어쩌면 여러분의 몸에는 그럴지도 모릅니다. 여러분의 몸도 절대 바꿀 수 없고, 나머지 일생을 함께해야 함에도 말입니다. 그런데 이 시대 사람 중에는 몸은 어쨌든 어느 정도 돌보지만 정신은 학대하는 사람이 많습니다. 늘 화나게 하는 일 혹은 좋을 것 없는 관계들로 말입니다.

'이제 뭐 하지?', '내가 필요한 사람 누구지?', '이제 또 무슨 일을 해야 하지?'라며 끊임없이 자신을 재촉하지 말고 '지금 어떤 재미있는 일을 할 수 있을까?' 혹은 '무엇으로 내 정신을 풍요롭게 해볼까?', '무엇이 오늘 나를 좀 더 행복하게 만들까?' 같은 질문을 해보세요. 그리고 그 대답대로 살아 보세요!

자기비판 대신 자기 공감

"괜찮아, 누구한테나 일어날 수 있는 일이야!" 사람들이 자주 하는 말입니다. "금방 좋아질 거야!"도 마찬가지입니다. 하지만 위로가 필요한 사람이 다른 사람이 아니라 여러분 자신이라면 어떨까요? 예를 들어 여러분이 굉장히 바보 같은 짓을 저질렀다면, 혹은 열심히 했지만 중요한 일을 망쳤다면 그런 자신도 좋은 친구처럼 이해해 주며 관대하게 대해 주는 것이야말로 진짜 공감이고 위로입니다.

　다른 사람을 도와주는 일이라면 천사 같은 인내심을 발휘하지만, 자신에 관해서라면 인내심이 알아들을 수 없는 외국어인 양 행동하는 이들이 많습니다. 타인을 위한 공감 능력을 계발하는 것이 아무래도 자신에게 은총을 내리는 것보다 쉬운 것 같습니다.

　인간이면 누구나 실수하고 잘못을 저지릅니다. 그런 인간에 대한 관용의 계율이 여러분 자신에게도 적용되고 있나요? 적용되고 있다면 얼마나 적용되고 있나요? 여러분은 그 계율을 정말 잘 지키고 있나요? 잘못했을 때 그것으로부터 배우고 성장할 수 있다고 생각하나요? 아니면 조금만 잘못해도 괴로운가요?

번아웃 대신 자기 공감

♡

자신을 아기처럼 보살피고 잘못을 해도 괜찮다고 해 줄 때 스스로 나약해진다고 생각하는 사람들이 있습니다. 여러분도 자신을 엄하게 채찍질하고, 작은 실수에도 몇 시간이고 자책할 때 더 빨리 배울 거라고 믿나요? 뭘 좀 아는 부모라면 학생들에게 호통치고 끊임없이 부족한 점만 꾸짖는 선생에게 이의를 제기할 것입니다. 하지만 그런 부모라도 자신의 문제라면 머릿속 규칙이 완전히 달라져 버리는 것 같습니다. 매일 머릿속이 자신에 대한 불평과 수치심으로 가득합니다. 다양한 연구가 계속 새로운 증거들을 내놓고 있듯이 그 반대가 더 유익할 텐데도 말입니다. 자신에게 가혹하지 않고 공감하며 스스로를 정성껏 보살필 때 좋은 동기와 자극을 받아 어려운 일도 끝까지 해낼 수 있습니다. 정신적 저항력이 강해지며 번아웃이나 우울증에도 잘 걸리지 않습니다. 어느 대규모 메타 분석에 따르면 자기애와 건강은 서로 밀접한 관계에 있다고 합니다. 심지어 힘든 질병을 앓고 있을 때에도 조심조심 사는 것보다 자기감정에 충실한 것이 치유 효과 면에서 더 좋다고 합니다.

자존감 높이기

♡

자기 공감과 자존감은 서로 강화하는 관계에 있습니다. 힘든 상황에 있을 때 자신을 사랑하며 잘 보살핀다면 손상된 자존감도 되살릴 수 있지요. 다음에 일이 계획대로 되지 않는다고 해도 잠시 멈춘 다음 머릿속에서 벌어지는 그 전쟁에서 절대 지지 않겠다고 결심해 보기 바랍니다. 여러분 자신의 절친 혹은 사랑 가득한 엄마가 되어 보세요. 여러분이 자신의 절친 혹은 엄마라면 여러분 스스로를 위해 두 손 걷고 나서줄 것이고, 위급한 상황이라면 심지어 싸워 주기까지 할 것입니다. 여러분의 권리, 육체적 안녕, 개인적인 관심과 필요를 위해서 말이지요.

모르긴 몰라도 여러분의 한계에 대해 여러분 자신보다 더 잘 알고 있으므로 더 잘 방어해 줄 것입니다. 왜냐하면 진짜 적이 바깥에 있는 경우는 거의 없기 때문입니다. 진짜 적은 보통 여러분 내면에 있습니다. 무지, 우울감, 자기혐오, 지나친 의무감, 두려움 등으로 삶의 기쁨이 우리 안으로 들어오지 못하게 스스로 막고 있습니다.

사람은 다양한 방식으로 자신도 모르게 스스로를 괴롭힐 수 있으므로 그러한 점을 알고 있는 것이 무엇보다도 중요합니다. 어린 시절 자신을 존중하는 법을 배우지 못했다고 하더라도, 어른이 되어서 꼭 그렇게 살아야 하는 것은 아닙니다. 대체로 다른 사람을 도와주기가 더 쉬울 테지만 단 한 번이라도 친구나 아이들을 돕듯 여러분 자신을 돕기 바랍니다. 어차피 여러분을 잘 돕는 일이 곧 여러분이 사랑하는 사람들을 돕는 일일 테니까요.

　　여러분은 여러분의 아이들이 늘 자신보다 다른 사람이 더 중요하고, 부모란 희생하는 것 외에 다른 아무런 권리도 갖지 못한다고 배우길 바라나요? 여러분 자신을 잘 보살핀다면 사랑하는 사람을 위한 에너지도 훨씬 더 많이 갖게 될 것입니다. 그럼 여러분이 다른 사람에게 그렇게 살라고 말하는 삶을 스스로 본보기가 되어 살게 될 것입니다. 그러므로 자기 자신의 삶을 살고 스스로 행복한 일을 하세요!

급진적 자기애

♡

자신을 사랑하게 된다면 바로 파트너도 더 많이 사랑하게 되고 위기 시 인내심도 더 많이 발휘하게 됩니다. 그리고 싸울 때도 감정 폭발이 덜하며 합의점도 더 잘 찾습니다. 늘 자신에게 가혹하며 착실하게만 기능한다면 삶의 질만 나빠지는 것이 아닙니다. 그렇게 자신의 감정을 계속 억누르다 보면 공감 능력도 나빠지고 사람들과도 멀어집니다. 자신을 혐오하고 자신에게 냉혹한 사람이라면 행복한 관계를 만들어 나가기도 어렵습니다. 하지만 다음 세 가지 방법을 이용한 급진적 자기애를 시작으로 개인적인 위기와 관계 스트레스를 충분히 극복할 수 있을 것입니다.

자기애를 위한 세 가지 방법

♡

[받아들임]

마음을 열고 지금 벌어지고 있는 일을 있는 그대로 받아들인다면 자신에게 좀 더 친절하게 반응할 수 있습니다. 자기비판 혹은 자기 무시 대신 다음과 같은 말로 대처해 보세요.

- '아! 이거 정말 심하군!' (혹은)
- '와, 이건 정말 좋지 않아!' (혹은)
- '이크, 이건 정말 내가 원치 않았던 거야. 내가 정말 잘못했군!' (혹은)
- '이제 됐어. 더 이상은 내가 못 참아!'

[편안하게 해 주고 위로하기]

여러분 자신이 아니라 어린아이 혹은 여러분이 매우 사랑하는 사람에 관한 일이라 생각하고 다음과 같이 말하며 자신을 편안하게 위로해 줍니다.

- '누구에게나 일어날 수 있는 일이야.'
- '남들이라고 뾰족한 수는 없었을 거야.'
- '몇 년 후면 술자리에서 웃으며 이야기할 수 있는 일이야.'
- '살면서 실수 한 번 하지 않은 사람 있으면 나에게 데려와

보라. 그럼 나는 살면서 아무 일도 하지 않은 사람을 데려올 테다.'(테오도르 루즈벨트)

여러분의 절친, 혹은 엄마 모드를 유지하면서 이제 무엇이 혹은 누가 여러분을 도울 수 있을지 생각해 봅니다. 해결책이 금방 생각나지 않는다면 최소한 즉시 긴장을 풀어 주거나 문제를 완화해 줄 것에 대해 생각해 봅니다. 사우나를 가거나, 가장 친한 친구와 통화를 하거나, 좋은 음악을 듣거나, 초콜릿을 먹어 보는 건 어떨까요? 물론 초콜릿이 문제를 해결해 주지는 않습니다. 그렇지만 알다시피 사과를 먹는 것보다는 낫지 않을까요?

[불행 중 다행 찾아내기]

마지막으로 그 일에서 그래도 긍정적인 의미를 하나 찾아냅니다. 그 일로 무엇을 배울 수 있었나요? 다음에는 어떤 식으로 다르게 할 건가요? 그 일이 혹시 더 좋지 않은 일을 미리 방지해 주지는 않았나요? 그 모든 나쁜 일에도 불구하고 고마운 일은 무엇인가요?

미국의 성공한 작가이자 경영 컨설턴트인 로렌스 J. 피터Laurence J. Peter도 이렇게 말했습니다. "실수를 해야 경험을 모으고 경험을 모아야 실수를 피한다."

언어 습관

♡

긍정적으로 생각하기가 쉽지 않고 계속 반복적으로 자기비판과 비난에 빠진다면 습관의 힘을 여러분에게 이로운 방식으로 이용해 보세요. 잘 살펴보면 우리 내면의 비판자는 늘 같은 언어로 여러분을 꾸짖고 있음을 보게 됩니다. 여러분이 이 책을 읽고 있으니 아마도 보통 한국어로 자신을 나무랄 것입니다. 아니면 다른 언어를 쓰나요? 어쩌면 영어를 쓸지도 모르겠습니다. 그렇다면 그 내면의 불만가득한 장광설을 다른 언어로 번역해 보세요. 다른 언어에 유창하지 않아 힘든가요? 그렇다면 더 좋습니다. 어차피 자신을 나무라는 행동과 고심하는 일을 그만두려는 게 혹은 최소한 줄이는 게 우리의 의도니까 말이지요. 다른 언어로 비판하려다가 그 아이디어 자체가 어이없어서 웃음이 터져 나온다면 그건 더 좋습니다. 여러분 자신에 대해 그리고 지금 처한 상황에 대해 웃을 수 있다면 여러분이 이긴 것입니다!

완벽주의자 혹은 영웅

♡

어떤가요? 여러분은 자신을 보고 크게 웃어 줄 수 있나요? "자신에게 더 이상 웃어 줄 수 없다면 자신과 진지하게 대화를 나눠야 할 때이다."라고 시인이자 잠언가인 에른스트 페르스틀Ernst Ferstl이 말했습니다. 실수에 대해 웃어 줄 수 있고, 실수에도 불구하고 인간적인 지금 그대로의 모습을 받아들이는 것이 지금 다시 배워야 할 가장 중요한 것입니다.

급진적 자기애를 스스로 실천해 보세요. 최근에 한 일, 잘못한 일, 하지 않고 미룬 일 등 무엇이든 괜찮습니다. "그래, 나는 가끔 정말 정신이 없고 엉망진창이지만 그래도 나는 나를 좋아해!"라고 말하는 것입니다. 혹시 여러분은 여러분의 파트너나 다른 사람들을 그들이 가진 능력 때문에 사랑하나요? 우리에게 단점이 있다면 우린 약한 것이고 사랑받을 자격이 없는 것일까요? 아닙니다. 오히려 그 반대입니다! 우리는 자신의 단점에 솔직한 사람을 더 경이롭게 보고, 좋아하며, 존경합니다. 심지어 영웅들만 봐도 단점이 꼭 있어야 하고 실수도 해야 합니다. 그런 영웅만이 우리 마음에 들어올 수 있습니다. 역설처럼 들리지만 그래야 영웅들은 비로소 사람들이 따르는 우상이 됩니다. 여러분이 당장 영웅으로 도약할 것까지야 없지만 실수를 할 수 있으니 영웅이 못 될 것도 없을 것입니다!

목표에서 도망가기 혹은 목표로 달려가기
♡

참고로 영웅들에게서 발견되는, 우리가 배울만한 행동 특징이 하나 더 있습니다. 훌륭한 영웅들은 늘 분명한 목표를 갖고 그곳으로 달려갑니다. 늘 불안해하고 두려워하는 완벽주의자들은 반대로 뭐든 피하려는 전략을 짜므로, 이를테면 목표에서 도망가자는 쪽이지요.

여러분은 어려운 일이 닥칠 때 개인적으로 어떤 의도로 임하나요? 실패나 문제를 피하는 데 온 힘을 다하나요? 아니면 노력한 끝에 얻을 좋은 결과를 상상하며 미리 기뻐하고 열심히 노력하나요? 무언가 잘못될까 봐 끊임없이 걱정하는 것을 연료로 삼는 전자보다 후자가 분명 덜 소모적입니다.

완벽주의자는 에너지를 낭비한다

♡

쓸데없이 추진력과 활력을 뺏는 것은 '도망가자 전략'만이 아닙니다. 모든 사소한 일에 고심하는 것도 시간을 빼앗을뿐더러 전체 결과의 향상에도 도움이 거의 안 됩니다. 영웅들은 오히려 파레토 법칙을 따릅니다. 이들은 가능한 한 빨리 최대한 잘하고 작은 것들은 계획하지 않습니다. 다시 말해 완벽한 결과를 위해 며칠이고 고심하지 않습니다.

파레토 효과 혹은 80 대 20 법칙은 이탈리아 경제학자이자 사회학자인 빌프레도 파레토Vilfredo Pareto가 발견한 법칙입니다. 빌프레도 파레토는 연구를 통해 어떤 일의 80퍼센트 성공이 전체 노력의 20퍼센트로 이미 달성됨을 계산해냈습니다. 하지만 나머지 20퍼센트의 달성을 위해서는 나머지 80퍼센트의 노력이 필요합니다. 다시 말해 남은 부분까지 모두 성취하려면 80퍼센트 성공을 위한 20퍼센트의 노력보다 훨씬 많은 80퍼센트의 노력을 해야 하는 것입니다. 완벽주의자는 자신이 왜 삶의 에너지를 모두 빼앗기면서까지 사소한 것에 그렇게 세세히 공을 들이는지에 대하여 이제 최소한 좋은 논리를 하나 갖게 되었습니다. 이들에게는 당연히 그래야 합니다. 왜냐하면 '그래야 …하고 그렇지 않으면 …할 것이다.'라고 계속 생각하기 때문입니다. 그러면서 인생의 행복이 오직 현재 자신이 중요하게 생각하는 것에 달려 있다는 환상에 굴복하는 것입니다. 이것을 우리는 "초점 착각"이라고 합니다. "잘 생각해 보면 인생에서 여러분이 생각하는 것만큼 그렇게 중요한 것은 아무것도 없다." 심리학자이자 노벨 경제학상 수상자인 대니얼 카너먼Daniel Kahneman이 파레토 효과에 대해 논하면서 한 말입니다.[12] 어쩌면 우리는 좀 더 자주 멀찌감치 떨어져서 자신을 바라보며 다음과 같이 질문해 봐야 할지도 모릅니다.

- 지금 내가 하는 이 일이 정말로 세상을 바꿀 만큼 중요한가? 혹은 내가 방금 말했듯이 정말로 그렇게 큰 문제인가?
- 이번에 내 시간의 100퍼센트가 아닌 20퍼센트만 투자해서 원하는 결과의 80퍼센트만 얻는다면 최악의 경우 어떤 일이 일어날까?

파레토 법칙
♡

제 친구도 몇 년 전 어쩔 수 없이 파레토 법칙에 의지해야 할 때가 있었습니다. 그녀는 규모가 큰 광고 회사를 운영했습니다. 30대 초반에 이미 아버지로부터 물려받은 회사로 당시 경영에 성공해야 한다는 압박이 대단했죠. 회사 경영권에 관심이 많았던 남동생이 그녀의 일에 특히 비판적이었기 때문입니다. 따라서 친구는 모든 일에 평소보다 두 배로 노력했고, 유명 기업으로부터 작은 광고 계약을 하나 따냈을 때 이미 거의 번아웃 상태였습니다. 친구는 또 다른 큰 기업의 광고 계약을 따낼 수 있느냐 없느냐에 일의 성패가 달렸다고 생각했습니다. 그런데 하필이면 바로 그때 그녀의 쌍둥이 딸들은 물론 남편까지 수두에 걸렸습니다. 어른이 수두에 걸리는 일은 드물지만 일단 걸리면 굉장히 고통스럽습니다. 친구는 며칠이고 가족들을 보살펴야 했습니다. 종일 집에서 눈코 뜰 새 없이 바빴고, 일할 틈을 전혀 낼 수 없었습니다. 그렇게 광고 피치 데드라인이 다가오자 그녀는 이전에 상상할 수 없던 일을 했습니다. 파레토 법칙을 이용해 평소에 투자했던 시간의 아주 조금만 투자했던 것입니다. 그녀에게는 남편과 아이들이 세상에서 가장 중요했습니다. 그래도 친구는 고객에게 거친 기획안을 보낸 것에 강한 죄책감을 느꼈고 우울한 기분을 막을 수 없었습니다. 그런데 그 잠재 고객은 그녀의 기획안에 깊은 인상을 받았습니다. 그 고객에게 중요한 것은 세련된 프레젠테이션이 아니라 창의적인 아이디어였지요. 그 일 이후로 그 고객은 지금까지 제 친구의 가장 큰 고객으로 남아 있고 그간 수익 좋은 광고 건을 많이 맡겼습니다.

그 경험 이후로 친구는 일에 있어 고수하는 것들이 생겼습니다. 중요한 광고 의뢰의 경우 최소한의 시간으로 준비를 끝내고, 그러는 동안 직관, 즉 즉흥적인 첫 번째 아이디어에 의지합니다. 그녀의 표현대로 '순간적 토함'의 효과가 거듭 증명되어 왔기 때문입니다. 또한 그녀는 늘 고객들로 하여금 기획안을 하루 이틀 더 기다리게 합니다. 아이디어 계발에 많은 시간을 투자하고 있음을 알려 주기 위해서입니다.

간단함이 가장 완벽하다
♡

여러분도 일할 때 투자 시간 대비 그 결과의 질이 어떤지 한번 비교하고 측정해 보길 바랍니다. 투자 시간이 결과의 질과 그다지 상관 없음을 직관적으로 잘 알고 있더라도 말입니다. 현재 여러분의 인생에서 약간의 투자로도 만족스러운 결과를 끌어내는 것이 있나요? 그것이 만족스러움을 넘어 뛰어난 결과를 이끌어낸다면 어떨까요? 때로 열심히 다듬고 또 다듬는 것이 일을 더 망치기도 합니다. "간단함이 가장 완벽한 형태이다."라고 레오나르도 다 빈치도 말한 바 있습니다.

참고로 파레토 법칙은 많은 곳에 적용될 수 있습니다. 예를 들어 문제의 80퍼센트는 그것에 대한 20퍼센트 생각으로 이미 해결됩니다. 집을 청소하는 데 20퍼센트의 시간만 들이고도 80퍼센트 정리를 끝낼 수 있습니다.

한편 80퍼센트의 시간 동안 우리는 우리가 가진 신발의 20퍼센트만 신습니다. 옷장 안의 옷들도 마찬가지입니다. 더욱이 20퍼센트의 일상에 우리 하루 에너지의 80퍼센트가 소비됩니다.

그렇다면 여러분은 무엇에 시간과 에너지 대부분 소비하고 있나요? 여러분의 에너지는 언제 가장 생산적이고, 언제 80퍼센트의 성공을 선물해 주나요? 여러분은 20퍼센트의 일에 80퍼센트의 에너지를 과도하게 쏟아붓고 있진 않나요? 그렇다면 그 일은 무엇이고, 그런 상황을 어떻게 바꿀 수 있을까요?

늘 완벽해지고자 하는 것은 안타깝게도 정말 성가신 습관입니다. 그러므로 가볍고 즐거운 삶으로의 전환을 돕는 습관이라면 무엇이든 절대적으로 칭찬할 만합니다. 그것이 완벽하지 않은 습관이라도 말이지요!

"잘했어!"

♡

내면의 완벽주의자에게 이별을 고하고 일상의 영웅이 되어 보세요. 다음은 그러기 위해 바꾸면 좋은 습관과 관점들입니다.

완벽주의자	일상의 영웅
두려움이 동력이다	열정이 힘이다
실패하지 않아야 한다	성공으로 나아간다
실패는 어떻게든 피한다	실패로 성장한다
문제를 찾아낸다	해결책을 찾아낸다
완벽해야 한다	효율적이면 된다
끊임없이 다듬는다	한 단계마다 일이 끝났음을 본다
일은 끝나는 법이 없다	그만하면 됐다 싶을 때는 그만둔다

절대 만족하는 법이 없다	자신과 세상에 만족한다
작은 실수에도 마음이 불편하다	성공을 축하한다
불안한 자존감	높은 자존감
나쁜 감정에서 동기를 얻는다	좋은 감정에서 동기를 얻는다
최대한 완벽한 것이 목표이다	최대한 즐기는 것이 목표이다
자신에게 엄격한 것이 큰 힘이다	가볍고 유쾌한 것이 큰 힘이다

성공을 의식적으로 즐기기
♡

저는 심리치료사 임상 훈련 초창기에 당시의 제게는 매우 어렵고 무엇보다 매우 특이해 보였던 숙제를 하나 받은 적이 있습니다. 우리 초보 치료사들은 자신에 대해 자랑스럽게 여기는 점을 각자 40개씩 적어야 했습니다. 저는 그것에 대해 오래 생각해 보았는데 생각하면 할수록 자랑스러운 점들이 쉽게 떠올랐고 작정하고 앉아서 쓰기 시작하자 생각보다 빨리 목록을 완성할 수 있었습니다.

여러분의 '40개'는 어떤가요? 여러분은 자신의 어떤 점이 자랑스러운가요? 하던 일을 잠시 멈추고, 이 책을 읽는 것도 잠시 멈춘 채 생각할 시간을 갖도록 해 봅시다.

- 여러분은 여러분의 무엇이 자랑스러운가요?
- 그 목록의 가장 위에 있는 것은 무엇인가요?
- 그것을 위해 여러분은 어떤 일을 해야 했나요?
- 그 일을 이루기 위해 얼마나 걸렸나요?

- 다른 사람이라도 그렇게 똑같이 잘 해냈을까요?
- 그 목표에 도달했을 때 기분이 어땠나요?
- 그리고 어떤 생각이 들었나요?

승리와 자긍심의 순간은 마음껏 누리고 거듭 즐겨야 합니다. 제 남편과 저는 이 주제에 관해서라면 대체로 같은 추억을 하나 떠올립니다. 당시 우리는 우리의 첫 번째 세미나를 성공적으로 마친 것을 축하하기 위해 라인강이 내다보이는 스페인 레스토랑을 찾았습니다. 석양이 지는 가운데 차양이 드리워진 야외 테이블에 앉았고, 좋은 와인과 바게트, 마늘이 엄청나게 들어있던 새우볶음 요리가 나왔지요. 야외에 앉은 손님으로는 우리가 유일했기에 그날 우리가 어떤 날을 보냈는지 모름에도 웨이터가 우리에게 "당신들은 저의 영웅들입니다!"라고 했습니다. 그 말이 그렇게 적절할 수가 없었지요. 이런 추억은 늘 다시 떠올리고 마음껏 취해 보아야 합니다. 그럼 기분이 좋아지고, 힘이 나며, 자존감도 높아집니다. 그렇게 하다 보면 다음에 또 다른 일을 잘했을 때 축하하며 내면의 완벽주의자를 즐기는 자로 변화시키기가 더 쉬울 것입니다.

여러분 일상의 영웅이 갖는 그 큰 힘을 잘 단련하고 싶다면 까다롭게 굴지 말고 가볍게 보내는 날을 정기적으로 가져볼 것을 추천합니다. 아니면 아스트리트 린드그렌의 유명한 영웅, 삐삐처럼 생각하는 것도 좋습니다. "2 곱하기 3은 4. 비드비드비트 더하기 3은 9! 나는 세상을 바꿀 거야. 비드비드비트 내가 원하는 대로⋯."13 (삐삐 주제가 독일어 버전의 가사로 한국어 가사와 다르다. "widdewiddewitt"는 의미 없는 의성어로 극 중 삐삐가 마음대로 지어낸 것이며 삐삐의 자유로운 세계관을 드러낸다-옮긴이)

좋은 자기기만과 나쁜 자기기만

어느 그림엽서를 보니 당나귀를 향해 "네가 생각하는 것을 다 믿지는 마!"라고 적혀 있었습니다. 인간은 온종일 자신의 회백질 뇌세포가 생산해내는 것을 의심의 여지 없이 진실로 믿으려는 경향이 강하므로 인간에게도 현명한 충고가 아닐 수 없습니다.

연구에 따르면 우리는 매일 셀 수도 없이 자기 자신을 속인다고 합니다. 이런 자기기만에 관해 보훔 대학의 철학자 알베르트 뉴웬Albert Newen은 "인간은 자신이 가진 자아 이미지에 맞도록 사실들을 재해석한다."라고 했습니다.[14] 이러한 기만이 긍정적인 종류의 자기기만이라면 좋은 동기 부여가 되고 자기 의심을 싹부터 잘라낼 수 있으므로 사실 그렇게 나쁜 것은 아닙니다. 하지만 번아웃 환자들은 안타깝게도 자신이 자기 감정에 아무런 영향력을 행사할 수 없다고 확신하는 경향이 강합니다. 하지만 이는 틀린 생각입니다. 우리는 생각만으로도 감정을 바꿀 수 있기 때문입니다.

이미 언급했듯이 우리는 우리가 생각하는 것을 생각하므로 우리가 느끼는 것을 느낍니다. 여러분이 무엇을 어떻게 생각하고 그 것에 어떤 가치를 두느냐가 그것에 대한 여러분의 느낌을 결정합니 다. 여러분의 생각과 무의식적 가치 매김이 여러분의 기분에 영향을 줌은 물론이고, 인생과 사랑에 있어 행복과 불행을 결정하는 매우 중요한 열쇠입니다.

생각이 끊임없이 우리 머릿속을 자유롭게 떠다니는 동안 우리는 모든 경험에 여러 모양의 꼬리표를 달고 서랍 속에 정리해 넣는 일을 계속합니다. 사랑에 빠지는 초창기에는 심지어 빨간 하트 모양 꼬리표도 몇 개 함께 들어가고 따라서 멋진 기분을 유발합니다. 하지만 심판하는 생각이 오래 지속될 때에는 반대로 매우 파괴적인 결과를 유발할 수 있습니다. 이때는 자존감이 무너지는 데 그치지 않습니다. 파트너 관계에 부정적인 동요가 생기고, 사랑하는 관계에 조금씩 금이 갑니다. 그 결과 작은 사건으로도 가정의 평화가 크게 흔들리죠. 이 부분을 예를 들어 좀 더 자세히 살펴보겠습니다.

화낼 만한 가치가 있는가?

♡

여러분도 (저처럼) 라떼 마키아토를 좋아한다고 해 봅시다. 어느 아름다운 일요일 아침, 여러분은 일어나자마자 라떼 마키아토 한 잔을 따뜻하게 내려 마시고 싶습니다. 에스프레소는 이미 다 만들었고, 이제 우유만 있으면 됩니다. 냉장고 문을 열어 봤더니 있을 건 다 있는데 우유만 없습니다. 나쁠 것도, 좋을 것도 없는 이 중립적인 상태. 하지만 '냉장고에 우유가 없다'는 것에 대한 여러분의 뇌의 반응은 전혀 중립적이지 않습니다. '흠, 이럴 줄 알았어. 이번에도 또 우유를 다 마셔 놓고 사다 놓지 않았군. 그래 놓고 미리 말도 안 해줬어. 이건 너무 이기적이잖아! 이것으로 오늘 하루는 망쳤군!' 어쩌면 여러분은 자신이 등한시되고, 무시당하고, 없는 사람 취급당하고 있다고 느낄지 모릅니다. 혹은 '나는' 다른 가족들을 위해 애쓰는데 '나에게' 신경 써 주는 사람은 아무도 없다며 심지어 이용당한다는 생각까지 들지도 모르겠습니다. 아니면 모두가 여러분을 괴롭히려고 작당이라도 한 것 같을 수도 있죠. 그중에서도 특히 여러분의 파트너가요.

그런데 바로 그 순간 그가 웃으면서 부엌으로 들어옵니다. 팔에 우유병과 고소한 냄새를 풍기는 모닝빵을 끼고 말이죠. 그리고 그가 "오! 당신 벌써 일어났어? 당신 깨기 전에 다 준비하려고 했는데. 내가 우유를 다 마셔 버려서 우유 사러 나간 김에 빵집에 들러 신선한 빵도 사 왔지. 당신은 커피에 우유를 꼭 넣어 마시잖아."라고 한다면 어떨까요? 그렇게 쓸데없이 혼자 화를 냈다면 말입니다. 반대로 그가 우유도, 빵도 사 오지 않고 침대에 게으르게 누워 있었다면 어떨까요? 그럼 그렇게 분통을 터트릴만 했을까요?

화는 딱 5분만
♡

생활 속 사소한 일로 꼭 화를 내야겠다면 반드시 5분을 넘기지는 마십시오. 왜냐하면 화가 5분 이상 지속되면 그건 의도적이라고 보아야 하기 때문입니다. 어쨌든 파괴적인 생각을 하기에 우리 인생은 너무 소중합니다. 최소한 '5분 후 알람'을 걸어 놓으세요. 5분 후에는 가능하다면 더 중요한 일에 집중해 보세요. 좋아하는 일이면 더 좋습니다. 아랍 속담에는 "다른 사람에게 화를 내는 것은 다른 사람의 잘못에 자신을 벌주는 것이다."라는 말이 있습니다. 그런데도 그런 순간을 핑계 삼아 자기 연민과 불평 속으로 빠져들기를 선호하는 사람이 많습니다. 물론 그럴 수 있습니다. 누구나 그럴 권리가 있고, 때로는 그럴만한 이유도 충분한 것 같습니다. 하지만 정직하게 생각해 보면 그런 행동의 목적은 대개 미묘한 방식의 복수와 전혀 다르지 않습니다. 파트너는 그런 여러분의 행동으로 죄책감을 느껴야 하고, 자신이 나쁜 사람인 것처럼 느껴야 합니다. 이런 방식의 교육은 제가 보기에 망치로 머리를 때려서 아프게 하는 것만큼 어리석어 보입니다.

사랑하는 사람과의 생활이 뜻대로 흘러가지 않아도 끊임없이 불평하며 상대에게 책임을 돌리는 것은 전혀 생산적이지 않습니다. 여러분의 파트너가 어떤 일을 하거나 하지 않아서 매우 실망할 상황으로 돌아가 보죠. 여러분의 파트너도 그런 똑같은 상황에서 여러분만큼 짜증을 낼까요? 그와 비슷한 상황이라면 모든 사람이 여러분처럼 반응했을까요? 믿지 못할 수 있겠지만 여러분의 감정을 부정적인 쪽으로 데리고 가는 사람은 일단 다른 누구도 아닌 여러분 자신입니다. 우리에게 큰 걱정을 안기는 주체가 사건 그 자체인 경우는 거의 드물죠. 사실 그 주체는 그 사건에 대한 우리의 판단이 자, 그 사건에 우리가 부여하는 강한 의미들인 경우가 훨씬 더 많습니다. 파트너의 그런 행동을 한번 호의적으로 평가해 보면 어떨까요? 어쩌면 바라지 않았던 행동에도 타당한 이유가 있을지 모릅니다. 재판에서도 증거가 불충분할 때는 무죄 추정의 원칙을 따르듯이 말이지요.

무엇 혹은 누군가에 대해 어떻게 생각하고, 어떤 상황을 어떻게 평가하는가에 따라 그것에 대한 여러분의 느낌이 결정됩니다. 여러분의 생각과 무의식적 평가가 여러분의 기분에 영향을 주며, 그것은 여러분이 인생에서 그리고 사랑하는 사람과의 관계에서 행복한지 혹은 불행한지를 결정짓는 중요한 열쇠입니다.

당신은 정말 아무런 잘못이 없는가
♡

관계에 있어서 분위기의 긍정적인 전환은 자기 자신과 자신이 사랑하는 사람을 돌보겠다는 마음의 준비가 될 때 일어나고 유지됩니다. 이것은 양쪽 모두에게 마찬가지입니다. 이것은 관계를 유지하고 싶다면 꼭 해야 할 일이지요. 그런데 이 책임을 회피하는 사람이라면 지속적인 변화를 위한 노력은 시작조차 할 수 없을 것입니다.

책임을 지라는 것은 죄책감을 느끼라는 게 아닙니다. 잘잘못을 따지라는 것도 아닙니다. 잘잘못을 따지다 보면 양쪽 모두 비난과 죄책감의 악순환 속에 빠져 꼼짝도 할 수 없게 됩니다. 양쪽 모두 자기 자신을 완전히 책임질 때만이, 그리고 둘이 함께 만들어낸 사랑과 관계에 대해서도 완전히 책임질 때만이 그 악순환에서 벗어날 수 있습니다.

관계에 위기가 찾아온 것에 대한 책임이 주로 한 사람에게만 있는 것처럼 보일 때도 있습니다. 하지만 그렇다고 책임이 없어 보이는 사람이 무조건 팔짱을 끼고 모든 책임을 상대에게 돌릴 수 있다는 뜻은 아닙니다. 그보다는 양쪽 모두의 파괴적인 행동 습관들이 그 뿌리가 깊으며, 두 사람의 무의식적 행동 패턴들이 서로 복잡하게 얽혀 있다는 뜻입니다.

책임을 지고 '누구나' 대신 '나는'이라고 해 보자
♡

숨어 있는 구조를 빨리 알아차리고 바꾸려면 제일 먼저 작은 언어 습관들과 이별하기 바랍니다. 여러분의 사전에서 "누구나"라는 말을 지우고 대신에 그 말을 쓰고 싶을 때마다 "나는"이라고 해 보세요. 우리가 평소 "누구나"라는 말을 얼마나 많이 쓰는지 알면 여러분도 깜짝 놀랄 것입니다.

그래, 그건 **누구나** 해야 하는 일이라고! → 그래, 그건 **내가** 할 일이야.

그건 **누구나** 바꿀 수 있어. → 그건 **내가** 바꿀 수 있어.

그건 **누구든** 화나게 하지. → 그게 **나를** 화나게 해.

그럴 때면 **누구나** 다 좋아질 거라고 생각하지. → 그럴 때면 **나는** 다 좋아질 거라고 생각했어.

차이점이 보이나요? 얼마나 자주 "누구나"라고 말하면서 자신이 생각하고 느끼는 것과 마음속으로 거리를 두고 있는지 전혀 알아차리지 못하는 사람이 많습니다. 그렇게 거리를 둘 때 불편한 상황이 조금 덜 아프게 느껴질 수는 있지만 결국에는 내면이 공허해지고 아무것도 모르겠다 싶어질 것입니다.

"아무것도 모르겠어!"

♡

장기적으로 볼 때 자신의 감정을 다시 온전히 허락하며 자신이 지금 어떤 상태인지 알아차리는 것만이 관계가 주는 좌절감에서 벗어나는 방법입니다. 무언가를 다시 느낀다는 것이 매우 어려운 사람도 많습니다. 아주 오랫동안 자신과 거리를 두며 자기 욕구를 차단해 버렸을 때 그렇습니다. 고통이 너무 크면 때로 인간은 불가피하게 자신의 살가죽에서 빠져나와 자신의 밖에서 사건들을 감정 없이 방관하기도 합니다. 이런 거리를 두는 태도는 처음에는 마취제를 투여한 것처럼 편안합니다. 상처를 주는 파트너의 행동들이 더 이상 아프지 않습니다. 특히 상대에 대한 연민으로 섹스를 허락할 때 이 전략을 취하며 정신이 멍한 채 기계적인 행위를 허락하기만 하는 사람이 많습니다. 하지만 이것은 우리의 정신에 순전히 독으로 작용합니다. 또한 연민에 의한 섹스는 상대에게도 많은 회의를 불러일으키지요. 그 선물을 받으면서도 수치심을 느끼게 되어 있습니다. 받지 않는다고 해도 육체적·감정적으로 친밀한 관계를 유지하는 데 좋을 리 없습니다.

연민에 의한 섹스가 양쪽 모두에게 좋을 리 없다는 사실을 무시하더라도 자신의 피부 밖으로 도망치는 습관은 그 위험성이 많이 과소평가되고 있습니다. 늘 자신의 밖에서 자기 인생을 방관하는 사람은 다른 좋은 감정들도 더 이상 느낄 수 없게 되며 조금씩 감정 좀비가 되어 갑니다. "나는 이제 아무것도 느끼지 못합니다. 아무것도 모르겠어요." 그런 사람들이 하는 말입니다.

번아웃될 위험이 높은 사람들은 생각을 많이 합니다. 하지만 직관을 믿고 따르는 것이 더 이성적인 자세일 것입니다.

여러분도 비슷한가요? 그렇다면 이제 생각하는 대신 느낄 때가 되었습니다!

- 여러분은 지금 무엇을 느끼나요? (슬픔, 분노 혹은 외로움?)
- 무엇을 억압하고 있나요? (실망감, 욕망 혹은 분명한 사실?)

아픔, 외로움, 불안, 절망, 자포자기, 질투, 속수무책, 미움 등등 여러분이 오랫동안 숨겨 왔던 감정이 무엇이든 이제 그것이 표면으로 떠오르게 두세요. 그러자마자 생각보다 많은 것이 올라올지도 모릅니다. "느끼지 않는 사람은 이성적으로 판단하고 행동할 수 없다."

라고 생물학자이자 뇌과학자인 게르하르트 로스Gerhard Roth도 경고했습니다.[15] 그러므로 이제 용감하게 여러분만의 진실과 대면하기를 바랍니다.

- 어떤 상황이 여러분을 당황하게 만드나요?
- 무엇으로 자신을 혹은 다른 사람을 속이고 있나요? 여러분의 역할은 본질적으로 무엇인가요?
- 여러분의 역할을 견지하는 데 무엇이 특히 어렵게 느껴지나요?
- 무엇을 더 이상 참고 싶지 않나요?

저는 여러분을 염세주의자로 만들려는 것도, 부정적인 감정들에만 집중하게 하려는 것도 아닙니다. 저는 여러분이 부정적인 감정들을 더는 억압하지 않는 것으로 좋은 결정을 내릴 수 있게 되기를 바라고, 그에 필요한 변화를 독려하고 싶습니다. 여러분의 정신에 긍정적인 자극과 분명한 목표를 선물하기 바랍니다. 그래야 건강해질 수 있고 나아가 다시 풍요로운 삶을 살 수 있습니다.

이제 조용히 생각해 보죠. 앞으로 2주 동안 그 오랜 속박과 구속을 마침내 깨기 위해 어떤 일을 할 수 있는지 말입니다. 사람들, 특히 여러분의 파트너와 당장 분명히 해 두어야 할 것이 무엇인가요? 여러분은 어떤 황금 감옥 속에 있나요? 이제 그 감옥에서 벗어나 봅시다. 그것을 위해 저는 여러분이 바꿀 수 없는 것을 받아들이는 초연함과 바꿀 수 있는 것을 바꿀 용기와 바꿀 수 없는 것과 바꿀 수 있는 것을 구분할 수 있는 지혜를 갖기 바랍니다(라인홀트 니부어의 「평온을 위한 기도」를 저의 방식대로 바꾼 말).

이제 그렇게 새롭게 얻은 관점을 그 누구도 상처 주지 않고 여러분 자신을 정당화하지도 않으며 어떻게 이용할 수 있는지 그리고 어떻게 여러분이 필요한 것을 성공적으로 관철할 수 있는지 알아보겠습니다.

욕구와 소통하는 고등 기술

독일 속담에 "개가 짖어도 달은 신경 쓰지 않는다."라는 말이 있습니다. 관계에 있어서도 한쪽이 짖거나 말거나 다른 한쪽은 한 귀로 듣고 한 귀로 흘리는 경우가 많습니다. 아니면 매일 비난의 서브와 방어의 되받아치기를 반복하는 테니스 매치를 하게 될 수도 있습니다. 특히 아무것도 아닌 일로도 죽자고 싸우는 관계 번아웃의 세 번째 단계라면 신랄한 비난과 반격이 난무할 것입니다. 우리 상담소에서만 봐도 "어떻게 오셨나요? 무엇을 도와드릴까요?"라는 말을 듣자마자 파트너에 대한 거친 불평불만을 폭포수처럼 쏟아내는 내담자들이 절대 드물지 않습니다. 그 파트너가 바로 옆에 앉아 있어도 완벽주의자의 비난은 쉼표도, 마침표도 없이 이어집니다. 너무 오랫동안 부정적인 감정을 억누르고, 적절히 이해받지 못하며 살아온 사람은 친절하게 상대의 말을 경청하는 사람으로 남기가 매우 어려운 것 같습니다.

감정을 자유롭게 풀어 준다고?

♡

이전에 심리학자들은 감정을 자유롭게 풀어 주기를 권장했습니다. 인간은 자신의 공격성을 말로 거침없이 드러낼 수 있을 때 실제로 덜 공격적이게 된다는 암묵적인 동의가 있었습니다. 커플 치료에서는 심지어 서로에게 소리를 질러대거나 수영을 배울 때 쓰는 긴 스티로폼 같은 것으로 서로를 구타하기도 했습니다. 지금은 아닙니다. 다행히도 이런 전략은 이미 사라졌고 그것과 함께 그 스티로폼들도 상담소에서 모두 사라졌습니다. 이른바 카타르시스 이론은 수많은 연구에서 논박되었습니다.

우리에게는 분노라는 저장고가 있어서 그 저장고를 어느 날 간단히 비운다 하더라도 맑은 날이 이어지는 것은 아닙니다. 오히려 정반대입니다. 말로 많이 쏟아내면 낼수록 나중에 후회할 가능성만 더 커집니다. 큰소리치고, 비명을 지르고, 울부짖는다면 카타르시스가 아니라 분노와 상처만 더 커집니다. 관련 행동 과학 연구에 따르면 언제나 분노를 마음껏 분출하는 사람은 내면의 적의가 점점 더 커집니다. 그렇다고 저는 여러분에게 이를 악물고 참으라거나 모든 문제를 모른 척하거나 침묵으로 일관해야 한다고 말하고 싶진 않습니다. 단지 사랑하는 사람에게 온갖 화를 거침없이 퍼붓기 전에 여러분 머리의 주인이 여러분 자신임을 기억하길 바랍니다.

이름을 붙이면 길들일 수 있다

♡

생각하고 생각에 뒤따르는 감정적 흥분을 느끼는 과정에서 파트너의 입장을 최대한 고려하세요. 어려울 수 있지만 최대한 친절하세요. 참고로 감정에 이름을 붙여 주는 것만으로도 그 감정을 많이 누그러뜨릴 수 있습니다. 영어권에서는 "이름을 붙이며 길들인다."라는 말도 있습니다. 이름을 붙일 수 있다면 지배할 수도 있습니다.

덧붙여 그 부정적인 감정들이 여러분 자신이라고 생각해선 안 됩니다. 지금 당장은 그런 것 같기도 하겠지만 그 부정적인 감정들은 여러분이 절대 아닙니다.

그런 부정적인 감정들을 자신과 동일시하는 것과 하지 않는 것에는 큰 차이가 있습니다. 예를 들어 화를 자신과 동일시할 때 그 화는 곧 우리 자신이 되어 버리므로 행동을 위한 선택의 여지가 줄어듭니다. 그렇게 되면 우리는 이미 화가 곧 우리의 정체성임을 인정하는 것이고, 한 번 정해진 정체성은 좀처럼 바꾸기 힘듭니다.

반면 그 부정적 감정에 한 발 물러나게 될 때 우리는 감정을 분명히 밝힐 수 있으면서 동시에 행동을 위한 선택의 여지를 만들 수 있습니다. 그럼 행동이 바뀔 수도 있지요. 행동을 위한 선택의 여지가 생길 때 우리는 자기감정의 희생자가 아니라 주인이 될 수 있습니다.

상황을 어떻게 해석하느냐도 감정을 폭발하느냐, 평정을 유지하느냐 결정하는 데 중요한 역할을 합니다. 여러분은 어떤 일에 대해 '이건 그가 알 수 없는 거잖아. 내가 말을 해 주지 않았으니!'라고 해석할 수도 있고, '이 정도는 알았어야지! 이건 뻔히 보이는 거 잖아!' 혹은 '그녀는 지금 분명 스트레스를 많이 받고 있을 거야. 아 니면 나를 도와줬겠지.'라고 해석할 수도 있으며, '이건 의도적인 거 야. 내가 이 많은 일을 감당하든 못하든 상관없는 거지!'라고 확신 할 수도 있습니다. 주관적인 분석에 따라 어떤 일이 작은 먹구름이 될 수도 있고, 큰 폭풍우가 될 수도 있습니다. '이 여자는 제정신이 아니군. 이런 대우를 이제 더는 받고 싶지 않아!' 같은 생각으로 자 신을 자극하는 대신 그 자동적인 반격 문장을 한번 재고해 보길 바 랍니다. 그리고 그 순간을 여러분의 침착한 성격을 증명하는 기회 로 삼아 보세요.

여러분의 상태를 바꾸겠다고 결심했다면 그 즉시 여러분의 생 각, 느낌, 그리고 욕구와 꾸준히 소통하는 일을 시작해야 합니다.

- 내가 지금 필요로 하는 것은 정확하게 무엇인가?
- 내 파트너는 무엇을 할 수 있고, 무엇을 하지 말아야 하나?
- 이게 아니라면 나는 무엇을 원하나?

비난 대신 바람
♡

여러분의 요구를 최대한 효과적으로 전달하고 싶다면 비난하는 대 신 바람을 말하는 것이 낫습니다. "아이들하고 혼자 있을 때는 내내

163

텔레비전만 보게 하잖아!" 대신 "내일은 아이들 숙제 좀 봐줄 수 있어? 내일은 내가 퇴근이 늦는 날인데 그럼 아이들 집중시키기엔 이미 많이 지쳐 있는 상태라서…. 나도 피곤해서 아이들 숙제를 잘 봐줄 수 없거든."이라고 해 보세요. 이것이야말로 정확한 소통입니다. 여러분이 원하는 것은 사실 작은 것인데 상대는 큰 것을 해 줘야 한다고 겁을 먹고 있는 경우가 생각보다 많습니다. 그러므로 구체적이고 정확하게 여러분이 원하는 결과를 말해 주는 것이 좋습니다. "당신은 제때 오는 일이 없어."라고 하기보다 "나는 당신이 최소한 일주일에 한 번은 저녁 8시 전에 집에 오기를 바라."라고 해 보세요.

사랑하는 사람에게 자신이 꼭 필요한 사람임을 느끼지 못하는 것도 때로는 심한 불만의 요인이 될 수 있으므로 정확하게 어떤 면에서 사랑하는 사람의 도움이 더 많이 필요한지 말해 주는 것이 좋습니다. "당신이 우리 딸의 버릇을 망쳐놔서 화가 나." 대신 "우리 사춘기 딸을 통제하는 데 당신의 도움이 절실한데 그걸 받지 못해서 화가 나."라고 해 보세요. "당신은 나를 전혀 도와주지 않아!" 대신 "오늘 장을 좀 봐줄 수 있으면 아주 기쁘겠어. 사야 할 것들은 냉장고 문에 붙여뒀어."라고 말하는 것이 훨씬 낫습니다. 참고로 이런 행동 방식은 여러분이 가족 중 적극적인 운영 체계 소유자에 해당한다면 특히 더 권장할만합니다.

생각보다 쉽다

♡

상대를 만족시키는 일이 생각보다 쉬운 경우도 적지 않습니다. 이 주제를 생각하면 저는 늘 몇 년 전 상담을 위해 이틀 동안 베를린에 머물렀던 빈에서 온 한 커플을 생각하며 슬며시 웃게 됩니다.

아내는 남편이 사진을 찍는 취미 활동에 시간을 너무 많이 쓴다고 불평했습니다. 남편은 싫어하는 회계 쪽 일을 그만두고 결혼식 사진을 찍고 싶다는 꿈을 갖고 있었지요. 아내는 남편이 사진에 열심인 이후로 가족이 더 이상 주말을 함께 보낼 수 없게 되었음을 매우 섭섭해했습니다.

"게다가 이 사람은 모두 무상으로 일해요."

아이 셋의 엄마이기도 한 아내가 눈물까지 비추며 불평했습니다. 아내는 남편이 사진가로서 이름을 얻고 포트폴리오를 잘 만들려면 사진을 많이 찍어 봐야 한다는 걸 알지만 그럼에도 남편의 행동이 이기적이라고 느꼈습니다. 제가 그녀에게 남편이 어떻게 바꿔 주면 좋을 것 같냐고 묻자 그녀는 남편이 보수라도 받고 일해 주면 좋겠다고 했습니다.

"하지만 이 사람은 아직은 돈을 요구할 수 없다고 굳게 믿고 있어요. 아직은 초보니까 큰 결혼식에서 사진을 찍을 수 있는 것만으로도 감사하다고요."

아내가 남편의 입장을 가로채며 말했습니다. 그전에도 비슷한 종류의 불편한 이야기가 많이 오고 갔음이 분명했습니다. 하지만 전 그녀의 남편에게 자신을 방어하고 정당화하는 대신 아내에게 자신이 알고 싶은 것을 정확하게 되물어 보기를 독려했습니다. 그러자 그는 아내에게 그날 처음으로 아주 구체적인 질문을 했습니다.

"그렇다면 커플들에게 최소한의 수고료를 부탁해 볼까? 그리고 주말에만 사진을 찍을 건데 당신은 내가 어떻게 해 주면 그래도 괜찮을 거 같아?"

그다음 일어난 일을 저는 절대 잊지 못할 것입니다. 아내의 대답에 남편은 그만 웃음이 터져서 거의 의자에서 미끄러질 뻔했기 때문입니다.

"정말 그것뿐이라고? 겨우 그거야? 그건 나한텐 정말 아무 일도 아니라고. 그렇게만 하면 당신이 내가 사진 찍는 걸 봐줄 수 있을 거라고는 정말 상상도 못했어."

남편은 이제 안심했다는 듯 껄껄 웃으며 말했습니다. 아내는 단지 결혼식 피로연에 초대를 받아 함께 밥을 먹을 수 있으면 좋겠다고 했던 것입니다. 잘 알다시피 행복은 나눌수록 커지니까 말이지요. 더불어 관계 번아웃 치료까지 성공적으로 이루어졌으니 부부는 더더욱 행복했습니다.

여러분이 생각하고 느끼고 바라는 것을 최대한 분명하게 말하세요! 상대가 무엇을 필요로 하는지 분명히 아는 사람은 없습니다. 상대방은 문제가 있을 때 자신에게 무엇이 필요한지 분명히 아는 사람, 나아가 그것을 분명히 말할 수 있는 사람이 혼자 속을 끓이거나 불평만 하는 사람보다 편합니다. 사랑하는 사람의 생각을 읽는 것은 로맨틱할 수 있지만 우리 대부분이 가지지 못한 자질임은 틀림없습니다.

정당화하며 살기에 인생은 너무 짧다
♡

여러분이 바라는 걸 말하는 것도 중요하지만 바라지 않는 것을 분명히 말하는 게 더 중요할 때도 있습니다. 그 누구에게도 상처 주지 않고자 이전에는 "알겠다."라고 대답했던 상황에서 "싫다."라고 한 번씩 대답할 때마다 여러분은 사랑이 가득하고, 건강하고, 행복한 삶으로 크게 한 걸음씩 더 나아가는 것입니다. 단지 거절 후가 걱정된다는 이유로 더는 하기 싫은 일을 자신에게 부과하지 마십시오. 그리고 "안 된다."라고 말할 때마다, 그리고 그 즉시 그렇게 말하는 자신을 정당화하지 않을 때마다 속으로 잘했다고 여러분의 어깨를 툭툭 쳐 주세요.

여러분은 자신을 정당화하는 데 성공하고 만족한 적이 한 번이라도 있었나요? 그렇게 해서 정말로 사람을 설득시킨 적이 있나요? 실컷 정당화해서 정말 기분이 좋아졌던 적이 마지막으로 언제였나요? 왜 여러분이 꼭 그렇게 행동해야 했고 그것이 왜 중요했는지 설명하고 싶은 마음은 매우 이해할만하지만, 그것이 도움이 되지는 않을 것입니다. 상대가 여러분이 원하는 대로 그 일을 봐줄 리가 거의 없을 테니 말이죠. 오히려 반대되는 논증과 해명만이 따라올 가능성이 큽니다. 둘 다 상대가 알아주고 이해해 주기를 바라는 마음에서 서로서로 온갖 다양한 가정들로 자기주장만 일삼기 바쁠 것입니다. 제 생각에 이것은 단지 시간 낭비일 뿐입니다.

　미안해하는 마음 없이 진실하고 진정한 자신으로 자신 있게 살아갈 수 있다면 서로 동등하며 존중하는 관계를 맺게 됩니다.

스트레스 – 감정 관리

이 책을 쓰기 시작할 무렵 마침 친구 한 명이 어느 자기계발 세미나에서 있었던 일을 흥분하며 들려주었습니다. 남자들을 위한 그 세미나에서 친구는 자신의 감정을 솔직히 드러내면서 공격성 문제도 해결하는 새로운 접근법들을 시도했습니다. 그중 한 방법에 친구는 특히 감탄했는데 바로 화가 났을 때 의식적으로 누군가 다른 사람에게 그 화를 풀되 그 전에 그래도 되겠느냐고 물어보는 연습이었습니다. 예를 들어 "내가 당신 조금 밀쳐도 될까요?" 혹은 "당신에게 소리쳐도 괜찮을까요?"라고 묻는 것입니다. 그 말에 저는 어느 날 되는 일이 아무것도 없는 날이 찾아오면 남편에게 미리 "오늘 당신한테 신경질 좀 내도 될까요?"라며 허락을 구하는 모습을 상상했고 결국 웃음이 터져 나왔습니다. 화부터 내놓고 나중에 "퉁명스럽게 굴어서 미안해. 당신 잘못이 아니야. 오늘 일진이 정말 안 좋았어."라고 사과하는 대신에 말이지요.

패스트푸드만큼 건강에 나쁜

♡

번아웃 후보자들은 먼저 좋은 감정을 느낄 줄 알아야 생각도 그만큼 긍정적으로 하고 사람들과도 좀 더 기쁘게 만날 수 있다고 믿는 경향이 특히 강합니다. 하지만 사실은 그 반대입니다. 먼저 긍정적인 생각을 해야 좋은 감정도 느낄 수 있죠. 그러므로 여러분의 머릿속으로 무엇이 들어가고 있는지 잘 살펴보기를 바랍니다. 우리 위장에 무엇이 들어가는지 꼼꼼히 살피는 것, 그 반만 살펴도 전체적인 건강이 상당히 좋아질 것입니다. 계속되는 부정적인 생각은 최소한 패스트푸드만큼 몸에 좋지 않기 때문입니다. 장기 연구 결과들에 따르면 낙천주의자가 염세주의자보다 평균 7년 반 오래 산다고 합니다. 네덜란드 델프트의 어느 연구팀이 9년 동안 조사한 결과 늘 기분이 좋지 않은 사람들은 늘 웃고 낙천적인 사람에 비해 사망률이 거의 두 배나 높음을 증명했습니다.[16] 심혈관 관련 질환들만 집중해서 보면 결과는 더 놀랍습니다. 삶에 대한 긍정적인 자세는 심혈관 질환으로 사망할 확률을 75퍼센트나 낮춥니다.[17] 그러므로 생각의 정화는 한번 생각해 볼 만합니다.

　참고로 "오늘 내가 당신에게 신경질 좀 내도 될까요?" 혹은 "월요일에는 내 신경을 거슬리지 않도록 조심해 줘! 조금만 건드려도 폭발할 수 있거든!" 같은 선언은 제 경험상 그 효과가 아주 즉각적일 수 있습니다. 그렇게 말하는 당사자 스스로 이미 속으로 웃게 되고 따라서 나쁜 기분이 그 즉시 덜해지니까 말입니다.

"그만! 그런 헛소리는 이제 더 듣기 싫어!"

♡

번아웃을 미연에 방지하거나 번아웃에서 벗어나고 싶다면, 혹은 단순히 삶의 질을 좀 더 높이고 싶다면 의미 없고 염세적인 생각들에서 벗어나야 합니다. 고민하고, 불평하고, 비난하고 있는 게 보인다면 자신에게 이렇게 말해 봅시다. "그만, 그런 헛소리는 이제 더는 듣기 싫어! 나는 기분 좋고 싶다고!", "어떻게 하면 가장 빨리 편안한 기분을 느낄 수 있지? 지금 당장 할 수 있는 긍정적인 생각으로 무엇이 있을까? 내 인생에서 분명 지금 이대로 좋은 것이 있을 거야. 그걸 생각해 봐. 내가 감사할 수 있는 것 말이야."

다음에 또 무슨 일로 화가 날 것 같다면 먼저 1분 정도 멈추고 무슨 일이 일어나고 있는지를 보십시오. 머릿속에서 한 발 나온 다음 생각해 봅니다. '지금 난 정말 화내고 싶은가? 방금 정확하게 내 머릿속에서 무슨 생각이 든 거지? 내 진짜 목적이 뭘까?' 부정적인 평가와 내면의 비판자가 정확하게 어디에서 운전대를 잡기 시작했는지, 그리고 어떤 이야기를 지어내기 시작했는지 보십시오. 그다음 건강한 방향으로 다시 추론해 봅니다. 예를 들어 "나는 늘 일이 잘못되지!"라고 생각하는 대신 "이번에는 잘 안 됐지만 그래서 다음에는 더 잘 될 거야!"라고 생각을 바꿔볼 수 있습니다. 아니면 "그/그녀가 고의로 이러는 거야." 대신 유익하고 어쩌면 심지어 사실일지도 모르는 "그/그녀가 몰라서 그랬을 거야. 알았다면 그랬을 리가 없지."라고 생각해 볼 수도 있습니다. 어떤 상황에서든 여러분의 몸과 정신에 가장 좋을 대로 생각해 보세요. 화를 내는 것은 당연히 좋지 않습니다.

당신 머릿속 주인
♡

우리는 우리 생각 앞에서, 그리고 우리 감정 앞에서 결코 무력한 존재가 아닙니다. 물론 때로 그렇게 느껴지지 않을 수 있습니다. 하지만 우리 머릿속의 주인은 우리 자신이므로 여러분의 생각은 다른 누구도 아닌 여러분 자신이 결정하면 됩니다!

어쨌든 '내가' 생각하지, 생각이 생각하는 것은 아닙니다. 회의의 대명사, 철학자 데카르트도 "나는 생각하므로 나는 존재한다."라고 분명히 말하지 않았나요?

부정적인 생각이 들면 계속 두지 말고 구체적으로 의문을 제시하고 방향을 돌려 생각을 바꿔 봅니다. 이것은 연습할수록 더 잘 됩니다. 여러분은 여러분의 생각을 통제할 수 있고 결정할 수 있습니다.

여러분이 할 수 없는 게 한 가지 있기는 합니다. 여러분은 생각하지 않을 수 없습니다. 어쩌면 수십 년 동안 명상만 한 수행자라면 가능할지도 모르겠습니다. 하지만 우리 보통 사람의 머리로 말하자면 생각은 늘 켜져 있는 텔레비전과 비슷합니다. 이 텔레비전에는 전원 스위치가 없습니다. 여러분은 그 텔레비전 앞에 있고 지금 나오는 프로그램이 영 마음에 들지 않습니다. 여러분은 어떻게 하시겠습니까? 정말 죽을 것 같을 때까지 그 텔레비전 프로그램을 시청할 건가요? 아니면 채널을 돌려 볼 건가요? 후자가 최선의 해결책일 것입니다. 현재 나오는 프로그램이 탐탁지 않다면 요즘에는 심지어 좋은 영화를 직접 찾아내 시청할 수도 있습니다.

당신은 어떤 종류의 영화를 좋아하는가
♡

여러분은 어떤 상황에서 지금의 머릿속 채널을 바꿔 기분을 좋게 하는 화면을 선택해야 할까요? 내면의 만족감을 위해서는 무엇보다 감정에 대한 보호 감독권을 완전히 되찾는 것이 가장 중요합니다. 여러 방식으로 조금씩 연습하다 보면 원할 때마다 좋은 기분을 단계적으로, 하지만 분명히 다시 느낄 수 있습니다. 좋은 기분을 느끼게 해 줄 책임은 파트너가 아닌 오직 여러분에게만 있습니다. 여러분의 파트너는 분명 기분에 큰 영향을 주겠지만 여러분의 감정에 책임질 이유는 결단코 없습니다.

기분이 나쁠 때 다른 사람에게 잘못을 떠넘기고 싶은 마음이 유난히 강한 사람도 있습니다. 누구의 잘못인지 잘 모르겠을 때에는 당연히 부모가 잘못한 것 같습니다. "이렇게 자란 걸 어떻게 해. 나도 어쩔 수 없어. 당신이 그냥 받아들여." 이렇게 책임감도 모면하고 바꿀 생각도 없음을 당당히 말할 수 있으니 참 편리하죠. 하지만 상대로서는 평화롭고 행복한 관계를 위한 책임을 혼자 떠맡아야 하니 굉장한 부담입니다. 어느 한쪽이 다른 한쪽을 죄책감, 거부, 혹은 다른 좋지 않은 방식으로 통제하고 조작하는 커플들이 많습니다. 그런 상황이라면 서로 몸과 마음이 가볍게 서로 사랑하며 삶의 기쁨을 느껴 나가기란 여간 어렵지 않습니다.

드라마 혹은 전쟁 영화
♡

하지만 여러분의 생각이 허접한 드라마가 될지, 전쟁 영화가 될지, 아니면 로맨스 영화가 될지, 그것도 아니면 좋은 풍자극이 될지는 스스로 선택할 수 있습니다. 무엇을 생각하고 싶나요? 무엇이 편안한 느낌을 만들어 줄 수 있을까요? 여러분은 어떤 생각을 할 때 웃나요? 무엇이 여러분을 행복하게 하나요? 기꺼이 떠올리고 싶은 추억이 있나요? 일상의 순간일 수도 있고 살면서 단 한 번 겪었던 일일 수도 있습니다. 아침에 발코니에 앉아 향기로운 커피를 한 잔 마셨던 것, 아주 에로틱했던 밤, 어느 바닷가에서 보냈던 아름다웠던 휴가, 별 총총한 밤하늘 아래서 받았던 청혼 등등.

저는 재빨리 좋은 기분을 느끼고 싶을 때 항상 몇 년 전 딸과 함께 갔던 대형 콘서트를 떠올립니다. 그때의 장면들은 제 머릿속에 사진처럼 남아 있죠. 딸과 전 베를린 올림픽 경기장 위쪽 좌석에 서서, 하나같이 두 팔을 높이 쳐들고 떼창을 하는 사람들의 바다와 같은 물결을 내려다보았는데 그보다 더 행복할 수 없었습니다. 딸도 제 왼편에서 춤을 추며 노래 한 소절 한 소절 그대로 따라 불렀고, 그러기는 저도 마찬가지였죠. 전 수많은 사람이 감격 속에서 하나가 되는 그 믿을 수 없는 광경을 뛰는 가슴으로 한껏 즐겼습니다.

노래가 끝나고 음악이 멈추어도 사람들은 아랑곳하지 않고 몇 분이고 후렴구를 불렀습니다. 가수가 감격해서 웃었고, 그러자 대중은 더 신이 나서 노래를 불렀습니다. 제겐 매우 강렬한 순간이었고 참으로 아름다운 경험이었습니다. 이 잊을 수 없는 추억이 생각날 때마다 그때 불렀던 노래를 핸드폰으로 듣곤 합니다. 스트레스 가득한 상황에 있을 때 좋았던 순간을 떠올리며 편안한 기분을 유도하는 것은 분명 도움이 됩니다.

블라블라블라…

♡

앞에서 언급한 바 있는 표현 방식을 바꾸는 것도 도움이 됩니다. 여러분의 생각이 어떤 언어로 이루어지는지 보고 통역가를 고용해 그 대화를 방해해 보세요. 여러분이 완벽주의자라면 속에서 전쟁이 일어날 때 특히 좋은 무기가 하나 있으니 잘 사용해 보기 바랍니다. 바로 전쟁 같은 생각을 잠시 멈추고 "블라"라고 단지 두 음절만 반복해 말해 보는 것입니다. 한 번 시도해 보세요. 그럼 "블라블라블라"로 얼마나 다양하고 많은 것을 표현해낼 수 있는지 알고는 깜짝 놀랄지도 모릅니다. 더욱이 그러다 보면 방금 얼마나 바보 같은 생각을 또 하고 있었는지도 금방 보게 될 것입니다.

일상 속 가치와 목표

"제게 프로젝트를 하나 줘 보세요. 다른 사람이 보기에 아무리 복잡하고 어렵고 가망 없는 프로젝트라도 괜찮아요. 전 할 수 있어요. 그런 일이라면 전 할 수 있어요. 하지만 아내에 관한 일이라면 도무지 어떻게 해야 할지 모르겠어요." 저는 먼저 이 내담자의 자기 확신과 자신감에 놀랐습니다. 위기 관리 매니저였던 그는 전 세계 회사들의 문제를 해결해 주었습니다. 풍부한 경험과 뛰어난 탄력성 덕분에 직업적으로 크게 성공할 수 있었지요. 그런 그에게 직업적 번아웃 진단을 내리자 그는 충격을 받기는 했으나 정말 놀라는 것 같진 않았습니다. 번아웃으로 인한 육체적 문제들을 이미 오랫동안 무시해 온 상태였기 때문입니다. 하지만 이제 더는 무시할 수 없는 지경에 이르렀습니다. 게다가 아내까지 이혼하겠다고 나서자 마침내 결혼 생활의 문제를 해결해 보겠다고 결심했습니다. 그가 죽도록 일만 하고 있다며 그런 그를 보고만 있을 수는 없다고 늘 성토하던 아내가 마침내 단호한 결정을 내린 것입니다. 그녀는 임시로 친구의 집에 묵으며 남편이 분명한 변화를 보여 주길 기다리고 있었습니다. "이제 저는 어떻게 해야 하나요? 도무지 모르겠어요. 몸이 여기저기 아프다고 난리고 혈압이 자꾸 치솟는 것도 문제지만 전 무엇보다 아내를 잃고 싶지 않아요!" 그는 자신이 얼마나 절박한지 말했고, 저는 물었습니다. "직업적인 문제인 경우는 어떻게 하십니까? 다른 사람들을 곤란한 상황에서 빠져나오게 하실 때는 어떻게 하시나요? 그걸 할 수 있다는 확신은 어디서 그렇게 나오는 거죠?" 그가 자랑스럽게 대답했습니다.

"일에 있어서는 아주 간단합니다. 저만의 확실한 전략이 있으니까요. 이 전략은 늘 통해요. 전 모든 프로젝트에서 일단 계획을 세웁니다. 사실 이게 제 일의 핵심이죠. 계획을 세울 때 저는 아주 구식으로 종이를 하나 꺼냅니다. 그리고 맨 위에 목표라고 쓰고 그 아래 그 목표에 따른 분명한 계획들을 세워 적습니다. 프로젝트를 어떻게 진행하고 어떻게 완주할지를 단계별로 생각합니다. 우발적인 상황과 변수를 모두 생각하고 그때마다 어떻게 할지 미리 생각해놓죠. 이 일을 전 정말 잘한답니다. 계획대로만 하면 100퍼센트입니다. 그래서 고객들이 제게 적지 않은 돈을 지불하는 거고요. 큰 문제가 생길 것 같을 때 미리 나를 부르죠. 그럼 이제 안심해도 된다고 생각하고요!"

"와, 멋지네요. 그럼 이제 무얼 하셔야 하는지 아시겠지요? 여기 종이와 연필이 있습니다. 새 프로젝트를 받았을 때 하시듯 한번 해 보세요. 구조해야 할 회사가 지금은 건강과 결혼입니다. 이제 목표를 써 보세요. 분명하게 그리고 아무것도 빼놓지 않고 원하는 목표를 다 쓰세요. 이 종이 맨 위에 무엇이 와야 할까요?" 제가 물었습니다. 그는 1분 정도 생각하더니 웃으며 말했지요.

"아내와 함께 건강하고 행복하게 늙어 가는 것이 목표예요. 내년이 결혼 25주년인데 그때 다시 한 번 결혼식을 올리고 싶어요. 돈이 없어서 옛날에는 결혼을 크게 하지 못했고 신혼여행 때도 호텔에만 있었으니 만회할 게 많아요."

그는 꿈꾸듯 말하며 계획을 세워 나가기 시작했습니다.

"늘 하듯이 해 보세요. 다 써 보고 작은 목표들도 다 정확하게 계획하세요. 그 각각에서 할 일 혹은 해야 할 일을 생각해 보시고 어떻게 하면 그 일들을 가장 잘 달성할 수 있을지 생각해 보세요."

결론적으로 그는 온몸으로 기쁨을 표현하며 우리 상담소를 나갔습니다. 다시 분명한 목표를 가질 수 있었기 때문입니다. 두 달 후 전 스리랑카에서 고맙다는 인사가 담긴 깜짝 우편 엽서를 받았습니다. 아유르베다 요리도, '요가로 몸 비틀기'도 기꺼이 사양할 만하지만 마사지는 너무 좋아서 거부할 수 없다고 했고, 다시 살린 결혼 생활이야말로 그의 인생에서 가장 큰 선물이라고 적혀 있었습니다.

만회할 것들
♡

그렇다면 여러분의 상황은 어떤가요? 여러분의 프로젝트 주제는 무엇이고, 종이 위에 어떤 제목들을 어떻게 나열하면 좋을까요? 여러분 인생에서 당장 혁신이 필요한 부분이 있나요? 그리고 더 중요하게는 그 혁신이 왜 필요한가요?

인간은 다음 두 가지 상황일 때 영원히 바뀔 수 있고, 반대로 번아웃될 수도 있습니다. 괴로움과 불만이 너무 커서 그것을 끝내겠다는 강한 욕구가 있는 상황, 그리고 너무 멋진 목표가 있어서 그 목적을 위해 무엇이든 할 준비가 된 상황이 그것입니다.

현재 무엇이 여러분을 곤란하게 하나요? 그리고 여러분은 그것을 어느 방향으로 바꾸고 싶은가요?

정말 불편한 방식으로 경고 종이 울릴 때에야 마침내 행동에 들어가는 사람이 많습니다. 주변 사람들은 현명한 길로 잘 인도하는 사람이라도 정작 자신의 일에는 놀랄 정도로 타성에 젖어 스스로 결정할 수 있는 일이 아무것도 없다고 생각합니다. 불편한 것을 너무 잘 참게 되어 정말로 아프고 나서야 해결하려 애쓰는 사람이 많습니다. 하지만 꼭 소를 잃고 나서야 외양간을 고칠 건가요? 이제 마음을 먹었으니 분석만 하며 몇 주고 미루지 말고 즉시 행동에 옮겨 보는 건 어떨까요? '미루는 버릇'은 올라야 할 산을 더 높게 보이게 합니다. 마크 트웨인도 말했죠. "개구리 한 마리를 먹어야 한다면 아침에 일어나자마자 먹어라. 개구리 두 마리를 먹어야 한다면 큰 놈부터 먹어라."

'나는 시간이 없어요' 증후군

♡

여러분이 '나는 시간이 없어요' 증후군에 시달리고 있다면, 참고로 해야 할 일 목록을 최대한 지워 버린다고 해서 문제가 해결되진 않는다는 점을 알려드리고 싶습니다. 성급하게 외면한 일은 생각보다 빨리 돌아와 나쁜 결과를 가져올 것입니다.

불만은 시간이 부족해서가 아니라 즐길 수 없어서 생깁니다.

- 거듭 결심하지만 하지 않는 일이 있나요?
- 여러분 인생의 어떤 부분이 늘 소홀한 대접을 받나요?
- 다른 사람의 어떤 면을 볼 때 가장 부러운가요?

그 모든 훌륭한 결심에도 불구하고 어떤 일을 계속 뒷전으로 미룬다면 마음속에서 굳어진 우선순위들을 무시해 보세요. 그리고 여러분이 추구하는 가치와 목표가 일상의 활동과 따로 놀지는 않는지 점검해 봅시다. 가치와 목표가 일상의 활동과 조화를 잘 이룰 때 균형 잡힌 삶을 살고 내면으로부터 만족할 수 있습니다. 번아웃으로 괴로워하는 사람들은 이론과 실천 사이의 엄청난 괴리에 시달립니다. 추구하는 가치 및 목표와 일상의 현실 사이의 괴리가 너무 큽니다.

테스트: 우선순위와 목표 조사하기

♡

삶의 우선순위가 정확하게 어떤 것인지, 그리고 그 우선순위가 평안한 삶을 어떻게 유도 혹은 방해하고 있는지 알고 싶다면 다음 질문들로 여러분이 살면서 추구하는 기본 가치와 이상에 대해 잠시 생각해 보기 바랍니다.

- 여러분의 삶에서 정말로 중요한 것은 무엇인가요?
- 무슨 일이 있어도 포기하고 싶지 않은 것이 있나요?
- 여러분은 행복하기 위해 무엇이 필요한가요?

여러분 내면의 삶에 대해 최대한 많이 알고 싶다면 이 테스트에 최소한 한 시간은 집중해 보기 바랍니다. 마음을 편안히 하고 조용한 가운데 마음속에 떠오르는 대로 순서 없이 종이나 스크린에 모두 적어 보세요. 포기하지 말고 최소한 열 가지는 채워 봅시다. 예를 들어 "즐길 수 있는 직업을 갖는다." 같은 완성형 문장이 될 수도 있고, "사랑"이나 "성공" 혹은 "재정적 안정" 같은 단어가 될 수도 있습니다. 이어서 그 주제를 하나씩 잡고 관련해 여러분이 가진 가장 친숙한 생각이 무엇인지도 보세요.

　저는 어릴 때부터 제가 생각하고 상상하는 사랑은 순전한 판타지이며 영화나 책에서나 가능한 것이라는 소리를 많이 들었습니다. 다행히 전 그런 경고를 믿지 않았습니다. 다음이 가치-생각의

181

몇 가지 전형적인 조합들입니다.

기본 가치	내면화된 생각
진실한 사랑	진실한 사랑은 영화에서나 가능하다. 사랑은 우리를 눈멀게 할 뿐이다.
성공	분수를 지켜라. 성공하려면 열심히 노력해야 한다.
재정적 안정	돈은 사람을 망친다. 돈은 벌기보다 지키기가 더 어렵다.
즐길 수 있는 직업	그런 직업으로는 입에 풀칠도 못한다. 인생이 늘 장밋빛일 수는 없다.

- 여러분에게 중요한 사람들은 여러분에게 어떤 인생의 충고를 해 주었나요?
- 그 충고와 관련해서 여러분은 어떤 믿음 문장을 내면화해 왔나요?
- 각 주제의 무엇이 현재 여러분에게 특히 중요하고 추구할 가치가 있나요? 혹은 편하거나 어렵거나 고통스러운가요?

각 주제에 탁월한 문장 한두 개로 이루어진 대답이면 여러분의 운영 체계 속 프로그래밍 상태를 들여다보기에 충분할 것입니다. 고전적인 가치-목표-테스트와 달리 이 테스트는 그 각각의 가치들 뒤에 어떤 확신들이 숨어 있는지 보는 데 좋습니다.

이제 사실상 가장 힘든 부분이며 이 테스트의 핵심 부분을 진행할 차례입니다. 여러분이 추구하는 가치 열 가지를 순서대로 나열하세요.

- 여러분 인생에서 무엇이 가장 중요한가요?
- 무엇에 관해서라면 다른 모든 것은 뒷전으로 미루나요?
- 가장 먼저 포기하는 것은 무엇인가요?

첫 번째 자리

♡

이제 자신에게 100퍼센트 솔직해지기 바랍니다! 첫 번째 자리에 '와야 할 것 같은 것'이 아니라 정말로 그 자리에 어울리는, 정말로 여러분이 추구하는 가치를 찾아야 합니다. 그리고 모든 가치를 반드시 순서대로 정리합니다.

　우열을 가릴 수 없는 가치도 한두 개 있을 수 있는데 이 테스트는 각각의 서열을 정해 줄 때만이 그 효과를 발휘합니다. '경쟁'이 가장 치열한 가치 둘만 나란히 놓고 집중적으로 비교해보면 더 분명하게 보일 것입니다. 그 둘 중에서만 선택해야 한다고 생각하며 비교해 봅니다. 그러므로 이 테스트는 여러분 자신만 생각할 수 있는 조용한 곳에서 해야 합니다. 그 경쟁에서 선택된 주제는 그만큼 높은 곳에 둡니다. 경쟁에서 진 주제는 이제 다음 경쟁 주제와 대결시키고, 이런 식으로 열 가지 주제의 순서를 다 정할 때까지 계속해 나갑니다. 그 주제들 혹은 문장들을 종이에 적었다면 가위로 그 각각의 주제/문장(혹은 분야)들을 따로따로 잘라낸 다음 정확한 순서가 정해질 때까지 이리저리 옮겨 볼 수도 있습니다. 그 과정에서 때로는 더 중요한 개념들이 새롭게 떠오르기도 합니다.

여러분 인생에서 이미 너무 부족한 것들은 오히려 생각이 잘 안 날 수도 있습니다. 예를 들어 건강, 조용한 시간, 자유 시간, 인정받는 것 같은 것들 말입니다. 그러므로 다시 한 번 살펴볼 필요가 있지요. 이때 무언가를 꼭 덧붙여야겠다는 생각이 든다면 바로 그것이 사실은 여러분 인생에서 가장 부족한 점일 수 있습니다. 그렇다면 "자신에게 100퍼센트 솔직해지라."는 규칙을 여러분 평소의 습관대로 크게 염두에 두지 않았던 셈입니다. 예를 들어 파트너와의 관계를 가장 높은 자리에 올려둔 사람이라도 늘 야근하고 주말에도 일하느라 파트너와 보낼 시간이 전혀 없을 수 있는데 이런 사람은 솔직하게 일에서의 책임감을 파트너와의 관계보다 훨씬 더 높은 곳에 두는 편이 낫습니다. 여러분도 저처럼 문명기기를 좋아한다면 당연히 종이가 아닌 컴퓨터나 태블릿에 적고 지웠다, 더했다, 옮겼다 하며 순서를 정해도 좋습니다.

이 일을 다 했다면 이제 여러분 앞에는 여러분이 생각하는 현재 시점의 삶의 우선순위 목록이 하나 놓여 있을 것입니다. 하지만 현재 여러분 인생의 어디가 가장 긴장된 상태인지, 여러분이 원하는 곳에 왜 아직도 도달하지 못했는지 더욱 분명히 알기 위해서는 아직 가야 할 길이 한 단계 더 남아 있습니다. 이제 같은 방식으로 여러분의 목표 목록을 만들어 보세요.

- 여러분의 목표는 무엇인가요?
- 어디에 도달하고 싶나요?
- 그것을 위해서라면 뭐든 할 수 있는 것이 있나요? 있다면 무엇인가요?

이 목록도 신중하게 그 순위를 정하십시오. 그런 뒤 가치 목록과 목표 목록을 서로 나란히 놓습니다. 이때 여러분의 가장 중요한 가치가 여러분의 가장 중요한 목표 옆에, 가장 중요하지 않은 가치가 가장 중요하지 않은 목표 옆에 놓여야 합니다.

- 두 목록을 나란히 놓고 볼 때 어떤 점이 가장 먼저 눈에 띄나요?
- 어디에 갈등의 요소가 가장 많은 것 같나요?
- 높은 점수를 받은 가치 중에 여러분이 중요하게 생각하는 목표에 도달하지 못하게 방해하고 있는 가치는 없나요?
- 어떤 분야가 특히 조화롭게 보이나요?
- 여러분의 개인적인 욕망은 어디에서 보이나요?
- 여러분은 파트너를 어느 위치에 놓고 있나요?
- 아이가 있다면 그 아이에게 어느 정도의 '권력'을 주었나요?
- 여러분 삶에 어떤 문제 지대가 있나요? 그리고 그 지대는 여러분의 목록에 어떻게 반영되고 있나요?

- 어디에서 개입과 수정이 가능할 것 같나요?
- 여러분이 바라는 변화가 일어나게 하려면 어떤 부분을 영원히 혹은 최소한 한동안이라도 뒷전으로 미뤄야 할 것 같나요?
- 여러분 내면의 의제 그 가장 윗자리에 놓일 것은 무엇인가요?

그렇습니다. 여기서 '내면의 의제'란, 만약 여러분이 혼자 산다면 냉장고에 붙여놓았을 여러분만의 주제를 말합니다. 아이가 있고, 그 아이가 젖먹이를 지났다면 여러분의 우선순위 목록에서 아이를 첫 번째에 두는 일은 하지 않는 것이 합당합니다. 기억하시나요? 부모가 먼저고 그다음 아이라는 것을…. 반대로 여러분의 건강은 절대 목록의 마지막이 되어서는 안 됩니다. 놀이, 즐거움, 섹스를 여러분의 목록에서 찾아볼 수 없다면 꼭 여러분의 인생에 대해 근본부터 다시 한 번 차근차근 생각해 봐야 할 것입니다.

가장 중요한 것을 보지 못할 때
♡

저는 이 테스트를 독일의 도시 본의 어느 레스토랑에서 실시한 적도 있습니다. 친구와 같이 밥을 먹고 있었는데 친구가 자신의 건강이 얼마나 나빠졌는지 모르겠다고 했습니다. 평소 농담도 잘하고 유쾌한 친구인데 그답지 않게 걱정을 많이 했습니다.

그는 몇 달 전 번아웃 위기가 와서 근무처를 바꾸었다고 했습니다. 옮기기 전 몇 주 간 자신이 전혀 웃지 않았음을 깨닫고 충격을 받아 앞으로 더 즐겁게 살겠다 결심했다고도 했습니다. 그런데 문제는 왜 그렇게 살이 찌고 몸이 약해지는지 이유를 알 수 없다는 데 있었습니다. 정신적 각성은 했지만, 친구는 아직 나무만 보고 숲은 보지 못하는 것 같았지요. 이어서 그가 쓴 가치 목록을 보니 제가 의심했던 점을 놀랍도록 극적으로 반영해 주고 있었습니다. 직업적 성공과 재정적 안정이 그 목록에서 가장 높은 순위를 차지했고, 그 뒤를 인생 즐기기, 사랑, 만족감, 좋은 음식, 휴가, 휴식, 배움이 뒤따랐으며, 맨 마지막에 섹스가 위치했습니다. 아무것도 눈치채지 못한 채 친구는 자신의 목표들도 그 가치에 맞는 순서로 배치했습니다. 건강이나 체력 혹은 성공적인 감량 같은 것이 목록에 없지 않냐고 묻자 그는 놀란 눈으로 저를 쳐다보았습니다.

"네가 생각하는 건강 문제와 너의 우선순위 사이의 모순이 이제 보여?"

충격을 받은 친구는 손으로 자신의 이마를 쳤습니다.

"세상에…. 어떻게 이걸 못 볼 수가 있지? 참 멍청하네. 이랬으니 몸이 좋아질 리가 없지!"

더 설명할 필요도 없이 친구는 백지를 한 장 더 꺼내 강한 체력을 가장 중요한 목표로 두는 가치 목표 목록을 다시금 재빨리 완성해냈습니다. 다른 목표들은 모두 그 아래 순위로 밀려났습니다. 그렇다고 당장 일까지 그만두고 운동만 하겠다는 뜻은 아니었습니다.

하지만 친구는 그때부터 야근과 줌바 수업 사이에서 결정을 내려야 할 때면 주저 없이 후자를 선택했지요. 그만큼 삶의 기쁨도 커졌습니다. 이제 돼지고기 구이와 크림 케이크 대신 댄스 수업과 롤러 블레이드를 선택하게 되었기 때문입니다.

우선순위는 유동적이다

♡

우선순위 목록은 우리 인생만큼이나 유동적이라서 늘 다시 생각해 본 다음 고쳐야 합니다. 저는 중요한 새 목표가 생기거나 계속해서 이루지 못하는 목표가 보일 때마다 목록을 자세히 점검합니다. 몇 년 전에는 가치와 목표를 몇 번이고 이리저리 옮겨 봤음에도 운동이 상위 열 개 목록 안에 들지 못하기도 했습니다. 정말 유감스러운 일이었지만 저도 모든 것을 한꺼번에 해결할 수 없는 일개 인간임을 볼 수 있었지요. 그렇게 생각하자 압박감이 사라졌고, 덕분에 나머지 목표를 좀 더 쉽게 이룰 수 있었으므로 몇 달 뒤에는 운동도 우선순위 목록 안으로 다시 들어올 수 있었습니다.

이제 제 고객 한 명의 목록을 예로 들어 목록이 보통 어떤 모양새를 갖는지, 그리고 가치와 목표 목록 안의 문제를 알아차리는 방법과 가능한 해결책으로 어떤 것이 있는지 알아보겠습니다.

가치	믿음 문장
1. 아이들	아이들은 내 인생에서 가장 중요하므로 늘 가장 먼저 생각한다.
2. 안전	안전이 늘 우선이다.
3. 직계 가족	어머니를 돌봐드려야 한다. 그게 내가 어머니에게 갚아야 할 빚이다.
4. 일	노력 없이는 아무것도 얻지 못한다.
5. 파트너	남자는 결코 믿어선 안 된다.
6. 사랑	사랑은 덧없는 것이다.
7. 친구	친구 관계는 노력해야 유지할 수 있다.
8. 건강	몸이 예전 같지 않다. 이렇게 사는 수밖에 없다.
9. 정원	나는 정원에서 휴식하고 힘을 얻는다.
10. 유머	유머란 웃기지 않는 일임에도 웃는 것이다.

여러분은 이 목록의 어디에 문제가 있는지 발견하셨나요? 이것과 함께 오는 목표 목록을 옆에 두고 보면 더 분명히 보일 것입니다.

가치	목표
1. 아이들	1. 결혼 구제하기
2. 안전	2. 배우자와 좀 더 친밀하고 다정하게 지내기
3. 직계 가족	3. 아이 한 명 더 갖기
4. 일	4. 건강하기, 허리 통증 줄이기
5. 파트너	5. 직업적으로 인정받기
6. 친구	6. 재정적 안정
7. 사랑	7. 친구들 더 자주 만나기
8. 건강	8. 금연하기
9. 정원	9. 몰디브로 휴가 가기
10. 유머	10. 스포츠용 보트 운전면허 따기

가장 중요한 것은 너무 당연시된다

♡

여러분은 이 목록의 주인이 여성임을 이미 알아챘을 것입니다. 편의상 이 여성을 "뮬러 부인"이라고 해 보겠습니다. 결혼 생활이 위기에 처하게 된 과정과 커플 테라피를 받으러 온 이유 모두 평범했습니다. 뮬러 부인은 고전적인 번아웃 증세를 겪고 있음에도 직업적으로는 힘들지 않다고 느꼈습니다. 뮬러 부인이 남편에게 아이를 한 명 더 갖고 싶다고 했을 때 남편은 그 전에 '당신' 자신의 문제부터 해결하고 둘 사이의 관계부터 개선해야 한다고 했습니다. 둘은 매일 싸우는 게 일이었는데 특히 그날은 결국 서로를 몹시 비난하는 것으로 끝났으며 둘 다 그런 상황에 적잖이 상처를 받았습니다.

둘은 돈을 모아 집을 사기 위해 함께 열심히 일했고, 그러느라 정작 자신들의 행복은 늘 뒷전이었지요. 당연히 남편의 목록도 아내의 것처럼 대단히 희망적이지는 않았습니다. 남편의 목록에도 아이들이 제일 높은 곳에 있기는 했지만, 그 바로 아래 직업적·재정적 안정이 뒤따랐습니다. 둘 사이의 애정은 지난 몇 년 사이 다 말라버렸습니다. 그런 상황에 뮬러 씨도 매우 괴로워했고 둘 다 분명 아이를 더 원했음에도 섹스는 그들의 목록 어디에서도 찾아볼 수 없었습니다. 아이가 가장 우선이고 직업은 물론 직계 가족 등등의 다른 것들까지 파트너, 사랑, 행복보다 우선시된다면 그 관계에는 분명 문제가 있는 것이고 그 문제가 관계 번아웃으로 이어지기는 너무 쉽습니다. 그 결과 앞서 소개했던 성공한 컨설턴트 부부의 경우처럼 심각해질 수 있습니다. 물론 그에게 자녀는 없었지만, 그도 가장 중요한 '것들'을 너무 당연시한 나머지 내면의 우선순위 목록 위쪽에 놓을 생각은 하지 못했습니다.

뮐러 부인의 믿음 문장과 목표들을 좀 더 자세히 살펴보지요. 그녀가 갖는 사랑, 파트너 관계에 대한 부정적인 확신들이 사랑하는 관계로 향하는 길에서 도움이 될 것 같지 않습니다. 더욱이 깊은 곳에 갈등의 씨앗들이 잠재해 있음을 짐작하게 합니다. 그런 확신들이 어디서부터 왔는지 찾는 데는 그리 오랜 시간이 걸리지 않았습니다. 뮐러 부인은 남자라면 치를 떨고 우울증이 심했던 어머니 밑에서 외동딸로 자랐습니다.

"내 어린 시절에서 정말 다행인 점이 있다면 바로 그 시절이 끝난다는 거예요."

뮐러 부인이 자주 하는 말입니다. 이제 어머니에게서 물려받은 믿음 문장들과 자기기만들을 직시하고 버릴 때가 되었습니다. 뮐러 부인은 제게 상담을 받으면서 자신이 소중하게 생각하는 가치와 목표에 대해 좀 더 긍정적인 확언을 하며 그것들을 일상 속으로 안착시키는 법을 배우는 데 성공했습니다.

그것을 위해 케케묵은 믿음 문장들을 한 번 제대로 파헤쳐 보는 것이 아주 중요했지요. 왜 그런지 구체적으로 살펴봅시다.

"몸이 예전 같지 않다. 이렇게 사는 수밖에 없다."라는 믿음 문장이 있는데 정말 그럴까요? 이 문장은 사람은 어느 정도 나이가 들면 건강과 체력에 대해 어쩔 수 없게 된다고 말합니다. 하지만 이것은 사실이 아닙니다. 이런 확신은 기껏해야 우리 내면에 사는 나약한 '나'가 반기는 핑곗거리에 지나지 않습니다.

나이가 들수록 많이 움직이고 건강하게 먹는 것이 더욱 중요해집니다. 그러므로 이 믿음 문장을 "몸이 예전 같지 않다. 그러니까 이제 나 자신을 좀 더 돌볼 수 있다." 같은 결심으로 바꾸는 것이 더 건강하고 더 진실한 쪽에 가깝습니다.

뮐러 부인은 자신의 어머니로부터 늘 "내가 너를 키워 줬으니까 너는 나를 잘 돌봐 줘야 해!"라는 말을 들었습니다. 이 말은 뮐러 부인의 무의식 깊이 박혀 있었으므로 어머니가 그런 말로 자신을 의도적으로 그리고 성공적으로 조종해 왔음을 직시하는 데 적잖은 시간이 들었습니다. 그런 어머니임에도 뮐러 부인은 앞으로도 어머니를 돌보겠다고 했습니다. 하지만 "어머니에게 갚아야 할 빚이 없다는 건 확실히 알겠어요."라고 했죠.

'해야 한다'라는 선고를 받는 것과 선택권을 갖고 '자발적으로 도와주겠다고 생각하는 것'은 서로 매우 다른 것입니다.

근본 가치	낡은 믿음 문장 – 더 합리적인 새로운 생각
건강	몸이 예전 같지 않다. 이렇게 사는 수밖에 없다. – 몸이 예전 같지 않다. 그러니까 나 자신을 좀 더 돌볼 수 있다.
직계가족	어머니를 돌봐야 한다. 그게 내가 어머니에게 갚아야 할 빚이다. – 돌봐드릴 수는 있다. 하지만 부모에게 갚아야 할 빚이 있는 건 아니다.
파트너	남자는 결코 믿어서는 안 된다. – 내 남편은 내 인생에서 일어난 가장 좋은 일이다.

| 아이들 | 아이들은 내 인생에서 가장 중요하므로 늘 가장 먼저 생각한다. – 내 아이들은 늘 내 마음속에 있다. |
| 사랑 | 사랑은 덧없는 것이다. – 사랑은 멋진 선물이다. |

가치와 믿음 문장

♡

참고로 삐걱거리는 관계를 안정시키고자 할 때 둘째 아이를 갖고 싶다는 소망이 일어나는 경우가 많습니다. 이것은 절대 좋은 생각이 아닙니다. 그 이유는 아기가 태어나면 초기에 부모는 서로 더 멀어지게 되고 따라서 관계가 더 힘들어질 수 있기 때문입니다. 아이를 갖겠다는 그런 소망은 심지어 관계의 문제를 아이를 이용해 해결해 보겠다는 무의식적 추구일 때도 있습니다. 이것은 프로젝트가 망하고 있을 때 이때다 하고 빠져나가려 하는 것과 비슷합니다.

하지만 뮬러 부부는 둘 다 아이 셋을 원했기 때문에 그런 이유는 아니었습니다. 그리고 현재 이들은 세 명의 아이를 행복하게 잘 키우고 있습니다.

이들은 가정의 행복을 되찾기 위해 크고 작은 변화를 열심히 추구했습니다. 그 근거가 되는 것이 바로 이들이 다시 수정한 다음의 목록이지요. 이 목록을 이들 부부만 볼 수 있게 부부의 화장실 거울에 붙여놓았습니다. 부부는 둘 다 동의할 수 있을 때까지 새로운 주제를 넣기도 하고, 자주 자리를 이리저리 바꾸기도 하며, 오랫동안 토론하고 다듬은 끝에 이 목록을 완성했습니다.

가치	믿음 문장
1. 건강	몸이 예전 같지 않다. 그러니까 나 자신을 좀 더 돌볼 수 있다.
2. 사랑	사랑은 멋진 선물이다.
3. 안전	안전이 늘 우선이다.
4. 파트너	당신이 내 인생에서 일어난 가장 좋은 일이다.
5. 아이들	내 아이들은 늘 내 마음속에 있다.
6. 일	노력 없이는 아무것도 얻지 못한다.
7. 섹스	중요하진 않지만 세상에서 가장 아름다운 것이다.
8. 직계가족	돌봐드릴 수는 있다. 하지만 부모에게 갚아야 할 빚이 있는 건 아니다.
9. 친구	친구 관계는 가능한 한 잘 보살핀다.
10. 정원	정원은 휴식에 좋다.

공동의 가치 목록

♡

커플로서 공동의 가치 목록을 만들어 두는 것은 좋지만 커플이 같이 행복하기 위해 꼭 그래야만 하는 것은 아닙니다. 가치 목록 만들기 연습이 이 장에 들어 있는 것에는 그만한 이유가 있습니다.

첫 번째 목록은 꼭 혼자, 그러니까 파트너의 영향을 받지 않는 상태에서 작성해 보기 바랍니다. 문제를 확인하고 해결책을 찾는 과정에 자신의 직관만큼 믿을만한 것도 없습니다. 당연히 그 과정에 전문가 혹은 친구의 도움을 받을 수 있습니다.

목표 목록을 작성할 때도 마찬가지입니다. 공동의 목표 목록도 좋지만, 자신만의 목표 목록이 먼저여야 합니다. 커플 테라피를 받는 동안 뮬러 부부가 각자 따로 만든 목표 목록은 결혼 생활을 구제하고 둘의 욕구를 분명히 풀어 주는 데 집중되어 있었습니다. 그러므로 다음과 같이 공통점이 많았지요.

뮬러 부인	뮬러 씨
1. 좀 더 자주 둘만의 수준 높은 시간을 보낸다.	1. 좀 더 자주 둘만의 수준 높은 시간을 보낸다.
2. 최소한 2주에 한 번은 부부만의 친밀한 시간을 갖는다.	2. 최소한 2주에 한 번은 부부만의 친밀한 시간을 갖는다.
3. 재정적으로 안정된다.	3. 재정적으로 안정된다.
4. 금연한다.	4. 자전거를 더 자주 탄다.
5. 일하는 시간 줄인다.	5. 승진한다.
6. 부부만의 휴가를 보낸다.	6. 부부만의 휴가를 보낸다.
7. 친구들과 자주 만난다.	7. 친구들과 자주 만난다.
8. 몰디브로 휴가를 떠난다.	8. 몰디브로 휴가를 떠난다.
9. 아이를 더 가진다.	9. 아이를 더 가진다.
10. 스포츠 보트 운전면허를 딴다.	10. 스포츠 보트 운전면허를 딴다.

매장된 꿈들

♡

같은 방향을 바라보고 각자의 목표와 함께 둘의 목표를 같이 추구하면 관계는 탄탄해지고 날개를 달게 됩니다. 이것은 각자가 서로의 '발 디딤대'가 되어 주는 것을 의미합니다.

우리 부부의 경우 제가 남편에게 먼저 날라며 그의 발 디딤대가 되어 줄 때도 있고, 남편이 제가 힘든 난관을 건널 수 있게 도와줄 때도 있습니다. 그러는 동안 우리 공통의 분명한 목표들이 길을 보여 주지만 각자 개인적인 목표들을 위한 여지도 충분히 남기지요. 자신만의 꿈을 포기하는 것은 전혀 바람직하지 않습니다! 카멜레온처럼 계속 적응만 하고 여러분의 특성을 포기하며 개인의 목표를 배신한다면 언젠가 후회할 것입니다. 매장된 꿈으로부터 부글부글 끓어오르던 갈등이 언젠가 터지게 되고 그것이 끈질긴 싸움으로 이어지게 되어 있습니다. 그렇기 때문에 중년에 접어든 많은 번아웃 후보자들이 그 악명 높은 본질적인 질문들을 던지게 되는 것입니다.

'이 모든 것이 무슨 의미일까? 인생을 헛살아 온 건 아닐까? 이제 어떻게 해야 하지?'

여러분의 인생이 의미 없는 것 같고, 너무 많은 걸 놓치고 살았다는 생각이 든다면 여러분은 어쩌면 타인에게 책임을 떠넘기는 데 익숙한 상태이고, 단지 그 이유로 파트너와 싸우고 있는지도 모릅니다. 자신의 삶에 무언가 중요한 것이 결핍되어 있다는 막연한 느낌에서 불만족이 쌓이고, 그럼 파트너와의 관계에도 그늘이 지게 됩니다. 다시 행복해지고 싶다면 여러분만의 인생(경험)을 보살펴야 합니다.

- 여러분은 좋아하는 일을 하고 있나요? 지금 하는 일이 여러분에게 잘 맞나요? 아니면 좀 더 보람을 주는 일을 찾아야 하나요?
- 무언가를 위해 열심히 노력했던 게, 혹은 무언가를 갈망했

던 때가 마지막으로 언제였나요?

- 삶의 끝에 섰을 때 어디에 도달하고 싶나요?
- 여전히 계획하고 있는 것이 있나요?
- 마지막으로 꿈을 이뤘던 적이 언제였나요?
- 언제 그 일에 착수할 건가요?

이 모든 질문에 솔직하게 대답한 후 방향 전환을 잘한 끝에 마침내 여러분 자신을 다시 충분히 보살피고 있다고 느낀다면 이제 마음껏 축하할 시간이 온 것입니다. 여러분이 해냈습니다! 사실 이 책에서 이 장 부분이 가장 힘든 부분입니다. 때로는 자신에게 정직하기도, 또 자신을 사랑하기도 참 어려우니까 말이지요.

덧붙여 지금까지 알게 된 것을 최대한 활용하고 싶고, 빠른 변화를 바란다면 일기를 쓸 것을 추천합니다. 하지만 일반적인 일기가 아닌 세 가지 요지 일기입니다. 매일 밤 5분이면 충분합니다.

세 가지 요지 일기
♡

[요지 1 : 오늘 잘한 일]

잘한 일을 최소한 세 가지 적습니다. '세상을 구하는 일'처럼 대단한 일은 아닐 것이고, 그럴 필요도 없습니다. 일상에서 일어나는 아주 작은 일처럼 보이는 것으로도 충분합니다. 예를 들어 모르는 사람에게 좋은 말을 해 주었거나, 낙담한 사람을 웃게 했다거나,

이전에는 분명 "네."라고 했을 상황에 "싫어요."라고 했다면 그것으로 충분합니다.

[요지 2: 오늘은 아쉬웠지만, 다음에는 더 잘할 일]

앞으로 어떻게 하면 더 잘할 수 있을지에 관한 생각을 적어두는 곳입니다. 큰일도 좋고 작은 일도 좋습니다. 완벽한 날이었다면 이 칸은 비워도 좋습니다!

[요지 3: 고대하는 일]

다음날 일어나기를 고대하는 크고 작은 일들을 모두 적고 미리 만끽합니다. 아무리 생각해도 떠오르지 않는다면 아침에 마시는 커피 한 잔, 쉬는 시간에 먹을 초코바 하나도 좋습니다.

이 일기를 매일 정성껏 적어 보세요. 일주일 후면 뚜렷한 변화를 느낄 것입니다. 하지만 그렇게 조금 좋아졌다고 금방 일기 쓰기를 그만둔다면 그 기분이 오래 지속되지는 않을 것입니다.

이제 다음 장에서 파트너와 함께 삶의 질을 높이기 위해 할 수 있는 일, 그리고 여러분의 파트너를 좀 더 잘 이해하고 서로 사랑으로 대화하기 위해 할 수 있는 일들을 살펴보려 합니다.

다음 장은 현재를 다룰 것입니다. 그 과정에 여러분의 문제를 위한 좋은 해결책을 찾게 될 것입니다. 나아가 마음을 열게 되고, '사랑' 감성 지수도 한껏 높이게 될 것입니다.

Part 7

그다음 "파트너" – 각자 필요한 것은 다르다

"

아내가 울고 있네요.
내가 너무 깊은 상처를
준 것 같아요.
이제 나와 헤어지려는 게
분명해 보입니다.

"

생각을 다 믿지 말라

여러분은 여러분의 파트너를 얼마나 잘 알고 있나요? 그리고 얼마나 잘 이해하고 있나요? 이 질문의 대답은 그 혹은 그녀를 얼마나 오랫동안 알았는지와는 거의 상관없습니다. 하지만 현재 위기에 있는지 아니면 행복한지와는 크게 관련되어 있습니다.

관계 번아웃에 빠진 사람은 객관적이지 않습니다. 그동안 파트너가 어떤 사람인지 사실 전혀 모르고 있었다고 생각하고, 그를 더 이상 진정으로 이해할 수 없음을 확신하는 경향이 있습니다. 왜 그런지 한번 자세히 살펴보죠.

뇌의 의심쩍은 대변인
♡

잠시 생각해 봅시다.

여러분의 파트너를 이루고 있는 그 모든 것을 여러분은 의식적으로 얼마나 인식하고 있나요? 그의 외모에서부터 내면적인 특성과 가치까지 그야말로 '모든 것' 중에서 말입니다.

이 질문에 사람들은 대부분 이렇게 대답합니다.

"외모에 관해서라면 거의 다 알고 내면에 관해서라면 그보다는 덜 아는 것 같으니까 합치면 대충 3분의 2는 아는 것 같습니다."

좀 더 신중한 사람이라면 "반 정도" 안다고 추측하기도 합니다. 하지만 신중한 추측도 사실과는 상당히 거리가 멉니다. 인간은 자신이 받는 전체 인상 중 아주 미미한 일부만 인식하기 때문이지요. 인간 인식에 관한 연구 결과는 다양한 편이지만 가장 호의적인 수치에 근거해도 우리는 우리가 받는 인상의 최소 99.9퍼센트를 인식하지 못하고 흘려보냅니다. 생리학자 디트리히 트린커Dietrich Trincker에 따르면, 놀랍게도 우리가 인식하는 것의 대략 백만 배가 넘는 정보가 우리 머리로 들어오지만 단지 인식하지 못하는 것이라고 합니다.[18]

우리는 매일 막대한 양의 정보를 소화하고 정리하는데 그중 정말 알아차리는 것은 의식 상태가 100퍼센트에 있다고 해도 아주 적은 양뿐입니다. 사실 우리 주변에서 무슨 일이 일어나고 있는지 우리는 전혀 모르며 살아간다고 해도 과언이 아닙니다. 뇌과학자 앨런 스나이더Allan Snyder는 독일 SWR 방송 다큐멘터리 〈자동 두뇌Das automatische Gehirn〉에서 "우리 의식은 우리 뇌의 의심적은 대변인에 지나지 않는다. 우리가 뭐라도 하나 하고 있다고 위안하게 해 주는 대변인일 뿐이다."라고 했습니다.[19] 또 다른 뇌과학자 게르하르트 로스Gerhard Roth도 우리가 의식하는 '나'를 정부 대변인에 비교하면서 우리 정신을 번쩍 들게 한 바 있습니다. 정부의 결정을 해석하고 정당화해야 하지만 그 근거에 대해 전혀 모르고 그런 결정에 공헌한 바도 없는 대변인 말입니다.[20]

그런데도 우리 의식은 우리를 속여 인간이 만물의 영장이라고 믿게 만들었고, 덕분에 우리는 우리의 정보 소화력이 얼마나 제한적인지 보지 못하게 되었습니다. 우리 의식 속으로 들어오는 것들이 다중의 선별 과정을 통해 이미 그 정도로 삭제되어 버리므로 우리는 당연히 그 어떤 선고도 내릴 수 없습니다. 우리가 보는 현실은 우리가 받는 인상들을 소화하고 해석하는 과정 후의 현실로 그것이 아무리 진짜 현실로 느껴진다고 해도 사실은 진짜 현실이 아닌 것입니다.

경험과 앎이 인식을 결정한다
♡

무엇이 의식의 작은 문을 통과할 수 있고, 무엇이 통과할 수 없는가는 일단 생활 습관에 달려 있습니다. 웹디자이너라면 아마추어가 만든 웹사이트를 금방 알아챌 것입니다. 커플 테라피스트는 두 사람 사이의 기류가 좋지 않음을 한눈에 알아챕니다. 디스크가 있는 사람은 자세가 좋지 않은 사람을 금방 알아보고, 번아웃을 극복해 본 사람은 번아웃 초기에 있는 사람을 쉽게 감지합니다. 여러분이 강한 분야, 많이 경험한 분야일수록 그 속에서 일어나는 실수, 혹은 부주의, 혹은 품질의 등급이 더 빨리 느껴질 것입니다. 참고로 바로 그런 이유로 (타고난 소통·관계 전문가인) 여자들은 대체로 남자들보다 관계에 문제가 있음을 더 빨리 알아차립니다.

이용할수록 구조가 바뀐다
♡

인간의 뇌는 우리가 오랫동안 생각해 왔던 것과 달리 상당히 유연합니다. 이른바 신경가소성 덕분에 우리의 회백질 뇌세포는 끊임없이 바뀌면서 상황에 적응해 나가죠. 각자가 자신의 뇌를 이용하는 습관에 따라 자주 다니면 길이 생기고, 더 자주 다니면 그 길이 고속도로가 되는 게 우리의 뇌입니다. 이용할수록 구조가 바뀝니다. 그러므로 우리 몸의 근육이 얼마나 압박을 주느냐에 따라 강해질 수도 있고 완전히 사라질 수 있는 것처럼, 우리 뇌도 요청을 더 많이 받으면 받을수록 혹은 선택적으로 무시를 더 많이 받으면 받을수록 그에 맞게 반응합니다. 그래서, 예를 들어 택시 운전사의 뇌는 조종 능력을 담당하는 해마 부분이 더 크다고 합니다. 한편 명상을 많이 해서 행복한 스님은 긍정적인 감정을 담당하는 왼쪽 전두엽이 활발하다고 합니다.

우리의 뇌는 우리의 이용 습관에 맞춰 끊임없이 그 구조를 변경하고, 그러는 동안 그 작동을 최대한 자동화하려 합니다. 다시 말해 우리가 어떤 활동을 여러 번 실행할 때 뇌는 그에 맞게 자신을 새롭게 재정비하며 새 습관(루틴)을 만들어냅니다.

뇌는 우리에게 좋고 나쁜 것을 구분할 수 없습니다. 단지 드물게 일어나는 일과 자주 일어나는 일만 구분할 수 있죠. 예를 들어 여러분이 특정 주제에 대해 자주 고민한다면 여러분의 뇌는 "이 고민은 자동 조정 장치로 진행되게 하면 더 효과적이겠군."이라고 생각합니다. 그럼 그 고민은 중심 본부가 좀 더 의미 있는 일을 하지 않는 한 언제나 화면보호기처럼 혼자 작동됩니다. 그래서 꼬리에 꼬리를 무는 생각에서 벗어날 수 없고, 결국 불면에 시달리다 아침이면 기진맥진하게 되는 것입니다.

　여러분도 그 악명도 높은, '아침부터 되는 일이 없는' 경험을 해 보았을 것입니다. 그런 날이면 "오늘 일진이 좀 안 좋았네."라고 말할 수도 있겠죠. 하지만 사실은 그렇게 간단하지 않고, 그날 일진이 어쩌다 그냥 그렇게 안 좋은 것도 사실은 아닙니다. 왜냐하면 우리 뇌의 필터 시스템이 매일 새롭게 조종되기 때문이고, 아침에 언짢은 기분으로 일어났다 싶으면 그런 인식이 자동적으로 부정적인 짜증을 부르기 때문입니다. 그럼 머리 스타일이 영 마음에 들지 않고, 매일 마시는 커피도 어쩐지 맛이 없습니다. 비까지 내리면 더더욱 참을 수 없습니다. 햇살이 좋은 맑은 날이라도 다르지 않습니다. 그런 날 일하러 가야 하는 게 싫기 때문입니다. 직접 그린 그림을 보여 주러 기쁘게 달려온 아이는 얼굴에 묻은 물감 때문에 괜한 꾸중을 듣습니다. 오랜만에 장을 봐 온 파트너도 좋은 소리 하나 못 듣습니다. 왜냐하면 그런 날 여러분의 눈에는 깜빡 잊고 우유를 사 오지 못했다는 사실만 보이고, 그 즉시 그것만 책망하게 될 테니까요.

요청 귀 Das Appell-Ohr

♡

자존감이 낮은 사람은 주변 환경으로부터 오는 부정적인 정보들에 특히 민감합니다. 모든 것을 마음에 담아두고 자책하는 경향이 강하지요. 뇌의 필터 시스템이 실수를 경고하는 것에 지정되어 있어서 다른 사람의 말이 자주 공격 혹은 요구로 해석됩니다. 공격당했다고 느끼고 필요 이상으로 예민하게 반응할 때 나쁠 것 하나 없는 문장도 불화의 씨앗이 됩니다. "집에 물이 없네." 같은 사실에 대한 말조차 공격으로 들리면 "물은 나만 마셨어?" 같은 조악한 반격이 튀어나옵니다. 그렇게 아무것도 아닌 일로 순식간에 싸움이 일어나죠.

의사 소통 분야에서 이런 귀를 "요청 귀"라고 합니다[21](슐츠 폰 툰이 1984년에 제시한 대화모델에 따르면 우리는 메시지를 대체로 네 가지 귀, 즉 사실 귀(Sach-Ohr), 요청 귀(Appell-Ohr), 자기표현 귀(Selbstoffenbarungs-Ohr), 관계 귀(Beziehungsohr)로 듣는데 요청 귀로 듣는다는 것은 상대가 어떻게 말하든 그것을 하나의 요청으로 해석하는 것을 말한다-옮긴이). 로리오트(Loriot, 독일의 유명한 코미디언-옮긴이)는 요청 귀로 듣는 현상을 해학적으로 과장하는 데 특히 천재적인 면모를 발휘했습니다. 예를 들어 그가 만든 한 애니메이션에서는 "달걀이 완숙이야."라며 아내에게 말을 꺼냈던 남편이 아내와의 툭탁툭탁 끝에 결국에는 "내일 그녀를 죽여 버릴 거야."라고 말하기도 합니다.

사고방식, 기대, 그리고 믿음 문장

♡

또 곧 비판을 받게 될 거라는 예상은 당연히 함께 살아가는 관계에서 아름답지도 유익하지도 않습니다. 긍정적/부정적 예상과 성급한 판단은 많은 부분에서 우리의 인식에 영향을 줍니다. 예를 들어 여러분이 스포츠카 운전자는 기본적으로 운전을 거칠게 한다고 믿고 있다면 여러분은 스포츠카 운전자 중에서도 거친 운전자만 인식하게 될 것입니다. 자동으로 그렇게 되기 때문에 모범적으로 운전하는 훨씬 더 많은 다른 스포츠카 운전자들은 모두 화면에서 페이드아웃 되어 버리죠. 여러분의 뇌가 여러분이 확신하는 것에 대한 증거를 찾기 위해 늘 애쓰고 있기 때문입니다.

여러분의 아이가 파란색 모자를 쓰고 있다고 확신한 채 큰 놀이터에서 여러분이 아이를 찾는다면 아이가 모자를 잃어버렸다는 것을 알아차리는 데 꽤 오래 걸릴 것입니다. 어머니가 "남자는 믿을 게 못 된다."라는 믿음 문장을 주입하며 딸을 키운다면 그 딸은 커서 엄청난 불신감으로 파트너를 주시하고, 평가하고, 별거 아닌 거짓말 혹은 선의의 거짓말조차 그 즉시 폭로해야 직성이 풀리는 여자가 될지도 모릅니다.

어려운 관계로 힘들어하는 커플들은 무의식적 인식 필터가 '문제 찾기'에 맞춰져 있는 경우가 많습니다. 상대가 자신을 소중히 여기지 않는다고 느낄 때 0.1퍼센트 밖에 안 되는 우리의 인식 능력을 상대가 보내는 작은 애정 표시를 알아차리는 데 사용할 수 없습니다. 왜냐하면 99.9퍼센트의 무의식적 인식이 이미 자동적으로 상대의 모든 소소한 잘못된 행동들을 찾아내기 때문입니다. 그럼 퇴근하며 집에 돌아올 때 상대가 보내는 사랑 가득한 눈빛은 전혀 알아차리지 못하지만, 출근하면서 어쩐지 밝은 표정이 아닌 것은 오래 남습니다. 상대가 청소해놓은 욕실은 무시되지만 어쩌다 막 벗어놓은 신발에 대해서는 꼭 잔소리를 해야 합니다. 상황이 불편할수록, 그리고 그런 불편한 상황이 오래될수록 내면의 필터 시스템은 '나쁜 소식 알아차리기 전문 시스템'이 될 것입니다.

감정이 몰아칠 때면 우리는 자신이 화를 내는 게 정당하다고 생각합니다. 하지만 여러분은 양의 탈을 쓴 늑대입니다. "당신이 생각하는 것을 모두 그대로 믿어서는 안 된다."라고 희극 배우 하인츠 에르하르트Heinz Erhardt도 말했습니다. 여러분이 생각하는 것을 다 믿지 말고, 단지 보고 들었다고 해도 다 믿지 마십시오. 왜냐하면 그것은 우리 뇌의 매우 작고 주관적인 선택이며, 그 뇌는 '여러분에게 불리한' 방식으로 자동화되어 있을 가능성이 크기 때문입니다.

사전 제작된 의견

♡

관계에서 사전 제작된 의견은 금방 자기충족적 예언(스스로 충족되는 예언)이 됩니다. 무언가를 확신할 때 그렇게 미리 만들어진 필터 시스템에 의하여 그 확신에 들어맞는 것들만 듣고 보며 다른 것들은 모두 시야에서 사라져 버립니다. 얼마나 많은 커플이 서로 같은 생각과 같은 감정을 원하고 필요로 하면서도 그것을 전혀 모르고 서로 따로따로 살아가고 있는지 알면 여러분도 놀랄 것입니다.

저는 몇 년 전 우리 상담소를 찾아온 어느 나이 지긋한 커플에게서 한쪽으로 치우친 인식과 잘못된 해석의 극단적인 사례를 경험했습니다.

늘 심하게 싸우는 커플이었습니다. 상담 첫 시간에 제가 서로가 생각하는 서로의 좋은 점을 묻자 내성적이고 상담 준비가 전혀 안 되어 있던 남편이 아무것도 생각나지 않는다고 했습니다. 당연히 아내는 실망했죠. 세 번의 상담 후 저는 그에게 똑같은 질문을 다시 했고, 그는 이번엔 쪽지를 꺼내 읽어도 괜찮겠느냐고 물었습니다.

"당연하죠!"

그가 A4용지를 하나 꺼내 펼쳤을 때 그의 아내와 저는 적잖이 놀랐습니다. 종이는 컴퓨터로 친 글자들로 빼곡했고 그는 한동안 멋진 사랑 고백을 이어갔습니다. 감격해서 듣던 아내의 뺨에는 눈물이 멈추지 않았습니다. 한편 저는 남편이 아내의 그런 행복감을 제대로 볼 수 없을지도 모른다는 의구심이 들었습니다. 그래서 아내가 지금 어떤 기분일 것 같냐고 물었는데 아니나 다를까 그는 너무 불안했고 비관적이었던 나머지 그녀가 온몸으로 뿜어내고 있던 기쁨과 사랑을 전혀 인식하지 못하고 있었습니다.

"아내가 울고 있네요. 내가 너무 깊은 상처를 준 것 같아요. 이제 나와 헤어지려는 게 분명해 보입니다."

"맞나요?" 제가 아내에게 물었습니다.

"아니요! 내가 지금까지 들어 본 가장 아름다운 사랑 고백이었어요! 고마워요, 여보!" 그녀가 말했고, 그에게 키스했습니다. 그 즉시 저는 그들이 둘만의 시간을 가질 수 있게 방에서 나와 주었습니다. 한참 뒤에야 그들은 다시 저를 찾았습니다. 그리고 서로의 손을 꼭 잡고 우리 클리닉을 나갔습니다.

나는 당신이 아니다
♡

여러분과 파트너와의 관계에 있어 서로에 대해 아주 작은 부분만 인식할 수 있음을 꼭 기억하세요. 상대가 생각하는 것 혹은 느끼는 것을 확실히 알기 위해서는 물어보는 수밖에 없습니다. 그리고 마음을 열고 아무런 편견 없이 다가갈 때만이 정말로 서로를 이해하는 게 가능해집니다.

서로 사랑하는 사람들은 무의식적으로 같은 것을 인식하기도 합니다. 그래서 자주 같은 것에 집중하고, 서로 보지도, 듣지도 않아도 척척 이해하기도 합니다. 이런 경우라면 대화가 훨씬 쉬워지고 오해할 일도 그다지 없습니다. 파트너와의 소통을 더 좋게 하고 싶다면 여러분과 파트너의 인식 필터를 같게 만들 필요가 있습니다. 이것은 감정적·육체적 친밀함, 키스, 눈 맞춤, 강도 높은 대화를 통해 얻을 수 있습니다.

잘 듣기 기술은 배울 수 있다

깊고 적극적인 대화 없이는 그 어떤 커플도 사랑하는 관계를 만족스럽게 유지할 수 없습니다. 생각의 교환이 없다면 사랑은 구차해지고 물을 주지 않은 꽃처럼 말라 갑니다.

"우리는 서로 대화를 할 수 없어요." 커플 치료를 받으러 온 사람들이 많이 하는 말입니다. 하지만 이 말에는 절반의 진실만 들어 있습니다. 열띤 논쟁과 치열한 싸움도 대화라고 한다면 말입니다. 그리고 싸우고 논쟁한다는 것은 서로에게 무관심하지 않다는 뜻입니다. 여기서 문제는 대화는 하는데 대화가 잘되지 않는다는 데 있습니다. 사실 우리 클리닉 내담자들이 소통에 문제가 있다고 말하면 늘 '대화'가 아니라 '듣는 데' 문제가 있음을 알 수 있습니다. 그리고 커플이 서로의 말을 잘 들을 수 있느냐 없느냐는 관계에 있어서 매우 중요합니다.

소통에서 가장 중요한 것은 서로 설득되느냐 못 되느냐가 아니라 이해되고 받아들여지고 있음을 느낄 수 있느냐 없느냐입니다.

213

그러므로 "우리는 서로 대화를 할 수 없어요."라는 말은 대개 "내 파트너가 하는 말을 나는 듣고 싶지 않고, 그도 내가 하는 말을 듣고 싶어 하지 않아요."와 같은 말입니다.

당신의 바람을 듣게 만드는 법
♡

자주 싸우는 사람들은 둘 다 자신의 의견과 요구를 상대가 진심으로 들어주지 않는다고 늘 생각합니다. 사람은 누구나 자신의 입장을 분명히 밝히고 싶어 합니다. 하지만 꼭 그래야만 이해받을 수 있는 것은 아닙니다. 상대의 말에 관심을 갖고 진심으로 잘 들어주는 것도 최소한 그만큼 중요합니다. 두 사람이 각자 자신이 원하는 것만 계속 말하며 제발 이해해달라고 한다면 어느 쪽이 들을 수 있고 이해할 수 있겠습니까? 여러분이 먼저 상대의 말을 수용하고, 소화하고, 이해하려고 노력해 보기 바랍니다. 그다음 여러분의 말로 여러분이 이해했다고 생각하는 것을 정리해 다시 한 번 말하고, 필요할 경우 그것에 상대가 더 보충하거나 정정하도록 합니다. 그다음 곧바로 여러분만의 생각을 들려주세요. 이것이 상대로 하여금 정말로 여러분의 말을 듣고 여러분을 이해하게 만드는 데 가장 효과적인 전략입니다.

잘 듣는다는 것은 단지 말을 끊지 않고 끝까지 말하게 두는 것만을 의미하지는 않습니다. 상대가 말을 할 때 심지어 고개까지 끄덕이지만, 속으로는 조바심을 내고 초조한 듯 다리를 가만히 두지 못하는 사람이 많습니다. 이럴 때는 귀를 반만 열고 듣는 것입니다.

상대가 변론을 채 다 끝내기도 전에 완벽한 반론을 준비합니다. 아주 작은 구멍이라도 발견되면 바로 그 틈을 타고 들어가는데 주로 방금 들었던(혹은 듣지 않았던) 말에 이의를 제기하기보다는 자신의 견해를 옹호하느라 바쁩니다.

반면 제대로 듣는 사람은 말없이 다음과 같은 신호를 보냅니다.

"나는 당신이 하는 말을 잘 듣고 있어. 왜냐하면 당신이 하고 싶은 말이 무엇인지는 나에게도 중요하니까."

사랑하는 관계에 이보다 더 좋은 신호는 없습니다. 그만큼 치유 효과도 탁월하죠! 상대가 내 말에 흥미를 갖고 잘 들어준다는 인상을 받으면 우리는 편안해집니다. 하던 이야기를 계속하고 싶고 상대의 그런 세심함을 마음속 깊이 담아두게 됩니다. 심리 분석가를 사랑하게 되는 환자들이 많은 것은 결코 우연이 아닙니다. 드디어 누군가 잘 들어주고 이해해 주는 사람을 만난 것이지요. 그리고 회사 내 불륜 관계도 점심시간에 이루어지는 가볍지만, 관심을 동반한 대화로 시작되는 경우가 많습니다.

영어에는 "I hear you."라는 흥미로운 표현이 있습니다. 상대의 말을 이해하고 공감함을 드러내고 싶을 때 쓰는 말입니다("응, 그래 보여." 혹은 "무슨 말인지 알 것 같아." 정도로 의역할 수 있다-옮긴이). 그냥 귀로만 들은 것이 아니라 감정적으로도 상대와 똑같이 느꼈음을 확언해 주는 말이지요. 이 표현이 흥미로운 것은 '듣고 있음'을 강조하기 때문입니다.

그럴싸한 충고, 혹은 여러분 눈에만 보이는 것들은 일단 발설

하지 않는 편이 낫습니다. 최소한 처음 5분 동안이라도 말이죠. 그럼 상대는 여러분의 커다란 사랑을 느끼고 여러분의 의견을 더욱 궁금해 할 것입니다. 상대는 그런 여러분의 태도를 여러분이 생각하는 것보다 더 큰 사랑으로 받아들일 것입니다.

감정 논쟁에 대하여
♡

상대가 직간접적으로 자신과 자신의 감정에 대해 말할 때 특히 잘 듣기 바랍니다. 그가 하는 말을, 여러분의 생각과 다르더라도 혹은 그의 변덕스러운 감정 변화를 이해하기 힘들더라도 진지하게 받아들이세요.

제 경험에 따르면 토론하지 않는 편이 나은 주제가 두 가지 있는데 바로 '취향'과 '감정'이 그것입니다. 어떤 음식이 여러분의 구미에 맞지 않고 맛도 정말 없다면 다른 사람이 무슨 말을 해도 여러분에게는 그냥 그런 것입니다. 제 남편은 고수라면 질색하지만 저는 맛있기만 합니다. 그가 왜 고수를 그렇게 싫어하는지 이해할 수 없지만, 그는 고수를 먹으면 기분이 나빠진다고 하고 전 나쁜 기분이 드는 것이 어떤 느낌인지에 대해 잘 이해할 수 있습니다.

누군가 제게 무엇 때문에 상처를 심하게 받았다고 하면 그 원인에 대해서는 공감하지 못할 수도 있지만 상처받을 때 마음이 얼마나 아픈지는 잘 알 수 있습니다. 상대가 우선해 원하는 것은 이해와 공감입니다. 그러므로 그 일에 똑같이 동의하고, 똑같이 느낄 필요가 전혀 없습니다. 사랑하는 관계에서는 자신이 받아들여지고 이해되고 있다고 느끼는 것이 제일 중요합니다. "너무 그러지 마. 그렇게 나쁜 일도 아니잖아." 같은 말은 역효과만 불러일으킵니다.

호의보다는 공감
♡

문제를 가진 누군가가 다른 믿을만한 누군가에게 그 문제를 토로한다고 합시다. 이때 문제를 가진 그 사람은 즉시 실행 가능한 도움을 바라는 게 아니라고 하면 어쩌면 여러분은 놀랄지도 모르겠습니다. 이것을 이해하지 못하는 사람도 많겠지만, 여러분의 파트너는 자신의 말을 여러분이 잘 들어 주기만을 바랄 뿐, 그 이상을 원하진 않습니다. 최소한 처음에는 호의보다는 공감을 훨씬 더 많이 필요로 합니다.

파트너가 지금 긴급하게 필요로 하는 것이 정말 무엇인지 알아채는 것이 중요합니다. 여러분이 분명한 해결책을 조언하는 것? 아니면 친절한 주의집중? 일단은 상대가 분명히 요청하지 않는 이상 충고는 하지 않아야 합니다. 역설적으로 들리지만 그렇게 하지 않으면 상대는 마음이 상하거나 외롭다고 느낍니다. 상대의 문제에 실용적으로 접근하고 싶어도 상대에게 마음의 여유가 있을 때까지 기다려야 합니다.

물론 좋은 의도이긴 하지만 묻지도 않았는데 해결책을 제시하려는 사람이 많습니다. 누군가 "나한테 이런 문제가 있어."라고 하면 "그럼 …을 해 봐!", "그냥 …을 해 봐!", "내가 너의 처지라면 …

을 하겠어!"라고 말합니다.

대화하다 보면 우리는 무심코 충고를 던지곤 합니다. 우리는 능력주의 사회에서 살아남기 위해 늘 문제를 잘 찾아내고 잘 해결해야 한다고 배웠습니다. 하지만 인생에 있어 그렇게 해야 좋은 분야도 많지만, 파트너에게 그러는 경우 여러분이 그 또는 그녀의 말을 잘 들어주지 않는다는 느낌을 줄 수 있습니다. 충고한다는 것은 어쨌든 여러분의 주의를 상대가 아닌 여러분 자신에게 두는 것처럼 보입니다. 충고 행위에는 문제를 해결하는 행위를 자신이 먼저 시작하고 싶다는 욕구가 숨어 있습니다(그리고 그 문제가 간단하다고 말하고 싶은 욕구도 숨어 있죠).

충고도 일종의 충격이다
♡

여러분의 파트너는 여러분을 통해서가 아니라 자신만의 속도와 방식으로 해결책을 찾으며 스스로 그 문제에서 벗어나고 싶을지도 모릅니다. 그런데 여러분이 간단한 해결책을 제시하며 그 문제의 문제성을 의문시해 버리는 것입니다. "전혀 문제 될 것 없어! 아주 간단하게 해결할 수 있는데 뭐…."라고 한다면 의도는 좋았겠지만 도움은 되지 않습니다. 여러분은 부모가 자식을 대하듯 권위적으로 세상에 대해 설명한 꼴입니다. 이때 여러분과 상대는 더 이상 동등하지 않습니다. 오히려 상대에게 열등감을 느끼게 하고, 열등감은 그 어떤 관계에도 좋지 않습니다. 여러분은 상대가 자신의 삶 속에서 당연히 가져야 하는 감독권을 마음대로 가져가 버리고, 동시에 상대의 문제를 별것 아닌 일로 치부하고 있음을 암시하기까지 했습니다. 아니면 은근히 혹은 대놓고 "아이처럼 굴지 좀 마!"라고 말했을 수도 있습니다.

그것보다는 현재 파트너의 상태가 어떤지에 더 집중하는 편이 낫습니다. 진지하게 경청하고 인내심을 갖고 질문한다면 상대가 더 빨리 해결책을 찾을 것입니다. 이상적이지만 자신에게는 맞지 않는 해결책이 아니라 자신에게 더 의미 있는 해결책을 말이지요.

충고하는 사람 입장에서는 상대가 충고를 거절하면 답답할 수도 있습니다. 하지만 그것은 여러분의 아이디어가 나빠서가 아니라 단지 타이밍이 좋지 않기 때문입니다.

사람은 누구나 공감과 이해를 받고 난 다음에야 해결책이 눈에 들어옵니다.

극심한 스트레스를 받고 있다면 아이든 어른이든 필요한 것은 대개 다 비슷합니다. 애정과 위로와 지지가 필요한 것입니다. 고통스럽거나 당황스럽거나 불안한 느낌을 일단 우리에게 가장 중요한 사람으로부터 '인정받고' 나서야 해결책이 눈에 들어옵니다. 네 살배기 아이가 울고 있다면 어떻게 해야 할까요? 먼저 안아 주고, 눈물을 닦아 주며, 안심되는 말부터 해 줘야 할 것입니다. 무엇을 잘못했는지, 뭘 더 잘했어야 했는지 훈계를 늘어놓지는 않을 것입니다. 일단 먼저 위로하고 아이의 말을 들어주어야 합니다. 여러분의 파트너에게도 그렇게 하면 어떨까요?

제임스 본드가 필요해

♡

도와주고 싶은 마음은 거의 무의식적일 정도로 강할 수 있습니다. 그럴 때는 스트레스 상태에 있는 쪽이 먼저 자신이 바라는 것을 설명해 줄 수 있으면 좋습니다. 예를 들어 "당신이 그냥 잘 들어주기만 하면 좋겠어." 혹은 "이 일이 당신에게는 아무 일도 아닌 것처럼 보여도 나한테는 얼마나 힘든 일인지 이해하려고 노력해줘."라고 하는 것입니다. 충고를 원한다면 다음과 같은 말이 좋을 것입니다. "내가 당신에게 어떤 일을 하나 설명할 거야. 그다음 당신의 의견을 듣고 싶어. 그리고 좋은 묘안까지 말해 주면 정말 고마울 것 같아."

극심한 스트레스로 어쩔 줄 모르는 상태라면 그렇게 이야기하는 것 자체가 매우 힘들 수도 있습니다. 그럴 때를 대비해 미리 일종의 암호를 정해놓으면 말을 장황하게 할 필요가 없습니다.

저는 어떤 번아웃 커플에게도 암호를 정해 보라는 숙제를 내준 적이 있는데 그다음 상담 시간에 둘은 웃으며 상담실로 들어왔습니다.

"내가 말해드려도 될까?"

여자가 남자에게 양해를 구했고, 남자가 상기된 얼굴로 고개를 끄덕이자 여자는 웃으며 이야기했습니다.

"이 사람의 귀만 필요할 때가 있거든요. 그럴 때면 나는 "토끼 씨, 당신이 필요해요."라고 말한답니다. 그리고 문제를 빨리 이해한 다음 해결책을 제시해 주면 좋을 것 같을 때는 "제임스 본드가 필요해요!"라고 한답니다."

제임스 본드 역할을 해야 할지 아니면 귀로만 존재해야 할지 잘 모르겠다면 물어봐야 하고, 물어봐도 괜찮습니다.

"내가 어떻게 해 주면 좋겠어? 당신이 필요한 걸 말해 줘. 그냥 들어줄까?"

해결책을 갖고 있어도 안전하게 하루 정도는 기다린 다음 말해 줍니다. 하지만 그때도 먼저 물어 보세요.

"어제 당신이 해 준 그 이야기 말이야. 내가 생각을 좀 해 봤거든. 내 생각을 말해 줄까 하는데 괜찮겠어?"

과묵한 파트너
♡

"이 사람은 나와 이야기를 안 해요." 우리 클리닉에 오는 사람들이 많이 하는 말입니다. 아무 저의가 없는 "오늘 어땠어?" 같은 질문에도 그저 단답형의 대답만 돌아올 뿐입니다. "당신은 아무 말이 없잖아! 제발 무슨 말이라도 좀 해 봐!" 하지만 억지로 말을 시킨다고 말을 해 줄 상대가 아닙니다. 그런 압박은 또 다른 압박을 부를 뿐이지요. 그러니 괜한 수고는 하지 않길 바랍니다.

네/아니오로 대답할 수 있는 닫힌 질문을 던지면 실제로 많은 사람이 네/아니오로만 대답합니다. 하지만 구체적이고 개인적이라서 네/아니오로 대답할 수 없는, 열린 질문을 던지면 상대는 자연스럽게 대화 속으로 끌려들어 옵니다. 예를 들어 "당신, 회사 일로 많이 긴장하고 있는 것 같아. 지금 당신을 골치 아프게 하는 게 뭐야?"

혹은 "지금 당신 자신이 자랑스러운 거지? 정확하게 어떤 점이 그래?" 같은 질문도 좋습니다. 대신 주의할 점! 열린 질문은 정말로 경청할 준비가 됐을 때만 합니다. 그리고 설명을 하는 상대의 표정과 말투 등등을 꼼꼼하게 봐 주세요. 거기에 사랑스러운 웃음까지 머금고 있으면 더할 나위 없습니다.

우리는 우리의 행동으로 한 사람을 의기소침하게 만들 수 있고, 의기양양하게 만들 수도 있습니다. 늘 긍정적인 말만 할 수는 없지만 파트너의 눈에서 반짝이는 무언가를 봤다면 구체적으로 꼬치꼬치 물어보세요.

다른 사람의 기분을 좋게 하십시오. 가능한 한 자주 상대가 정신적으로 성장하게 하고 자랑스러워하는 게 있는 것 같으면 그 빛을 마음껏, 최대한 뿜어내게 하십시오. 그렇게 상대의 기분이 좋아지면 여러분의 기분도 좋아질 것입니다.

충고는 유혹적이지만 꼭 삼가세요. 충고는 상대를 작게 만들기 때문입니다. 파트너와 나중에도 기꺼이 추억하고 싶을 좋은 대화를 하고 싶다면 호기심과 관심을 갖고 백지 상태로 상대에게 접근해 보세요. 그럼 상대는 빛을 내뿜거나 최소한 자신이 아주 잘 이해받고 있다고 느낄 것입니다. "누구나 마음속에 왕을 한 명 품고 있다. 그 왕에게 말해 보라. 그럼 그가 나올 것이다." 이 말을 잘 기억하면 다음부터 대화를 시작하기가 한결 쉬워질 것이고, 그럼 점점 더 기꺼이 대화하게 될 것입니다.

비판 대신 찬사

막 사랑에 빠졌을 때는 서로에게 관심과 애정을 그때그때 저절로 표현하게 됩니다. 하지만 함께한 시간이 오래되면 늘 옆에 있는 사람에게 여전히 사랑하고, 경탄하고 있다고 자주 말하게 되진 않지요. 그런데 서로에 대한 사랑과 인정은 행복한 관계에 꼭 필요한 것들입니다. 그리고 서로에 대한 존중과 칭찬보다 비판이 더 많은 관계는 장기적으로 볼 때 결코 유쾌하고 즐거울 수 없습니다.

긍정적인 말은 꼭 파트너에 관한 것이 아니라도 효과가 좋습니다. 제3자에 대해 호의적으로 말하는 것도 파트너와의 관계를 강화합니다.

여러 연구에 따르면 행복한 관계에 있는 커플들은 5 대 1 비율로 서로에 대해 긍정적인 말을 부정적인 말보다 더 많이 한다고 합니다. 여러분의 경우는 어떤가요?

머리를 한 방 맞은 느낌

♡

저는 사람들이 자신의 비판이 어떤 부작용을 부르는지 전혀 모르는 모습을 보고 매번 놀라곤 합니다. "우리는 둘 다 성인이잖아요. 그 정도의 비판은 덤덤하게 받아들여야죠."라는 말을 변명처럼 합니다. 우리는 덤덤하게 살려고 사랑하는 것이 아니라 행복하려고 사랑하는 것입니다. 이의제기는 어떠한 상황이라도 불편할 수밖에 없습니다. 심지어 가장 가까운 사람이 그런다면 우리는 더욱더 예민해지고 더 큰 상처를 받습니다. "당신한테 실망했어!" 같은 간단하고도 명료한 무의식적 주장을 듣게 되기 때문입니다. 이런 말을 우리가 가장 사랑하는 사람이 한다면 하버드대 교수이자 심리학자인 질 홀리Jill Hooley의 말처럼 "머리를 한 방 맞은 느낌"이 듭니다. 더 정확히 말해 뇌에서 불안감을 관장하는 편도체를 한 방 얻어맞는 것인데 심지어 큰 손상이 일어날 수도 있습니다. 질 홀리는 잦은 비판이 우울증 경향이 있는 사람의 우울증을 촉구한다고도 했습니다.[22]

나와 강하게 연결되어 있다고 믿는 사람에게서 받는 비판은 특히 더 충격적이므로 비판은 행복한 커플에게도 파괴적일 수 있습니다. 사랑하는 사람이 비난하고 반대할 때 내면에서 사이렌 소리가 들립니다. '내가 정말 잘 안다고 생각했던 사람이 나를 비난해요. 도와주세요! 삐익삐익!' 이것이 감정적으로 강한 스트레스를 유발하고 그럼 우리 몸은 자동적으로 앞에서 말했던 도피 혹은 투쟁 모드에 들어갑니다. 비판은 우리를 깜짝 놀라게 하고 순식간에 불안하게 하므로 그다음부터는 실질적인 내용에 집중하기도, 객관적인 이해도 불가능해집니다. 대신 움츠러들며 방어 태세에 돌입합니다. 그 후에 일어나곤 하는, 아무 소득 없이 각자 하고 싶은 말만 하는 상황은 현실에서 로리오트의 애니메이션만큼 재밌는 경우가 그리 많지 않습니다.

당신이 매일 한 번만 해야 할 일
♡

비판하기 좋아하는 사람들이 하는 비판은 사실 좋은 의도에서 임을 잘 알고 있습니다. 하지만 좋은 의도가 이 경우에는 늘 나쁜 결과를 부른다는 것을 명심하십시오. 끊임없이 견책받는 것 같을 때 행복한 사람은 없습니다.

여러분은 파트너를 곧잘 가르치거나 비판하려 드는 사람인가요? 스트레스가 그 이유일 수도 있습니다. 어쩌면 그런 비판에 악의가 전혀 없고, 심지어 그런 자신을 전혀 의식하지 못할 수도 있습니다. 하지만 그렇다고 용서되는 것은 아닙니다. 어쩌면 여러분은 계속 비판하면 상대가 더 빨리 개선될 거라고 생각할지도 모릅니다. 하지만 사실은 그 반대입니다. 칭찬도 꼭 비판하듯 하는 사람들이 있죠. "몇 주나 미루더니 드디어 차고를 정리했네." 이것은 칭찬도 아니고 듣는 사람에게는 오히려 독입니다. 그러므로 기뻐할 리도 없습니다.

이제 여러분은 '하루 한 번' 규칙을 시도해 볼 준비가 되었나요? 하루에 한 번만, 그것도 건설적인 비판만 해야 한다면 여러분은 좀 더 주의할 것이고, 그 즉시 여러분 인생에서 정말로 중요한 게 무엇인지에 대한 완전히 새로운 관점을 갖게 될 것입니다. 그리고, 단지 노파심에서 하는 말이긴 하지만, '비판과 불평은 적을수록 좋다'는 점을 꼭 기억하길 바랍니다.

참고로 비판가들은 세상의 다른 사람들보다 한 사람에게만, 다시 말해 자기 자신에게만 유독 더 무자비한 경향이 있습니다. 자기비판이 얼마나 무의미한지는 이미 앞에서 충분히 설명해 드렸습니다. 그러므로 '하루 한 번' 규칙을 자신에게 적용해 보는 것도 좋습니다. 물론 이것이 다른 사람을 대상으로 삼가는 것보다 훨씬 더 어렵다는 것을 잘 압니다. 하지만 자신에게 만족하고 자신을 사랑할 줄 아는 사람은 다른 사람의 부족한 점에도 관대하기 마련입니다.

러시아 여자가 독일 남자를 얻는 3단계 기술
♡

파트너 사이의 비판과 칭찬을 주제로 이야기할 때면 저는 항상 '러시아 여자들의 기술'을 떠올립니다. 행복한 결혼 생활 중이던 어느 비즈니스 우먼이 수년 전에 제게 해 준 이야기입니다.

성공한 건축가였던 그녀는 각자 사업체를 꾸리고 있던 여섯 명의 작은 여성 엘리트 그룹에 소속되어 있었고, 이들은 한 달에 한 번씩 만나 서로 정보를 교환하는 등 도움을 주고받곤 했습니다. 그런데 한 번은 그 모임에 한 명이 더 나타났습니다. 그 여성들 중 한 명에게 상트페테르부르크에서 온 손님이 있었는데 그렇게 멀리서 온 친구를 집에 혼자 둘 수는 없고, 그 모임을 놓치기도 싫었던 그 여성이 친구를 데리고 나타났던 것입니다. 그날도 모임은 고무적이었고 육체적 행복에 대해서도 모자람 없는 이야기를 나누었습니다. 밤이 깊어질수록 모두의 혈중 알코올 농도가 높아졌고, 그렇게 새벽녘이 되자 흥미로운 게임이 시작됐습니다.

여자들은 한 명씩 차례대로 흔치 않은 이야기를 하나씩 들려줘야 했습니다. 이야기를 듣는 다른 여자들은 그 이야기가 진짜 있었던 일인지 꾸며낸 일인지 맞춰야 했죠. 알코올 덕분에 말이 술술 나왔고 다들 터무니없는 거짓말을 하면서 재미있는 시간을 보냈습니다. 그런데 진짜 이야기도 부당하게 거짓말로 추측되는 경우가 많았습니다. 그 와중에 상트페테르부르크에서 온 손님도 비밀을 털어놓기 시작했습니다.

그녀가 이야기하길 러시아에는 여자들 사이에서 전해지는 오래된 비밀이 하나 있는데, 세대를 거쳐 엄마에서 딸로 전수되고 있다고 했습니다. 다름 아니라 돈 많은 독일 남자를 잡는 마술 레시피가 그것이었습니다. 성공률이 90퍼센트에 이르는 아주 믿을 만한 레시피라고 했습니다. 그녀의 절친인 "이리나"라는 여성도 그 레시피 덕분에 3년 전 결혼해 행복하게 잘 살고 있다고 했습니다. 매우 부자인 독일 남자와 함께 말입니다. 당연히 여자들 모두 흥미진진하다며 그 '러시아 여자들의 기술'의 무엇이 그리 대단한지 꼭 알고 싶었습니다.

혹시 무슨 약물이나 만들기 까다로운 마법의 물약 같은 것인가? 아니면 성적으로 어떤 진기한 기교라도 부리는 걸까? 상트페테르부르크에서 온 여자는 점점 커져만 가는 대중의 흥미에 뿌듯해하며 생각보다 훨씬 간단한 것이라는 팁을 주었습니다. 다름 아니라 아주 특별한 3단계 계획을 따르기만 하면 되었습니다.

시작 단계는 칭찬을 늘어놓는 것입니다.

"남자에게 그냥 '이것도 잘하고, 저것도 잘한다'라고 칭찬을 늘어놓아. 너는 나의 영웅이고 나를 행복하게 한다고 말하는 거지. 독일 여자들은 그걸 잘 못 한다고 우리 엄마가 말했어."

러시아 여자는 그 말이 맞냐고 묻는 듯 독일 여자들을 둘러보았고, 독일 여자들은 그렇다는 표정을 지었습니다.

"젠장, 맞는 말이야. 난 정말 칭찬을 잘 못 하거든."

한 여성이 말했습니다.

"너만 그렇겠니? 세상에나 칭찬이라니, 쑥스럽잖아. 하지만 내가 칭찬의 효과를 너무 과소평가한 건지도 모르지."

다른 친구도 말했습니다.

"아, 정말! 인정하기 싫지만, 우리 같이 성공한 여자들은 특히 그 부분이 부족하지!"

모두 동의했고, 당연히 모두 두 번째 단계가 무엇인지 빨리 알고 싶어했습니다.

"너희들 이미 감을 잡았겠지. 그래, 바로 섹스야! 얼마나 자주 어떤 식으로 하고 싶어 하든 다 해 주는 거지. 세상 대담한 꿈도 다 실현해 줘!"

그녀가 대답했습니다.

"그래, 두 번째 단계는 당연히 섹스겠지."

한 여성이 한숨 쉬며 말했습니다. 그리고 이야기는 계속되었지요.

"하지만 시간은 정해둬야지! 맛을 한 번 보여줬다면 이제 세 번째 단계로 넘어가. 이제 수도꼭지를 잠그고 한 발 물러선 다음 요구하는 거야."

그 연예 전문가는 의미심장한 눈빛으로 말했습니다.

"값어치를 높이고 싶다면 희소성을 높여야지! 안 그래?"

듣고 있던 여자들 중 한 명이 고소하다는 표정을 지으며 말했습니다.

"이제부터는 얄짤없는 거지. 모든 것이 다 조건부야. 이제 결혼 식장에 들어갈 때까지 크고 작은 선물들이 이어지겠지."

러시아 여성은 이겼다는 듯 주위를 둘러보았고 그때부터 맹렬한 토론이 시작되었다고 합니다. 그리고 그 끝에는 모두가 '그 기술이 아주 천재적이고 남자들은 인정하고 싶지 않겠지만 매우 효과적임'에 동의했습니다.

여러분은 어떻게 생각하나요? 이 이야기는 진실일까요? 아니면 거짓말일까요? 저의 내담자는 대답해 주지 않았습니다. 사실 진부하고 이런저런 편견들이 넘쳐나는 이야기이지만 전 이 이야기에 중요한 사실도 하나 들어 있다고 생각합니다.

　남자든 여자든 늘 당연시되는 것이 아니라 가끔은 자신이 누군가에게 아주 특별한 사람임을 느끼게 되는 것이 우리의 자존감과 사랑하는 관계에 매우 유익하다고 저는 확신합니다. 마크 트웨인도 다음과 같은 멋진 말을 남기지 않았습니까? "좋은 칭찬 하나로 나는 두 달을 산다."

'왜'라는 말을 삼가야 하는 이유

위기의 시기에 상대를 왕처럼 모시기는 절대 쉽지 않습니다. 특히 파트너의 뿌리 깊은 운영 체계가 다시 전면에 나서고, 그가 어떤 의도로 그렇게 행동하는지 감을 잡기 어렵다면 더욱 그렇습니다. 우리가 어떤 사람을 이해할 수 없을 때 "왜?"라는, 무해해 보이는 아주 작은 단어 하나가 자동적·반복적으로 떠오릅니다. 하지만 이것이 무해해 보여도 많은 면에서 유익하진 않습니다.

"당신 왜 그랬어?"

♡

다른 사람은 물론 여러분 자신을 위해서도 "왜?"라고 묻는 것은 좋지 않은 결과를 부를 수 있습니다. 그러므로 사랑하는 사람에게는 특히 조심해서 써야 합니다. 단지 상대의 의도를 더 잘 알고 싶어서 묻는 경우라도 상대에게는 그 즉시 의문으로 위장한 비난으로 들릴 수 있기 때문입니다.

'왜' 질문은 대개 아무 생각 없이 상대의 가치와 동기 심지어 이성까지 의문시하는 것입니다. 미국의 저술가 네글러Nagler와 앤도로프Androff도 관련해 매우 자극적이긴 하지만 핵심을 정확히 짚어 주는 말을 한 바 있습니다. 이들은 '왜' 질문에 제대로 대답하는 방식은 단 한 가지밖에 없다고 생각합니다. 바로 "왜냐하면 나는 끔찍한 인간이고, 인생에 실패했고, 사실은 총살을 당해야 마땅한 인간이기 때문에 그랬어."가 그것입니다.[23]

가장 최근에 여러분의 파트너로부터 "당신 왜 그랬어?" 혹은 "당신 왜 안 그랬어?"라는 질문을 받았을 때 어떤 느낌이 들었나요? 당연히 할 수 있는 질문이라고 생각했고, 기꺼이 대답하고 싶었나요? 아니면 비판받고, 요구받는 느낌 쪽에 더 가까웠나요?

상대를 더 잘 이해하고 싶어서 그런 질문을 하는 거라면 사랑을 좀 더 담아 보는 것도 한 방법입니다. 다음은 '왜' 질문보다 한결 덜 공격적이고, 훨씬 더 도움이 되는 질문들입니다.

- 어떻게 그런 생각을 하게 된 거야?
- 동기가 뭐였는데?
- 무슨 일이야?
- 무엇 때문에 그렇게 한 거야?

이런 질문들은 개인적인 설명과 건설적인 대화를 촉진합니다. 다음에 여러분이 '왜' 질문을 하려는 게 감지되면 잠시 멈추세요. 그리고 여러분이 알고 싶은 것을 상대에게 어떻게 하면 최대한 친절하게 전달할 수 있는지 먼저 생각해 보기 바랍니다.

행복감에 독이 되는 것
♡

'왜' 질문은 여러분 자신의 행복에도 독이 된다고 봐야 합니다. 우리 뇌는 원칙적으로 구글 검색기처럼 기능합니다. 다시 말해 고집스럽게 우리가 던지는 질문에만 대답합니다. 예컨대 "우리는 왜 서로 잘 맞지 않는 거지?"라고 질문한다면 여러분은 그 대답만 듣게 될 것이고, 그중에 관계를 강화하는 대답은 하나도 없을 것입니다. "왜 우리는 이렇게 자꾸 싸우지?"라는 질문도 마찬가지입니다. 무의식으로부터 수많은 대답이 끓어오를 것이고, 하나같이 더 답답하게만 할 것입니다. 반면 여러분 내면의 그 검색 엔진에 "우리는 어째서 이토록 멋진 커플이 되었지?", "같이 더 즐겁게 살기 위해 할 수 있는 일로 또 뭐가 있을까?" 혹은 "우리가 함께 추구할 수 있는 아름다운 목표로 어떤 것이 있을까?" 같은 질문을 던진다면 여러분의 똑똑한 뇌는 적절한 아이디어를 배달해 줄 것입니다. 질문을 잘하면 효과적인 대답을 얻습니다. 성격 트레이너이자 저술가인 토니 로빈스Tony Robbins는 여기서 한 걸음 더 나아가 "질문을 잘해 더 좋은 대답을 얻는 사람이 성공한다."라고도 했습니다.

여러분에게 유익하고, 여러분을 발전시키는 것이 무엇인지 의식적으로 잘 인식하세요. 예컨대 아침마다 현재 여러분의 관심 주제에 대해 긍정적인 질문을 하나 제기해 볼 수 있습니다. 그럼 여러분은 자동적으로 그 대답에 가까이 갈 수 있는 상황을 더 잘 인식하고 알아차릴 수 있습니다. 예컨대 "어떻게 하면 우리는 둘만의 시간을 좀 더 많이 보낼 수 있을까? 어디서 시간이 제일 낭비되고 있는가? 어떻게 하면 그걸 바꿀 수 있을까?"라고 물어볼 수도 있습니다.

여러분 인생이 왜 그렇게 재미없고 행복하지 않은지 종일 고민하는 대신 과거에 여러분을 기쁘게 했던 일들에 집중해 보세요. 여러분과 여러분의 파트너는 어쩌면 과거에 같이 탱고를 배웠고, 그래서 다시 배워 보고 싶을지도 모릅니다. 하지만 여러분의 주거지 근처에 적당한 곳이 없는 것 같습니다. 그럼 열심히 질문을 던져 보세요. "다시 춤추기 위해 무엇을 할 수 있을까? 어떻게 시간을 내고 어디서 정보를 얻지? 춤추러 갈 때 아이들은 누구에게 맡기지? 어디에 도움을 요청하지?"

아이디어는 뒤늦게 떠오른다

♡

아이디어는 이를 닦다가 혹은 다음 날 신문에서 우연히 세계 일주 항해 같은 기사들을 흥미롭게 읽다가 '나도 한때 그런 꿈을 꿨었지.' 하며 떠오를 수 있습니다.

여러분의 회백질 뇌가 대체로 어떤 부정적인 질문들로 바쁜지 알아차리세요. 그리고 그 질문들을 어떤 생각으로 바꿔야 긍정적인 기분을 다시 느낄지 생각해 보기 바랍니다.

그런 의미에서 앞으로 '왜' 질문을 삼가는 것을 강하게 추진해 보라고 말하고 싶습니다. 일상을 좀 더 가볍게 살아가고 싶다면 말이지요.

그럼 이제 싸움과 논쟁이 악화되는 것을 피하기 위해 할 수 있는 또 다른 방법들도 한 번 살펴보겠습니다.

싸움은 혼자 할 수 없다

사랑 가득한 환경을 중요하게 여기는 사람이 갑자기 별것 아닌 일에 강한 불만을 드러내고 계속 논쟁하려 든다면 그것은 일종의 경고입니다. 번아웃 초기 단계에 사랑하는 사람 사이의 분위기가 격앙되는 것은 드문 일이 아닙니다. 자주 싸우는 커플은 사실 상대로부터 친밀감과 안정, 인정을 얻고 싶은 것입니다. 하지만 그것들을 말싸움을 통해 얻겠다는 생각은 당연히 좋은 생각이 아닙니다. 사랑하는 사람들 사이의 싸움은 (대체로 무의식적인) 비난을 포함합니다.

"지금처럼 내가 당신을 가장 필요로 할 때 당신은 왜 없는 거야?"

꼭 필요한 도움을 사랑하는 사람이 주지 않을 때 버려질지도 모른다는 두려움이 고개를 듭니다. 현대에도 호모 사피엔스는 여전히 그런 두려움에 휘둘리고 있지요.

고독과 고립에 대한 이런 근본적인 두려움은 우리 안에 깊이 뿌리박혀 있습니다. 옛날부터 안정된 관계를 만든 인간들은 그렇지 못한 인간들보다 더 오래 생존할 수 있었습니다. 석기 시대에 부족에서 쫓겨난다는 것은 사형 선고나 다름없었지요.

사랑하는 사람과의 싸움도 그만큼 삶과 죽음의 일처럼 느껴집니다. 싸울 때 인간의 뇌는 생존 확보를 위해 썼던 메커니즘으로 다시 눈을 돌립니다. 파트너와의 싸움은 우리 무의식에선 석기 시대에 검치호랑이와 딱 마주쳤던 상황과 다를 바 없기 때문입니다. 다시 말해 생존이 심각하게 위협받고 있는 것처럼 느낍니다.

우리는 본능적으로 도망쳐 그 위험한 상황을 피하거나 공격하는 것으로 방어합니다. 이 고대의 행동 양식은 우리 안에서 잠자고 있다가 번아웃 상태일 때 아주 작은 자극에도 깨어나고 각자의 운영 체계에 따라 반항심, 고집, 침울 같은 유치한 행동 양식으로 드러납니다. 어린 시절의 행동들에서 벗어나지 못하고 이성을 거스릅니다. 우리가 소리 지르고 사납게 날뛰는 것은 고집과 억지를 부리거나 뾰로통해 있는 것 같은 아이의 대응 전략에서 조금도 업데이트되지 못했기 때문입니다. 하지만 스트레스가 일으킨 유치한 반란은 그 대가를 치러야 합니다. 상대를 비난하고 욕하며 싸우다가 방을 나가 버리고 아이처럼 행동하는 사람은 그만큼 품위를 잃게 됩니다.

극단적으로 치닫는 원칙 싸움
♡

많은 커플들은 자신들이 자주 싸우는 것이 구체적으로 어떤 일 때문이 아니라 '원칙' 때문임을 이미 어느 정도 알고 있습니다. 커플들이 논쟁할 때는 사실 스마트폰 사용, 식기 세척기 혹은 놓친 약속 같은 것이 아니라 상대에 대한 존중, 관심, 애정에 대해서 말하는 것이고, 같이 행복하게 잘 살고 싶기 때문입니다.

대화는 늘 똑같이 흘러갑니다. 먼저 한쪽이 불평하고 비난하면 변명이 일어나고 결국 냉담해지죠. 상처 입고 통제력을 잃었다는 생각 혹은 혼자가 될지도 모른다는 불안감이 양쪽 모두에게 조용히 고개를 듭니다. 정작 처음에 왜 싸움이 시작되었는지는 이제 중요하지 않습니다. 그 어떤 보이지 않는 감독에 의해 조종되듯 말들이 점점 빨리 오가고, 목소리가 높아지며, 서로 당신이 잘못했다고 비난만 할 뿐입니다. 머릿속에 위험을 알리는 붉은 신호가 네온사인처럼 번쩍입니다. 이때쯤이면 서로에게 그만하라고, 더는 못 참는다고 경고하며 실질적인 문제로 돌아가려 합니다. 그리고 상대가 보낸 경고를 상대의 관점으로 인식하기보다 집안일이나 다른 해야 할 일에 대해 논합니다. 여러분은 일 혹은 스마트폰이 문제라고 믿을 뿐 더 깊은 이유는 좀처럼 알아차리지 못합니다.

어떤 커플이든 짜증과 분노를 유발하는, 눌러서는 안 되는 단추가 있습니다. 하지만 식기 세척기에 그릇을 잘못 넣은 것, 스마트폰만 보는 것 혹은 서로 다른 자녀 교육 방침 같은 것들은 단지 진짜 원인을 외면하는 데 소용되는 부차적인 문제들일 뿐입니다. 서로에 대한 소홀함, 서로에게 주는 상처 혹은 경멸 같은 진짜 원인은 마음속 깊은 곳에 숨겨놓습니다. 둘 다 싸움의 진짜 원인은 모르고 그 관계에서 도망치고 싶은 마음을 무의식적으로 억누르기만 합니다. 하지만 이런 케케묵은 반사적 자기 보호가 도움이 되는 경우는 거의 없습니다.

안정적인 파트너 관계라면 싸운다고 위기에 처하진 않습니다. 하지만 어쨌든 싸움이 사랑으로 가득할 수는 없죠. 우리는 자신만의 불안감과 싸우고 있을 때, 화를 내거나 상처 입었을 때 다른 사람을 편견 없이 열린 마음으로 대할 수 없습니다. 우리는 많은 사람들이 자신이 그렇다고 주장하는 그런 이성적인 인간이 아닙니다. 사실은 예민한 감정적 인간 쪽에 훨씬 더 가깝습니다. 그러므로 극단으로 치닫는 논쟁은 가능한 한 빨리 중단해 상처를 받지 않게 해야합니다. 스트레스로 감정 이입 능력이 바닥이더라도 다음의 몇 가지 트릭을 이용하면 극단의 상황은 피할 수 있을 것입니다.

내면의 아이 그려 보기

♡

상대의 공감과 애정을 전혀 느낄 수 없을 때 우리 내면은 경고 신호로 시끄러워집니다. 그렇게 마음속이 격앙될 때는, 그러므로 무엇보다 평정을 유지하며 상대를 어느 정도 이해하고 있음을 먼저 알려 주는 것이 중요합니다. 극단적으로 반응하는 성인은 대체로 좋지 못한 유년기를 보냈음을 기억하십시오. 다소 무례하게 들릴 수있지만, 여러분이 분개한 혹은 비난하는 파트너를 잠시 상처받은 아이로 봅시다. 팔에는 곰 인형을 끼고 애착 이불을 끌고 다니는 아이 정도면 좋을 듯합니다. 이것은 상대를 인내심을 갖고 넓은 마음으로 보는 데 도움이 되고 그럼 터질 것 같은 폭탄의 뇌관을 조금은 수월하게 제거할 수 있습니다.

잠깐 멈추기
♡

이제 우리는 갈등 상황에서 인간의 뇌가 어떻게 작동하는지 알고 따라서 왜 그 많은 대화가 결국에는 그토록 냉랭해지고, 실질적인 문제가 아닌 '원칙에 대한' 싸움인지도 알게 되었습니다.

그런 상황이면 문제를 곧장 해결하고 싶은 내면의 충동을 따르지 않는 것이 더 낫습니다. 그보다는 차라리 둘이 다시 성인으로서 대화할 수 있는 정신적 힘을 충분히 비축할 때까지 그 상황을 일단 참아보는 것이 더 현명합니다. "당신도 오늘 하루를 이렇게 또 망치고 싶진 않잖아? 다른 해야 할 더 좋은 일이 있을 거야."라고 말해 보세요.

얼마 전에 끊임없이 싸우는 커플을 상담했는데 이들에게는 13살 난 딸이 하나 있었습니다. 이 딸이 자주 제멋대로 행동해서 골치를 썩였던 이 부모는 다른 사람들 앞에서 훈계하는 것으로 딸의 자존심을 상하게 하고 싶지는 않았으므로 딸이 다른 사람들 앞에서도 제멋대로 굴면 경고의 의미로 "바나나!"라고 말하기로 딸과 미리 약속을 해두었습니다. 부모가 "바나나"라고 하면 딸은 자신이 규칙을 어겼으며 나중에 부모와 조용히 얘기를 나눠야 함을 알게 되었죠. 그리고 그 부모도 서로 끊임없이 싸우며 곧잘 그 철없는 어린 딸처럼 행동하므로 둘은 이미 증명된 '바나나' 해결책을 자신들을 위해서도 곧장 차용했습니다.

동네 한 바퀴
♡

어쩌면 여러분과 여러분의 파트너도 '의견의 일치'를 보자는 데 의견의 일치를 볼 수 있을 것입니다.

"미안하지만 나는 당신이 당신 생각을 내게 강요하는 것처럼 느껴져. 그리고 정직하게 말하면 나도 다르지 않은 것 같아. 그래도 우리 둘 모두에게 좋은 길을 발견할 때까지 포기하지 않겠다는 약속은 할게. 지금은 우리 각자 따로 바람을 좀 쐬고 오는 게 좋을 것 같아. 오늘 밤에 다시 얘기해 보는 게 어때? 각자 조용히 생각해 본 뒤에 말이야."라고 말해 보세요. 아니면 대놓고 부탁할 수도 있습니다. "우리 이제 싸우는 거 제발 그만해요. 그보다는 나한테서 바라는 것을 말해 주세요."라고 해 보는 것도 한 방법입니다. 그래도 소용이 없다면 파트너와 내면적으로 그리고 공간적으로 거리를 두세요. 그 방을 나와 욕실로 가서 세수를 하거나 팔에 차가운 물이 흐르게 하고 심호흡을 합니다. 하지만 그런 시간을 너무 오래 갖지는 말기 바랍니다. 아니면 미리 친절하게 어느 정도 시간이 필요한지 말해두는 것도 좋습니다. 그렇지 않으면 파트너는 마치 자신이 버려진 것 같고 여러분이 뒤이은 대화를 미루려고만 한다는 인상을 받을지도 모릅니다. 우리는 "나 잠깐 나갔다 올게. 15분 후에 다시 이야기하자. 알았지?"라고 약속할 수 있습니다.

제가 상담했던 어떤 커플도 스스로 간단한 해결책을 찾아냈습니다. 즉 "동네 한 바퀴 돌고 올게!"라고 말하는 것입니다. 그때부터 이 말은 이들에게 "잠깐 쉬어야겠어. 생각하고 정신을 차릴 시간이 필요해. 우리 사이에 대한 불안감이 밀려와. 이럴 때는 차라리 좀 멈추는 게 나중에 후회할 말을 하는 것보다 낫잖아."와 같은 말로 통했습니다. 집을 나가서 진짜로 동네를 한 바퀴 도는지 아닌지는 중요하지 않습니다. 잠시 혼자만의 시간을 갖는 것이 중요합니다.

감정이 복받쳐오고 소리 지르고 싶을 때는 더욱더 잠시 멈추는 것이 좋습니다. 논쟁이 한 자리를 맴돌고 격앙될 기미가 보이면 친절하게 그리고 미리 설명해 주며 물러서는 것이 낫습니다. 아무 말도 하지 않고 파트너를 혼자 내버려 둔 채 방을 나가 버리는 것은 좋지 않습니다. 이것은 따귀를 때리는 것과 마찬가지이죠. "당신하고는 대화가 불가능해!" 같은 말도 마찬가지입니다. 그 대신 이렇게 말해 보는 것은 어떨까요? "지금 당장은 아무런 해결책을 찾을 수 없을 것 같아. 이런 식으로 계속 얘기하다 보면 서로에게 상처만 줄 뿐이야. 좀 쉬고 내일 다시 이야기하자."

제 남편은 그렇게 싸우게 되는 상황이면 "여보, 우리 둘이라면 이보다는 더 잘 해결할 수 있어야 하잖아."라고 말하곤 하는데, 그럴 때면 저는 그를 더 사랑하게 됩니다.

과감하게 브레이크 밟기

♡

파괴적인 상태로까지 갈등이 고조되는 것은 막아야 합니다. 싸움이 많이 진행될수록 중단하기도 그만큼 어렵습니다.

아무리 노력해도 서로의 합의로 싸움을 중단할 수 없다면 거기서 더 나아갈 때 어떤 일이 일어날지 미리 경고하는 것도 한 방법입니다. "마지막으로 부탁하는데 여기서 일단 싸우는 건 그만하자. 그래도 당신이 자꾸 싸우려 들면 나는 이 방을 나가겠어."라고 하는 것입니다. 파트너가 분노를 진정시킬 기미를 보이지 않을 때는 브레이크를 밟는 수밖에 없습니다. 독일 전국 자동차 클럽ADAC도 위험할 때는 과감하게 그리고 힘껏 브레이크를 밟아야 한다고 경고합니다.

"이런 방식으로는 문제를 해결할 수 없어. 우리 둘 다 진정하고 다시 이성적으로 어른답게 대화할 수 있을 때 다시 얘기해. 지금은 쓸데없이 서로에게 상처만 줄 뿐이야." 이렇게 말하고 정말로 그 방을 나갑니다. 이후 시간이 흘러 상대의 화가 조금 가라앉았다 싶으면 설명할 기회를 줍니다.

싸울 때 분별 있게 행동하고 침착을 유지하는 것이 그토록 어려운 이유는 사실 의도가 나빠서 혹은 노력을 하지 않아서가 아닙니다. 그보다는 스트레스가 극심할 때 우리를 불기능에 빠지게 하는 생리학적 장애들과 오래된 본능들 때문이라고 봐야 합니다. 싸울 때 모든 것을 점점 더 나쁘게만 몰아가는 감정은 우리 내면의 순전한 불안감입니다. 불안감은 무력감과 함께 강력한 기본 감정에 속합니다. 대화 중 상대의 불안감이 강하게 감지된다면 바로 귀를 기울이고 무엇에 대한 불안감인지 밝혀낸 뒤 늦지 않게 해결하는 것이 좋습니다.

나는 … 을 원한다 vs 나는 … 을 원하지 않는다
♡

파트너가 두려워하는 것이 무엇인지 알아냈다면 오해를 분명히 짚어 주는 것으로 그 불안감을 해소해 줄 수 있습니다. 여러분이 원하는 것과 원하지 않는 것을 같이 밝혀 주는 게 효과가 가장 좋습니다.

먼저 "나는 …을 원하지 않는다."라고 말한 다음 "나는 …을 원한다."라고 말해 봅시다.

- "비난처럼 들렸다면 미안해. 당신을 공격하고 싶지 않아. 택시가 너무 늦게 온 게 당신 잘못은 아니잖아. 나는 단지 우리가 늦지 않게 도착하기를 바랄 뿐이야."
- "미안해. 당신을 무시하려던 게 아니야. 당신의 요리 실력에 의문을 제기하려던 것도 아니고 말이야. 나는 단지 당신이 파티 날에 부엌에만 서 있고 그 전날도 종일 준비하느라 바쁜 것이 싫었을 뿐이야. 나는 당신도 이 파티를 다른 사람들처럼 즐겼으면 좋겠어."
- 논쟁이 이미 거칠어졌을 때: "우리 제발 좀 침착하게 말해

보자. 나는 무슨 일이 일어났는지 당신과 이야기하고 싶을
뿐이야. 당신이 잘못했다는 게 아니야. 그러니 당신도 그
렇게 방어할 필요는 없어. 나는 우리 둘 모두에게 좋은 방
식과 나쁜 방식을 이야기할 수 있으면 좋을 것 같아. 내 목
표는 우리 둘 다 만족하는 해결책을 함께 찾아내는 거야."

참고로 이 문장들을 위급 상황에 즉시 쓸 수 있게 외워두는 것도 좋
습니다. 이것은 결코 비웃음을 살 일이 아닙니다. 이미 언급했듯이
우리의 뇌는 스트레스를 받게 되면 생산적인 생각 혹은 표현들을
대체로 아주 미약하게만 할 수 있기 때문입니다. 그러므로 분위기
를 완화하는 데 좋을, 금방 쓸 수 있는 표현들을 외워두는 게 해로울
리 없습니다.

기본적으로 중요한 것, 즉 먼저 여러분의 원래 의도를 밝혀 오
해를 풀고 상대가 더 이상 의심하지 않게 하는 것이 중요합니다. 그
럼 해결책도 효과적으로 전달할 수 있습니다.

"지난번 파티 때 당신이 너무 일을 많이 한 것 같아서 이번에는
일을 좀 덜어 주고 싶었어. 당신을 무시하고 내 마음대로 결정하려
던 건 정말 아니었어. 우리, 손님들한테 전화해서 샐러드 정도는 갖
고 오라고 하면 어떨까? 당신 생각은 어때? 그리고 당신이 요리할
때 내가 보조할게. 아니면 간단하게 바비큐를 하는 건 어때? 정원에
서 다 같이 즐길 수 있으면 좋겠어!"

파트너의 번아웃과 우울증

가장 좋은 의도와 가장 상냥한 말로도 다가가기가 쉽지 않을 때도 있습니다. 파트너가 이미 번아웃 혹은 우울증에 걸렸을 때가 특히 그렇죠. 사랑하는 사람이 정신적으로 힘들어하는 모습을 옆에서 같이 겪어내기란 번아웃의 이유가 순전히 직장에서의 일 때문이라도 극도의 좌절을 부를 수 있습니다. 우울증과 번아웃 환자의 가족들은 당혹감, 무력감, 혹은 이해할 수 없어서 느끼는 분노와 수치심까지 다양한 감정들과 싸우게 됩니다.

번아웃과 우울증에 걸린 사람은 한 가정에서 가장 강하고 늘 도움을 주는 부양자인 경우가 많습니다. 그런 사람이 무너져 갑자기 반대로 도움이 필요한 사람이 되고 끊임없이 주의와 배려를 요구한다면 모두가 매우 힘들어집니다. 이러한 상황에서 치료자의 역할 속으로 빠지지 않고, 그런 파트너와 계속 같은 눈높이에 남아 있는 것이 어렵겠지만 무엇보다 중요합니다. 마치 아이 양육권자처럼 행동하는 것은 관계에 해롭고 성생활에도 바람직하지 않습니다. 상대의 이미 금이 간 자존감을 완전히 끌어내릴 뿐이고, 성인 대 성인으로서의 소통을 더 힘들게 할 뿐입니다.

번아웃 혹은 우울증을 앓는 사람은 분명 도움이 필요합니다. 하지만 그 도움은 스스로 외부로부터 받는 것이 낫습니다. 파트너로서 여러분이 할 일은 너무 힘들어지기 전에 친구 혹은 테라피스트의 도움을 받을 수 있게 해 주는 것입니다.

도움은 주지만 정작 본인은 도움받을 곳 없는 사람
♡

반려자를 인생의 위기에서 끌어내고 싶다면 먼저 여러분 자신부터 더욱 잘 보살펴야 합니다. 사랑하는 사람의 아픔을 그대로 느끼며 함께 무너지는 것, 혹은 같이 우울증에 빠지는 것은 그 누구에게도 도움이 되지 않습니다. 앞의 「일단 "나" 먼저」 장에서 소개된 기술들을 적극적으로 활용해 도움은 주지만 정작 본인은 도움받을 곳 없는 사람이 되지 않도록 합시다.

급진적 자기애를 실천하지 않는다면 '늘 연민을 느끼는 데서 오는 피로감'이 여러분을 덮칠 수도 있습니다. 간병인이 번아웃되고 아픈 사람에 대해 감정적으로 무뎌지는 현상을 우리는 그렇게 부릅니다. '늘 연민을 느끼는 데서 오는 피로감'은 일종의 무의식적 자기방어인데 공감 능력이 매우 높은 사람들이 제일 먼저 경험합니다. 이 사람들은 경제적 부담은 물론 부정적 감정도 나눠 가질 수 있다는 낭만적인 생각을 하는 경향이 있습니다. 하지만 안타깝게도 우울한 기분은 주변을 감염시키는 바이러스 같다고 보는 쪽이 더 정확합니다. 그러므로 여러분은 여러분의 감정 면역계를 급진적 자기애로 강화해야 합니다. 이 연습을 많이 할수록 파트너에 관해 감정이 무뎌지는 위험을 더 많이 줄일 수 있습니다.

그 연습에는 늦지 않게 경계를 세우는 것도 포함됩니다. 그것도 상대의 공격성, 끝없는 한탄 혹은 무기력이 여러분의 신경을 건드리기 전에 세우는 것이 좋습니다. 늦지 않게 경계를 세워 놓을 때 상대의 말에 불필요하게 자극받는 일로부터 자신을 보호할 수 있고, 상대의 부정적인 감정에 휩쓸려 계속 그를 비난하게 되는 것도 방지할 수 있습니다. 그렇지 않으면 상대를 비난하면 할수록 마음을 닫고, 닫을수록 여러분은 더 의지할 데 없다고 느끼며, 그래서 더 심하게 상대를 비난하게 되는 악순환이 서서히 고정될지도 모릅니다.

"그 정도로 나쁘진 않아!"
♡

상대의 부정적인 감정들을 별것 아닌 듯 치부하고 싶은 유혹은 꼭 떨쳐내길 바랍니다. 「호의보다는 공감」 절에서 배운 것을 기억하나요? 그러므로 "(상대가 생각하는 상황이) 그 정도로 나쁘진 않아!"라고는 절대 말하지 마십시오. 완전히 받아들여지고 이해되고 있다고 느껴야만 사람은 다시 마음을 열 수 있습니다. 파트너의 감정을 받아들이기 바랍니다. 그래야 그가 자신의 부정적인 감정들을 조금이라도 빨리 떨쳐 버리게 도울 수 있습니다. 파트너가 자신의 문제를 이야기할 수 있는 분위기를 만들어 주고 가능하다면 그의 강점들을 상기시켜 주세요.

파트너가 웅크린 채, 다가오는 여러분을 자꾸만 더 거부한다면 둘 사이의 벽이 더 높아지기 전에 그 벽을 조심스럽게 허물어야 할 때가 온 것입니다. 이것도 여러분의 공감 능력을 최대로 이용할 때 가장 잘할 수 있습니다. 심리학에서는 이 기술을 "거울 반사(spiegeln)"라고 합니다. 여러분이 상대의 감정 상태를 어떻게 보고 있는지 말해 주고 적절한 질문을 하는 것입니다. 예컨대 파트너가 말없이 움츠러들려고만 하는 것 같다면 다음과 같이 물어볼 수 있습니다.

- "당신 신경이 예민해진 것 같아. 내가 당신을 너무 몰아붙인 것 같아 걱정돼. 지금 모든 것이 다 너무 힘든 상태야?"
- "내가 보기엔 우린 지금 빙글빙글 돌고 있는 것 같아. 내 목소리가 커지고 그럼 당신은 당신의 달팽이집 속으로 들어가. 나한테 지쳤다면 말해 줄래?"
- "당신은 괜찮다고 하지만 그렇게 보이지 않아. 목소리가 힘이 없고 슬퍼. 당신을 잃게 될까 봐 겁이 나. 당신을 위해 내가 할 수 있는 일이 있다면 말해 줘."

몸과 마음을 위해

♡

'러시아 여자들의 기술'을 빌려와 일상에서 자주 긍정적인 피드백을 주며 자존감을 살려 주는 것도 좋습니다. 여러분이 그를 사랑하고 필요로 한다는 것을 조금씩 꾸준히 느낄 수 있게 해 주세요.

사랑하는 사람이 아무런 경고도 없이 어느 날 갑자기 우울증에 걸렸다는 생각이 든다면 꼭 신뢰할 수 있는 의사와 상담해 보기 바랍니다. 육체적 문제가 정신적 문제의 원인이 될 수도 있기 때문이지요. 예를 들어 다양한 약의 부작용 혹은 상호작용, 혹은 갑상선 관련 질환이나 특정 물질에 대한 알레르기 반응이 그 원인일 수 있습니다.

특정 질병이 그 원인이 아니라면 가능한 한 많이 움직일 것을 조언합니다. 운동은 스트레스 호르몬 수치를 떨어트리기에도 좋고, 긍정적인 새 신경 섬유의 구축에 필요한 특정 건축 자재를 분출하는 데도 좋습니다. 이른바 뇌유래신경영양인자BDNF 단백질이라는 것인데 이것은 신체 운동으로만 생산될 수 있습니다. 그러므로 여러분의 파트너를 산책이나 다른 스포츠를 할 수 있게 하는 건 좋은 방법입니다. 골프, 탱고, 요트 타기 등 무엇이든 좋습니다. 다만 꼭 즐길 수 있어야 하고 스트레스 상황으로 변질되지 않게 하는 것이 중요합니다.

과소평가되는 사과의 힘

누구나 완벽할 필요는 없습니다. 1년 365일 좋기만 할 수 없고 그것
이 우리의 목표도 아닙니다. 늘 화목한 것이 성공적인 파트너 관계
의 전제도 아닙니다.

어떤 관계든 누르면 싸우게 되는 빨간 단추 하나쯤은 있기 마
련입니다. 한쪽 혹은 양쪽 모두 금방 화를 내게 되는 주제가 있을 것
입니다. 아무리 행복한 커플이라도 그 관계에 먹구름이 낄 때가 있
다는 말입니다. 하지만 안정된 관계라면 그 먹구름이 오래가지는
않습니다. 건강한 관계의 기준은 앞에서도 언급했듯이 싸움의 빈도
가 아니라 화해할 때까지 걸리는 시간입니다.

그러므로 문제의 소지가 있을 때는 상대가 무뎌서 알아차리지
못하길 바라며 가만히 있지만 말고 먼저 말을 꺼내는 것이 가정의
평화를 위해 좋습니다. 예를 들어 여러분이 파트너에게 상처가 될
수도 있는 일 혹은 말을 했다면 사과해야 합니다. "미안하다." 이 네
음절이 얼마나 효과가 좋은지 잘 모르는 사람이 많은 것 같습니다.

재판에서조차 피고인이라면 책임감을 느끼고 후회하고 있음을 드러내는 것이 뿌리 깊은 관례입니다. 그 모습에 진정성이 보이면 형이 줄어들 수 있죠. 반대로 자기 정당화는 잘해야 역효과만 낼 뿐입니다. 과학적인 관점으로도 사과는 빠를수록 좋습니다. 예컨대 "쓰레기 버리는 것 또 까먹었어. 미안해. 화 많이 났어?"라고 할 때 화가 일어나기 전에 갈등의 소지를 실질적으로 없앨 수 있습니다. 이런 점은 아이들한테도 많이 배울 수 있습니다. 아이들은 사과의 힘을 금방 이해하므로 먼저 사과해 문제를 없애는 일도 잘합니다. 그게 쉽지 않아도 변명부터 하기보다는 책임부터 지는 것이 좋습니다. 상대가 느낄 상처에 미안하다고 하는 것이 장황하게 자신을 정당화하는 것보다 어차피 더 효과적이죠. 미국인 랜디 포시Randy Pausch 교수도 "좋은 사과는 상처에 항생제와 같고 나쁜 사과는 소금을 뿌리는 것과 같다."라고 말한 바 있습니다.24 이 얼마나 적절한 표현인가요?

　　나쁜 사과는 예를 들어 "하지만"으로 이어지는 사과입니다. 이런 사과는 보통 문제를 해결하기는커녕 악화시킵니다. 특히 "상처를 줘서 미안해. 하지만 당신도 이 문제에 있어서는 너무 예민하잖아." 같이 비난으로 이어질 때는 더 말할 것도 없습니다. 사과함과 동시에 혹은 그 직후에 어떤 식으로든 자신의 잘못을 정당화하거나 변명한다면 여러분이 사과했다는 사실은 상대의 머릿속에서 그 즉시 깨끗이 사라질 것입니다.

정당화 대신 뉘우침

♡

커플 상담을 하다 보면 사과가 이루어졌느냐 아니냐에 대해 서로 다른 생각을 하고 있음을 종종 보게 됩니다. 주로 따로따로 상담하는 경우 그런데 보통 남자는 자신이 수백 번 사과했다고 하고, 여자는 보람도 없이 사과해 주기를 기다리고 있다고 상심한 표정으로 말합니다. 사과로 원하는 효과를 보려면 일어난 일을 조금도 축소하려 들지 말고 온전히 책임지려는 의도를 분명히 밝혀야 합니다. 정확한 상황을 분명히 설명하는 것도 중요하지만 미안해하는 진심을 희석되지 않게 하려면 며칠 뒤에 하는 것이 낫습니다. 상처받은 상대의 기분을 이해하고 있음을 보여 주는 것도 그만큼 똑같이 중요하기 때문이죠. "초콜릿 아이스크림 나 혼자 다 먹어 버려서 정말 미안해. 당신도 먹고 싶었을 텐데 말이야. 내가 어떻게 해 주면 기분이 좀 나아지겠어?"처럼 말입니다.

사과는 미안한 마음이 진심임이 드러날 때만 효과가 있습니다. 최소한 유감스러워하고 있음이라도 드러내야 합니다. 의도적으로 잘못한 것이 아니라도 혹은 어쩔 수 없었더라도 사과해서 나쁠 건 없습니다. 화해하고 용서하는 법을 배우는 것은 그만한 가치가 충분히 있습니다. 한 가지 덧붙이자면 자기 연민을 가지고 자기 자신을 더 잘 용서할수록 남도 더 잘 용서할 수 있습니다.

"나는 다시는 상처받고 싶지 않아요!"

♡

우리 상담소에서 자주 듣는 말이고 이해할만한 말입니다. 저는 윙크를 하며 "그럼 파트너 찾는 일은 그만두고 차라리 개를 한 마리들이세요!"라고 답합니다. 누군가에게 마음을 연다는 것은 상처받게 되어 있다는 뜻이므로.

안타깝게도 사랑하는 사람들은 서로로부터 받을 상처에 면역력이 없습니다. 때로는 둘 사이의 다른 점 하나만으로도 원치 않게서로에게 상처를 줄 수 있습니다.

미국의 심리학자 프랭크 핀첨Frank Fincham은 그런 의미에서 우리를 서로 키스하는 고슴도치에 비유했습니다. 자신의 에세이에서그는 사랑하는 관계에 용서가 얼마나 중요한지 말하기 위해 아름답고 은유가 가득한 일러스트 하나를 선택했습니다. 턱이 덜덜 떨리는 추운 겨울밤 두 마리의 고슴도치가 서로 몸을 부비며 따뜻한 온기를 느끼려 합니다. 하지만 키스를 하려고 할 때마다 유독 서로를아프게 찌르고 말죠. 그래서 둘은 다시 멀어집니다. 하지만 추운 겨울밤에 살아남으려면 또다시 서로에게 다가갈 수밖에 없습니다. 서로를 필요로 하므로 둘은 서로를 거듭 용서해야만 하는 것입니다.[25]

이것이 사랑인가?

"우리가 싸운다는 건 아직 서로를 사랑한다는 뜻이죠!" 어느 내담자가 자신들의 상태를 호기롭게 분석했습니다. 때로 관계란 정말 기묘해지기도 합니다. 싸우지 않으면 소통도 전혀 할 수 없는 커플도 있습니다. 같이 잘 살아가는 일종의 팀일 뿐 더 이상 서로를 사랑하는 사람으로 인식하지 않을 때 싸움과 비난은 매우 특이하고 무의식적인 기능을 부여받게 됩니다. 바로 일상에서 받을 수 없는 관심을 받게 해 주는 기능입니다. 싸우는 중에는 평소와 달리 서로에게 다가가 서로를 보고 관찰할 수밖에 없습니다. 싸움 끝에 몰아치는 감정 때문에 혹은 심지어 섹스로 화해할 수 있기 때문에 싸우는 커플도 심심치 않게 있습니다. 이런 커플들은 끊임없이 싸움에도 불구하고 서로를 사랑하고 있으며 그 관계를 위해 충분히 노력하고 있다고 더할 수 없이 확신합니다. 하지만 저는 그런 관계가 장기적으로 볼 때 좋다고 확신할 수 없고, 이 점에 있어서는 잠언가이자 시인인 에른스트 라인홀트 하우쉬카Ernst Reinhold Hauschka의 말에 동감합니다. "화는 폭우이지 장마가 아니다. 화는 공기를 깨끗하게 해야지 수확을 망쳐서는 안 된다."

잦은 싸움보다 나쁜 것
♡

포기와 침묵이 이어지는 일상을 보내고 있다면 이것은 잦은 싸움보다 더 힘든 상황임이 분명합니다. (단지 아이들 때문에) 생활만 같이 하고 있다면 이것은 더 이상 사랑하는 관계라고 볼 수 없죠. 함께 살면서도 외로워 힘들다면 헤어질 때 혹은 이혼할 때가 생각보다 가까이 온 것입니다. 문제가 심각한데도 어떻게든 혼자서 해결하려 하고 있다면 더욱 그렇죠. 그 진흙탕에서 같이 벗어날 수 있다고 믿느니 차라리 혼자 해결해 보겠다 생각한다면 커플 해약 고지서는 이미 오래전에 보내졌을 것입니다.

참고로 "내가 원하는 것이 뭔지 모르겠어. 나는 결정할 수가 없어." 같은 흔한 변명은 단지 책임을 회피하려는 무의식적 시도일 뿐입니다. 알다시피 결정을 하지 않는 것도 결정입니다. 이 경우 지금처럼 계속 사는 결정을 내린 것입니다. 남은 질문은 "언제까지?" 뿐입니다. 대출금을 다 갚을 때까지? 아니면 아이들이 성인이 될 때까지? 아이가 있다면 당연히 헤어지기가 더 어렵겠지만 이성적으로 생각할 때 그래도 헤어짐이 가족 모두에게 최선인 경우도 적지 않습니다. 게다가 아이들은 부모들이 바라는 것보다 훨씬 더 예민해서 가정의 분위기가 무거울 때 부모가 아무리 아무 일 없는 듯 지내도 금방 알아차립니다.

성공적인 커플 테라피의 기준
♡

한쪽 혹은 심지어 양쪽 모두 바람을 피웠다면 기본적으로 그 관계는 죽은 것이라고 봐야 합니다. 하지만 그 바람 때문은 아닙니다. 그런 일이 있기 훨씬 전부터 그 관계에 뭔가 문제가 있다는 표시들이 있었을 것입니다. 하지만 대개는 문제가 도저히 피할 수 없게 분명해질 때에야 도움을 청한다는 것입니다. 경고 알람은 이미 훨씬 전부터 울렸을 텐데도 말이죠. 그렇다면 둘이 계속 함께 살기로 한 것이 곧 성공적인 커플 테라피의 기준이 될 수는 없습니다. 아이들 문제가 걸려 있을 때도 마찬가지입니다. 모든 테라피와 모든 코칭의 목표는 개인적인 성장과 삶의 질의 향상입니다. 부모가 행복할 때만 아이들도 행복할 수 있습니다. 이것은 때로 헤어짐만이 유일하게 옳은 길임을 뜻하기도 합니다. 관계에 있다 보면 서로 추구하는 방향이 너무 달라 같이 살 수 없는 경우도 충분히 생길 수 있습니다.

관계 자료 은행
♡

살다 보면 사람은 변하고 새로운 경향, 필요, 습관을 계발합니다. 여러분은 십 년 전이나 지금이나 좋아하는 것이 모든 면에서 정확하게 똑같나요? 서로 이미 오래 알아 왔다면 서로에 대해 발전을 모르고 완고하다고 비난하는 함정에 빠지기 쉽습니다. 반면 아이들의 변화는 아주 급격한 것 같습니다. 꼬마였을 때 마지막으로 본 아이가 청소년이 된 모습을 다시 본다면 여러분은 그 아이가 많이 컸고 성숙해졌음을 알아차립니다. 꼬마 때 받은 인상은 이제 낡았고 아이는 변했습니다. 어른도 마찬가지입니다. 단지 우리는 그 변화를 대체로 덜 인식합니다. 그러므로 여러분의 파트너에 대한 정보가 최신 정보인지 잘 보고 검증해 보십시오. 그렇지 않으면 최고의 의도를 가지고도 파트너가 원치 않는 도움을 주거나 어리석은 결정을 하게 될 수도 있습니다. 파트너에게서 받은 오래되고 낡은 인상을 전제로 행동했기 때문입니다. 그러므로 정기적으로 파트너를 '미지의 땅'으로 보며 내면의 '관계 자료 은행'을 늘 최신 자료로 업데이트하기 바랍니다.

오래된 습관에 의문 제기하기
♡

자신에 대해 모아둔 자료도 정기적으로 검증하며 최신 상태로 유지해야 합니다. 오늘 지금보다 더 젊은 여러분을 만난다면 어떤 인생의 충고를 해 줄 건가요? 잘 생각해 봅시다. 현재 여러분이 알고 있는 것 중에 가장 과거로 보내고 싶은 것은 무엇이고, 그럴 수 있다면 현재 여러분의 삶은 어떻게 바뀔 것 같나요? 그렇게 해서 상상되는 여러분 현재의 삶이 앞에서 테스트했던 여러분이 바라는 미래와 맞는 것 같나요? 그렇다면 축하합니다. 여러분은 제대로 가고 있는 것입니다. 하지만 맞지 않는다면 다시 한 번 조용히 생각해 보고 결정을 내려야 합니다. 현재 무언가를 버려야 한다고 하더라도 행복한 미래를 위해서라면 괜찮다는 점을 알기 바랍니다. 여러분에게 좋지 않은, '어떻게 살아야 하고 어떻게 행동해야 한다.'와 같은 고정관념은 버려도 좋습니다. 현실에 맞지 않는 신념들 혹은 서류상으로만 존재하는 파트너 관계를 버려도 됩니다. 이제는 낡은 습관에 의문을 제기하고, 갈아엎고, 수선할 시간입니다. 좋은 것은 유지하세요. 하지만 이미 망가진 지 오래된 것들은 조사해 본 다음 미련 없이 떠나보내세요.

그렇게 모든 짐을 버리고 행복을 향한 둘만의 새로운 출발에 정말 준비가 되었다면 이제 다음 장으로 넘어가도 좋습니다.

Part 8

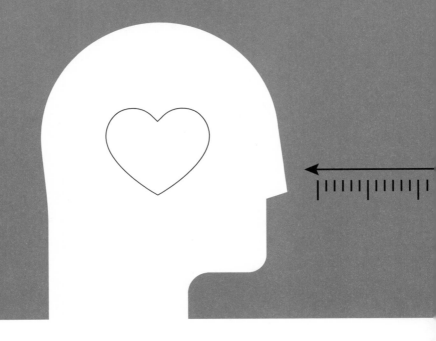

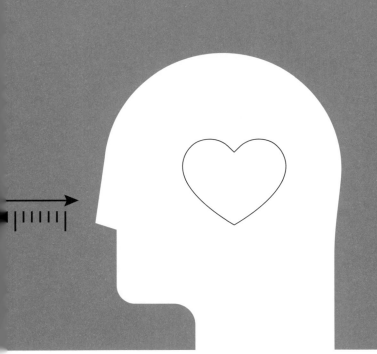

마침내 "사랑" - 룸메이트에서 다시
사랑하는 관계로

"

오늘 내가
사랑한다고
말했던가?

"

일상, 해야 할 일 그리고 나쁜 습관

인간 행동에 관한 연구들 덕분에 인간은 감정에 관해서 회계원이 된다는 점은 잘 알려져 있습니다. 인간은 감정을 동반하는 기억을 모은 다음 자신도 모르게 일종의 부기 장부를 작성합니다. 긍정적인 경험은 수입란에 적고 실망했던 기억은 지출란에 적는데 그렇게 어떤 사람 혹은 사건 혹은 물건을 좋아할지 아니면 피할지 결정하게 됩니다. 수입과 지출의 균형이 좋은 '계좌'일 때만 우리는 관계에 마음을 열 수 있습니다. 그리고 사랑할 때 우리는 우리가 생각하는 것보다 훨씬 더 철저하게 장부를 작성해 나갑니다. 그리고 둘 관계의 대차대조표가 어떤 상태인지 의식적·무의식적으로 끊임없이 확인합니다. 로맨틱하진 않을지 몰라도 사실이 그렇습니다. 은행의 공동 계좌처럼 관계 계좌에도 둘은 각자 입금을 하고 (요즘 은행들은 이자를 거의 주지 않지만) 그 대가로 행복이란 형태의 이자도 받습니다. 경솔한 행동을 하거나 상처를 주었을 때는 그때그때 크고 작은 출금이 이루어지고 바람을 피웠을 때는 최고액이 출금됩니다. 사랑,

친절, 인내, 크고 작은 집 안팎의 일로는 그때그때 적당한 입금이 이루어집니다. 입금의 다양한 '가치'에 대해서는 금방 다시 살펴보겠습니다.

이렇듯 우리는 모두 작은 회계원들입니다. 그런데 대체로 아주 무능한 회계원이죠. 계산 능력이 부족해서 자신이 입금한 것은 크게 계산하고 파트너가 입금한 것은 적게 계산하는 경향이 있습니다. 이것은 행동 경제학 부문 노벨상 수상자인 대니얼 카너먼Daniel Kahneman도 증명한 것인데 카너먼은 우리가 무의식적으로 (의식적으로 원하는 생각과) 완전히 다른 생각을 하는 때가 많음을 강조한 바 있습니다.26 우리는 자신이 보인 호의는 잘 기억하고 상대의 행위는 그 행위가 얼마나 대단하든 인지하지도 못하는 경우가 많으므로 자기도 모르게 자신에게 유리한 방향으로 숫자를 조작합니다.

그러므로 균형을 맞추려면 관계 계정에 항상 상대보다 조금 더 입금한다 싶을 정도로 입금하는 것이 좋습니다. 그럼 안전합니다. 저는 관계 계정에 입금하기를 즐기며 서로 상대의 행복을 위해 노력하는 관계가 행복한 관계라고 믿고 있습니다.

주의할 점: 호된 대출 이자

♡

은행 계좌처럼 관계 계정도 계속 출금만 하며 살 수는 없습니다. 금액을 너무 많이 뽑아내는 쪽이 그 대가를 치르게 되어 있죠. 독일에서는 지로 통장의 경우 대출 이자가 18퍼센트까지 매겨지지만, 관계 계정이라면 500퍼센트도 가뿐히 넘을 수 있습니다. 모든 싸움 혹은 잔인한 말 한마디에도 그 다섯 배에 해당하는 사랑 가득한 행동, 표현, 몸짓이 장기적으로 필요하기 때문입니다. 그러므로 상처를 줬다면 그 즉시 사과하는 것만으로는 절대 충분하지 않습니다. 상대가 느낄 정도로 잔고를 맞추기 위해서는 다섯 번의 긍정적인 경험을 선물해야 하는 것입니다. 여러분의 경우 칭찬과 비판의 비율이 일 대 일 정도라면 그 시작으론 그리 나쁘지 않지만, 행복의 절정에 도달하기에는 절대 충분하지 않습니다.

게다가 불행한 사람 혹은 번아웃된 사람들은 회계원 중에서도 타성에 젖은 이들로서 제대로 보지 않으므로 공동 관계 계좌에 상대가 아무리 입금한들 전혀 인식하지 못하는 경우가 많습니다. 인식하지 못하니 한때 그렇게 사랑했던 사람의 가장 사랑스러운 모습조차 전혀 눈에 들어오지 않습니다. 하지만 이럴 때도 다행히 할 수 있는 일은 있습니다. 의식을 긍정적인 방향으로 바꿀 수 있고, 그 방법들은 이미 앞에서 설명한 바 있습니다. 또한 친절하고 상냥하며 상대를 소중히 여기는 행동들은 만족스러운 파트너 관계에 언제나 가장 중요한 기본 원칙들입니다.

욕실 청소? 아니면 잔디 깎기?

♡

어떤 입금은 어렵고, 어떤 입금은 쉽습니다. 하고 싶지는 않지만 언젠가는 해야 할 일들이 입금이 어려운 쪽에 속합니다. 어떤 사람은 자신이 해낸 일에 일종의 입금 영수증을 요구하기도 합니다. "내가 식기 세척기 정리한 거 봤어?" 상대가 잘한 일에 대해서는 잘 기억하지 못한다는 것을 고려할 때 사실 그리 나쁜 방법은 아닙니다.

집안일을 좀 더 공평하게 나누고 싶다면 다음의 질문들을 던져 보고 잘 합의해 보세요.

'생계를 위해서 누가 몇 시간을 일하는가?', '누가 아이들과 놀아 주는가?', '반려견은 누가 보살피는가?', '할머니는 누가 보살피는가?'

어떤 일이 누구에게 특히 더 힘들게 느껴지는지도 살펴볼 필요가 있습니다. 한쪽이 세금 신고를 어려워한다면 다른 한쪽은 욕실 청소를 어려워할 수도 있습니다. 아이들에게 단어 공부를 시키다 보면 유독 성질이 나지만 운동 삼아 생수통을 5층까지 나르는 것 혹은 잔디 깎는 일은 기꺼이 하고 싶나요? 여기서 중요한 것은 남들이 어떻게 생각하느냐가 아니라 여러분이 개인적으로 어떻게 느끼느냐입니다. 가족의 생계를 어느 한쪽이 짊어지는 것이 얼마나 부담스러운 일인지, 혹은 상대에게 어떤 일이 특히 끔찍하게 여겨지는지 다른 한쪽이 잘 모르는 경우가 많습니다. 그럴 때는 단지 역할을 바꿔 보고 일을 재분배하는 것 혹은 최소한 마땅한 보상을 해주는 것이 간단한 해결책이 되기도 합니다. 상대가 하는 일과 지고 있는 의무를 절대 당연시하지 말고 언제나 "우리를 위해서 이렇게 애쓰니 고마워요." 같은 말로 마음을 표현하세요. 어렵지 않은 한마디 말이지만 상대에게는 여러분이 생각하는 것 이상의 큰 의미로 다가올 것입니다.

아이가 있을 때

♡

아이가 어떤 집안일을 맡으면 좋을지 아이와 함께 생각해 보세요 (이것은 아이의 자존감 강화에도 좋습니다). 우리 딸이 아직 10대였을 때 딸은 자기 방 청소를 매우 싫어했지만, 수학에는 확실히 남다른 재능을 보여주었고 컴퓨터로 하는 일이라면 무엇이든 좋아했습니다. 반대로 저는 세금 계산이나 통계 같은 문제로 골머리를 썩이느니 차라리 방 청소를 하고 싶었습니다. 우리는 그것에 대해 이야기했고 금방 모두가 만족하는 합의가 이루어졌습니다. 누구나 자기가 더 좋아하는 일을 하면 되는 것입니다.

심지어 서로 원하는 것으로 '거래를 할 수도' 있습니다. 여러분에게 중요한 것을 상대가 해 주면 상대에게 중요한 것을 여러분도 해 주겠다고 하는 것입니다. 예컨대 "당신이 이제부터 지하의 우리 취미 방을 청소해 주면 트로트 음악을 좋아한다고 더 이상 놀리지 않을게." 혹은 "내가 벽 색깔을 정하게 해 주면 소파는 당신이 원하는 대로 사도 돼."처럼 말입니다. 상대에게 있어 그런 것들이 왜 그토록 중요한지 이해하지 못해도 괜찮습니다. 그보다는 모두가 만족할 수 있는 해결책을 찾아 보세요. "우리가 원하는 게 서로 이렇게 다른데 어떻게 하지? 무슨 좋은 생각 있어? 우리 둘 다 만족할 수 있는 방법이 없을까?"

핸드백 포인트

♡

약속은 당연히 반드시 지켜야 합니다. 다소 억지로 한 약속이라도 말이지요. 지키지 못한 약속이 상대에게는 자신이 존중받지 못하고 소중한 존재가 아니라는 가슴 아픈 신호가 될 수도 있습니다. 그런데 아무리 단단히 결심했어도 자꾸 어기게 되는 약속이 있기 마련입니다. 그럴 때는 양쪽 모두 완전히 지쳐 버리기 전에 보상 전략을 써먹는 것도 괜찮은 방법입니다. 제 남편은 그런 목적에서 핸드백 포인트를 생각해냈습니다. 남편에게는 아침마다 저를 괴롭게 하던 습관이 하나 있었습니다. 어느 날 그 일로 완전히 짜증이 난 저는 (그렇습니다. 커플 테라피스트도 가끔은 짜증을 냅니다) 도대체 몇 번을 더 말해야 되겠느냐고 물었습니다. "당신은 이생에 그 버릇을 고칠 수 없나 봐."라며 조금 비아냥대며 그의 자존심에 상처를 내려 했습니다. "맞아, 아마도 그럴 것 같아."라고 그는 솔직하게 인정했습니다. "아하, 그럼 내가 그냥 참아야 하는 거네?" 저는 실망한 듯 말했는데, 바로 그때 그가 악동 같은 웃음을 지으며 말했습니다.

"아니, 나한테 좋은 생각이 하나 있어! 다음에 내가 또 그러면 당신은 핸드백 포인트를 받을 거야. 그 포인트가 10이 되면 내가 핸드백을 하나 사 줄게!"

"내가 직접 고를 수 있어?"

"물론이지! 어차피 내 취향대로 샀다간 당신이 좋아할 리 없잖아."

그가 웃으며 말했습니다. 저는 더 생각할 것도 없었지요.

"와우! 좋아, 좋아! 그렇게 하자고!"

저는 감격했고 지금도 그렇습니다. 그 후 제가 짜증을 내는 날이면 남편에게 주어지는 짜증 포인트라는 것도 생겼습니다. 짜증 포인트가 열 개 모이면 제가 남편에게 정확하게 무엇을 선물해야 하는지, 그리고 남편이 아침마다 하곤 했던, 저를 괴롭게 했던 그 습관이 무엇인지에 대해서는 독자 여러분의 상상에 맡기겠습니다. 핸드백 포인트가 정말 좋은 점은 제가 때로 아침에 몰래 숨어서 남편이 '그 일'을 다시 하길 바라게 되었다는 것입니다. 그렇게 변했습니다!

하지 않은 일에도 책임지기

♡

함께 해결책을 찾아가며 의욕에 넘치는 때라도 지키지 못할 약속은 절대 하지 않아야 합니다. 자신에게도, 파트너에게도 솔직해지세요. 주기적으로 청소기를 밀지 않을 것을 알거나 밀지 않을 거라는 걱정이 든다면 그렇겠다고 말하지 마십시오. 이것은 역으로 여러분이 합의하고 약속한 것에는 100퍼센트 책임져야 한다는 뜻이기도 합니다.

"남자들은 무슨 일을 하겠다고 했으면 제발 좀 하세요. 그럼 여자들한테 매주, 매달, 매년 그렇게 들들 볶일 일도 없잖아요!"

스탠딩 코미디의 농담거리가 되기 전에 실천할 수 있는 해결책만 찾으세요.

제 절친은 이러한 경우 핸드백 포인트 대신 구두 포인트를 선택했습니다. 친구는 남편이 약속을 지키지 않으면, 예를 들어 남편이 약속보다 늦게 퇴근해서 자신이 요가 수업에 가지 못하게 될 때 최소한 구두 포인트 하나를 받았습니다.

과거에는 그런 일이 생기면 잔뜩 화를 내고 몇 시간이고 뾰로통해 있었지만 이제는 그저 씩 웃으며 "이건 최소한 구두 포인트 두 개는 받아야 해!"라고 말할 뿐입니다. 이전에 저와 친구는 함께 그가 왜 제시간에 퇴근할 수 없는지와 그녀가 왜 그렇게 많은 구두가 필요한지에 대해 끝없이 토론하곤 했었습니다.

포인트 아이디어는 효과가 매우 좋고 레스토랑 포인트, 마사지 포인트, 취미 포인트 등등 다양한 것에 적용할 수 있습니다. 여러분의 상상력과 기왕이면 유머 감각까지 맘껏 발휘해 여러분만의 포인트를 만들어 보기 바랍니다.

보상은 중요하다!

♡

둘 다 약속을 잘 지켜서 일이 원하는 대로 흘러간다면 이제 '보상'을 내려줄 때입니다. 제 경험상 완벽주의자들은 자신의 성공을 축하하는 일은 말할 것도 없고(축하받아야 마땅함에도 말이죠) 남을 칭찬하는 일도 잘하지 못합니다. 이제부터는 여러분과 상대가 무언가 이뤄냈다면 잘되지 못한 점을 비판하기보다 잘된 점을 칭찬하고 그에 따른 보상을 해 주세요. 그럼 최종 목표에 더 빨리 도달할 수 있고, 좀 더 가볍고 사랑 가득한 관계를 위한 중요한 기반을 구축하는 것이 됩니다.

　이제 사랑받고 있다고 느끼기 위해 우리가 필요로 하는 것이 무엇인지, 인정받는 것이 어떤 사람에게는 왜 그렇게 중요한지, 그리고 어느 때 비싼 선물보다 집중적인 대화가 더 좋은지에 대해 살펴보려 합니다.

다시는 내 마음대로 사랑하지 않기

"오늘 내가 사랑한다고 말했던가?" 몇 년 전 유행했던 독일 가수 크리스 로버츠의 노래 가사입니다. 옆에서 자주 사랑한다고 말해 주는 걸 싫어할 사람은 없을 것입니다. 하지만 그 같은 말이 모든 사람에게 다 똑같이 들리는 건 아닙니다. 여러분은 사랑하는 마음을 가득 담아 무언가를 했는데 상대의 반응이 기대했던 것과 달랐던 경험이 있나요? 아니면 반대로 여러분의 파트너가 아무리 사랑한다고 해도 별로 그런 것 같지 않나요? 여러분과 여러분의 파트너는 혹시 각자 다른 방식으로 사랑하고 존중하는 마음을 표현하고 있지는 않나요?

인류학자 게리 채프먼Gary Chapman은 사람은 모두 각자만의 개인적인 '사랑의 언어'를 쓰는 버릇이 있다고 보았고, 그래서 때로는 서로 딴소리를 하게 된다고 했습니다. 채프먼은 다음과 같은 서로 다른 사랑의 언어 다섯 개를 찾아냈습니다.[27]

- 칭찬과 인정
- 둘만의 시간 - 당신을 위한 시간
- 진심을 담은 선물
- 언제나 도와줄 준비 되어 있기
- 다정함

모국어가 서로 다를 때처럼 각자 서로 다른 사랑의 언어에만 익숙할 때 문제가 생길 수 있습니다. 그런데 우리는 대부분 그렇다는 것을 잘 인식하지 못합니다. 이 말은 곧 양쪽 모두 상대의 사랑의 언어를 알고 잘 이용할 줄 알게 되면 매우 성공적으로 소통할 수 있다는 뜻입니다.

채프먼은 사람은 누구나 아이 때부터 마음속에 '감정 탱크'를 하나씩 갖고 있다고 보았습니다. 이 탱크가 늘 사랑으로 가득하면 가장 이상적입니다. 아이 때는 건강한 성장을 위해서 당연히 그래야 하지만 어른이 되어서도 그래야 가장 행복합니다. 그러므로 이 감정 탱크 속에 사랑이 부족하지 않도록 조심해서 살필 것을 조언합니다. 그렇지 않으면 기름 없이 자동차를 운전할 때처럼 위험한 일이 생길 수도 있으니 말이죠.

엔도르핀이 가득한 탱크

♡

사랑에 빠져 하늘을 나는 기분이란 간단합니다. 행복감에 벅차올라

273

심장이 터질 것 같은 기분이죠. 엔도르핀이 넘칩니다. 상대가 자신에게 관심을 쏟으며 자신을 숭배한다는 것을 잘 압니다. 연인이 자신을 가장 중요하게 생각하고 가장 우선시하며 자신과의 관계에 많은 시간과 관심을 투자함을 알기에 힘이 솟습니다.

　이 시기에 자기만의 감정 탱크 내 사랑 비축량이 처음으로 넉넉해지는 사람도 적지 않습니다. 유년기에 부모의 따뜻한 사랑과 친밀감을 마음껏 누리지 못했다면 말이죠. 사랑의 비축량이 채워질 때 둘은 대단한 안정감을 느끼고 드디어 의지할 사람을 만났다고 느낍니다. 그런데 이 연인들에게 각자 익숙한 사랑의 언어가 서로 같지 않다면 그 사랑의 탱크는 금방 비워질 것입니다. 그럼 그 즉시 둘 중의 한 명은 더 이상 사랑받지 못하고 있다고 느낍니다. 저장해 놓았던 것이 눈에 띄게 줄어들면서 매사에 주춤하게 되고, 침묵하게 되며, 싸우게도 됩니다. 비축되어 있는 추억으로 몇 년은 근근이 살아가겠지만 언젠가는 그것도 바닥을 보일 것입니다. 그럼 굶주린 채 다른 사람과 사랑에 빠지는 일도 드물지 않습니다. 하지만 걱정하지 마십시오. 여러분은 파트너의 언어를 배울 수 있고, 또 이용할 수도 있습니다.

당신은 어떤 언어를 쓰는가?

♡

'나부터' 보살펴야 하므로 여러분 자신이 어떤 언어를 선호하는지부터 찾아내십시오. 파트너가 어떤 모습을 보일 때 여러분은 자신이 사랑받고, 존중받고 있다고 느끼나요? 여러분을 위해 시간을 내

줄 때, 혹은 어떤 특별한 선물을 해 줄 때인가요? 아니면 정말 좋은 칭찬을 해 줄 때나 정성껏 부족함 없이 쓰다듬어 줄 때인가요?

제 내담자들 대부분은 이렇게 대답합니다. "오! 다 좋은데요!" 굶주려 있을 때는 이것저것 따지지 않고 다 덥석 받아먹게 됩니다.

사랑하는 사람에게 여러분은 어떻게 사랑과 존중을 표시하나요? 사람은 자신이 선호하는 것을 사랑하는 사람에게도 주려고 합니다. 하지만 그것이 꼭 상대가 원하는 게 아닐 수도 있습니다. 그래서 남자는 여자를 기쁘게 하려고 퇴근 후에 몇 시간이고 부엌이 반짝반짝할 때까지 일하고, 남자와 함께 친밀하고 행복한 시간을 보내고 싶은 여자는 소파에서 계속 기다리며 실망만 하는 일이 발생하는 것입니다. 부엌은 다음 날 혼자 치울 수 있으므로 그녀에게 깨끗한 부엌은 큰 의미가 없습니다. 그들이 마침내 솔직한 대화를 나누게 되었을 때 남자는 매우 놀랐지만 더 좋았습니다. 남자도 부엌일은 제쳐놓고 여자와 소파에서 알콩달콩한 시간을 보내고 싶었기 때문입니다.

여러분에게도 종종 이런 일이 일어나지 않나요? 여러분의 파트너로 하여금 그가 여러분에게 절대적으로 중요한 사람이고, 여러분이 그를 사랑하고 있으며, 그를 늘 보고 싶어 함을 느끼게 하려면 어떻게 해야 하나요? 이것에 대해 서로 이야기를 나눠 본 적이 있나요? 처음에는 각자가 어떤 언어를 쓰는지 확신이 안 설 수도 있지만, 이 책을 좀 더 읽다 보면 잘 정리할 수 있을 것입니다.

사랑에 빠져 설레던 때를 기억하나요? 그때 여러분은 사랑하는 사람의 마음을 얻기 위해 어떤 행동을 했나요? 그리고 처음 서로 싸웠을 때는 어떻게 화해했나요? 연애 기분이 한창일 때 서로를 기쁘게 하기 위해서 어떤 투자를 했나요? 사랑을 증명하는 방법은 수없이 많습니다. 여기서는 채프먼이 말한 다섯 가지 사랑의 언어를 중심으로 좀 더 자세히 살펴보겠습니다.

칭찬과 인정
♡

첫 번째 언어는 '칭찬'과 '인정'입니다. 칭찬하느니 차라리 돈을 주는 게 편한 사람이 있는가 하면 칭찬과 인정을 많이 받고 자라 이것이 모국어인 사람은 칭찬을 잘하고 자주 합니다. 다른 사람이 잘한 일이 있으면 금방 알아차리고 분명하게 이야기하죠. 여러분이 이 언어에 서투르다면 칭찬의 문장을 떠올리기도 어려울 것입니다. 그 유명한 한마디 "사랑해!"는 말할 것도 없지요. 그렇다면 연습, 연습, 연습만이 살길입니다. 여러분이 보기에 그다지 완벽하지 않더라도 칭찬하십시오. 특히 완벽주의자라면 처음부터 칭찬을 잘하기가 절대 쉽지 않습니다. 먼저 파트너가 없는 자리에서 칭찬하는 연습을 해 보면서 조금씩 이 언어에 적응해 봅시다. 예컨대 파트너가 해놓은 일을 두고 지인에게 "괜찮은데? 정말 열심히 한 게 보여."라고 말해 보는 것입니다. 아니면 아이들을 통해 간접적으로 "엄마가(혹은 아빠가) 정말 잘했네!"라고 해 보세요. 그다음 파트너가 옆에 있을 때 제3자에게 파트너의 칭찬을 해 봅시다. 가족이 모두 함께하는 자리나 부부 동반 모임 같은 자리가 좋습니다.

칭찬의 말을 적어 보는 것도 좋은 생각입니다. 감사의 편지 형식도 좋습니다. 파트너가 무언가 해냈음을 볼 때마다 적어두십시오. 일단 적어두면 그 칭찬은 힘을 얻습니다. 특히 나중에 읽어 볼 때 그렇지요. 그렇게 적어둔 것을 파트너에게 보여줄 것인지 말지는 스스로 결정하면 됩니다. 틈날 때마다 연습하고, 또한 여러분 자신에게도 거울을 보며 종종 웃어 주고 칭찬해 주세요.

둘만의 시간 – 당신을 위한 시간
♡

이 사랑의 언어에 익숙한 사람들은 파트너가 충분한 관심을 선물할 때 특히 사랑받고 있다고 느낍니다. "오직 당신과 나만"이라는 말이 이 사람들에게는 관계에 있어 특히 큰 의미를 지닙니다. 둘이 한 방에 있는 것만으로는 부족합니다. 둘만의 시간인데 텔레비전이 계속 켜져 있다면 그건 둘만의 시간이 아닙니다. 함께 로맨스 영화를 보며 웃고 운다면 모르겠지만 말이지요.

지금 바쁜 일이 무엇인지, 오늘 하루는 어땠는지, 무슨 문제는 없는지… 나란히 혹은 마주 보고 앉아 서로의 눈을 보며 이야기하십시오. 이것은 모든 커플에게는 물론, 이 언어 범주에 속하는 사람이라면 더욱더 필요한 시간입니다. 여러분의 파트너에게 양 귀와 두 눈과 온전한 관심을 선물하세요. 이 사랑의 언어를 말하는 사람은 둘만의 시간을 통해 이해받고 서로 소속되어 있다는 느낌을 받을 때 사랑받고 있다고 느낍니다. 여러분이 이 사랑의 언어를 선호한다면 힘든 시기에 혼자일 때 혹은 대화 중에 상대가 계속 핸드폰을 볼 때 특히 상처받을 것입니다.

상대에게 전념하기 위해 둘이 같이 꼭 집에만 있을 필요는 없습니다. 상대에게 중요한 일을 함께하는 것도 좋습니다. 파트너가 둘이 함께 자전거 타기를 좋아하나요? 그렇다면 그렇게 해 보세요! 여러분이 그 취미를 좋아하지 않을 수도 있지만 다음과 같이 말하며 여러분의 사랑을 분명히 보여주세요. "있잖아, 여보. 나는 자전거 타기를 별로 좋아하지 않잖아. 하지만 당신이 행복하다면야 다음 주말에 같이 자전거를 타러 가도 좋을 것 같아." 물론 상대가 그것이 '사랑의 행위'임을 잘 알아차리고 그런 '희생'에 감사하며 기쁘게 받아들일 수 있는 사람이라면 말입니다.

진심을 담은 선물
♡

이 사랑의 언어를 말하는 사람들은 선물을 받을 때 가장 쉽게 사랑을 느끼고 애정을 표현합니다. 물질적으로 보일 수도 있지만 사실 선물 자체가 중요한 것은 아닙니다. 이 사람들은 자신의 가치와 사랑을 드러내는, 손으로 만질 수 있는 상징물을 원합니다. 그리고 본인도 개인적이고 특별한 선물을 하기 위해 많은 시간 고심합니다. 알다시피 아이들도 공들여 따 온 데이지 꽃다발이나 직접 만들거나 그린 것들을 선물합니다. 심지어 아기들도 사랑과 마음을 상징하는 선물들에 애정을 드러냅니다.

선물을 잘하지 못한다고 말하는 사람이 많습니다. 여러분이 그런 사람이라도 걱정하지는 마세요. 여러분의 파트너가 이 사랑의 언어를 말하는 사람이라면 여러분도 그 언어를 쉽게 습득할 수 있습니다. 다음처럼 하면 됩니다. 과거에 여러분이 준 선물 중에 파트너가 좋아했던 것들을 적어 보세요. 그리고 다른 사람에게서 받은 선물 중에 좋아했던 것도 적어 봅니다. 그럼 여러분의 파트너가 어떤 선물을 좋아하는지 느낌이 올 것입니다.

여러분의 파트너는 깜짝 선물, 상품권, 직접 만든 것들, 세상에 하나뿐인 것, 중고품, 비싼 것 중 특히 어떤 것을 좋아하는 것 같나요? 여러분의 파트너를 기쁘게 할 품목을 찾는 것이 목표입니다. 그러다 보면 생각지도 못한 선물 종류와 만나게 될지도 모릅니다. 바로 여러분의 존재 그 자체 말이지요. 중요한 순간, 파트너가 여러분이 필요하다고 할 때 그의 곁에서 함께 느껴 줄 수 있다면 그것 또한 여러분이 그를 사랑하고 있다는 분명한 표시가 될 것입니다. 그런 의미에서 두 번째 사랑의 언어인 '둘만의 시간'도 하나의 선물이 될 수 있습니다.

여기 선물에 아주 까다로운 아내를 유머로 만족시킨 사랑 가득한 남편의 이야기가 하나 있습니다. 남편이 아내의 취향에 맞지 않는 비싼 선물을 몇 차례 하자 둘은 앞으로 보석이나 가방류는 같이 구매하자는 데 합의했습니다. 크리스마스가 다가왔고, 남편은 크리스마스 트리 아래 둘이 같이 사지 않은 추가 선물을 하나 더 두었습니다. 포장을 뜯어보고 아내는 속으로 '왜 하필이면 초콜릿이지?' 하고 한숨을 쉬었습니다. "열어봐!" 꿍꿍이가 있던 남편이 재촉했습니다. "그리고 하필이면 왜 또 페도라 초콜릿이야!" 초콜릿 셀로판 포장을 뜯던 아내가 속으로 짜증을 내며 생각했습니다. 페도라는 그녀가 특히 싫어하는 초콜릿 브랜드였죠. 그래도 얌전히 초콜릿 상자를 열었고, 정말 깜짝 놀라고 말았습니다. 남편이 그 모든 예상과 달리 그녀의 취향을 제대로 저격했을 뿐만 아니라 아내를 감쪽같이 속여 웃게 했기 때문입니다. 몇 년 후에 그 이야기를 제게 들려줄 때조차 그녀는 남편의 그 사랑스러운 아이디어에 놀라움을 금치 못했습니다. 남편은 아내가 싫어하는 초콜릿을 모두 다 깨끗이 비우고 그녀가 도저히 거부할 수 없는 하리보 콜로라도를 하나씩 채워 넣었던 것입니다. 그녀는 감쪽같이 속고 말았죠.

언제나 도와줄 준비 되어 있기
♡

"뭐 필요한 거 없어? 말만 해. 내가 다 도와줄 테니." 이 사랑의 언어를 구사하는 사람들이 하는 말입니다. 이들은 도와주길 좋아하고 도와주는 것으로 호감과 사랑을 표현합니다. 이들에게는 얼마나 많이 도와주느냐보다 도와주겠다는 마음에 더 큰 의미가 있습니다. 근본적인 의식주를 도와주기도 하고, 작은 서비스를 제공하기도 합니다. 이 사랑의 언어를 쓰는 사람들은 직장에서든 집에서든 혹은 관공서에서든 누가 도와줄 의향을 표시하면 좋아하고 감사해합니다. 그 어떤 이유에서든 파트너가 갑자기 더 이상 도와주지 않으면 이들은 파트너가 자신에게 무관심하다고 느끼게 됩니다. 관계가 처음 시작될 때는 어쨌든 서로 뭐든 도와주려 했을 테니까 말이지요. 이러한 점을 헨리 포드도 잘 알고 있었던 듯 이렇게 말했습니다. "남자가 여자를 위해 자동차 문을 열어 줄 때는 자동차가 새것이거나 여자가 새 여자이다."

파트너가 도움에 소홀할 때 실망하고 불안해질 수 있습니다. "더 이상 나를 도와주지 않아. 그러니까 나를 사랑하지 않는 거야!" 하지만 예컨대 중요한 프로젝트를 마쳐야 했거나 힘든 병을 이겨내야 하는 등 나름의 충분한 이유가 있어 의도치 않게 도와주지 못할 때도 있습니다.

여러분 혹은 여러분의 파트너가 도움을 받는 것에서 사랑을 느끼는 사람임을 깨달았다면 여러분에게 특히 중요한 것 혹은 여러분의 파트너가 특히 중요하게 생각하는 것을 적어 보십시오. 그러니까 사랑받고 있다고 느끼게 할, 도움을 받고 싶은 것들을 다 적습니다. 예를 들어 요리해 주는 것, 아침에 침대로 커피를 가져다 주는 것, 딸 아이가 운동 끝나면 데리고 와 주는 것, 세무사와 통화해 주는 것 혹은 출장 다녀온 가방을 풀어 정리해 주는 것 등등, 목록은 구체적일 수록 좋습니다. 그리고 다 적었다면 파트너와 그것에 대해 이야기해 보세요. 어쩌면 그는 그런 도움이 여러분에게 얼마나 큰 기쁨인지 전혀 몰랐을 수도 있습니다. 심지어 여러분이 그런 일쯤은 다 혼자 해내고 싶어 하는 매우 독립적인 사람이라고 생각했을 수도 있습니다.

다정함

♡

이 사랑의 언어를 모국어로 쓰는 사람은 곰 인형과 털북숭이 고양이를 참 좋아할 것입니다. 사랑하는 관계에서 접촉은 이들에게 큰 의미를 지니므로 이들은 다정하게 쓰다듬어 주는 것으로 자신의 사랑을 표현합니다. 등을 쓸어 주거나 어깨와 발을 마사지해 주는 것이 이들에게는 사랑한다는 말보다 더 좋습니다. 섹스를 포함한 모든 종류의 접촉이 이들에게는 사랑의 분명한 증명입니다.

　　여러분의 파트너가 이 사랑의 언어에 능한지 잘 모르겠다면 이렇게 해 보세요. 가끔 다정하게 만져 보는 겁니다. 팔이나 어깨에 손을 얹어 보기도 하고 사랑스럽다는 듯 뺨을 만져 보세요. 사람들 앞에서도 해 보되 반응을 잘 살피기 바랍니다. 사람들 앞에서 다정한 손길을 주고받는 것을 좋아하지 않는 사람도 있습니다. 또 이미 서로 만져 주는 것을 어색해하는 사이가 되었다면 말 그대로 신중히 접근해야 합니다!

　　성적 욕구가 강한 사람들은 그 욕구를 이 사랑의 언어(다정함)와 동일시하는 경향이 있습니다. 하지만 섹스로 이어지지 않는 다정함이 여러분에게 별 의미가 없다면 다정함이 여러분의 사랑의 언어가 아닌 것입니다. 서로 다정히 몸을 어루만지다 보면 섹스로 이어질 수도 있지만, 성적 욕구와 사랑의 욕구는 서로 다른 것입니다. 섹스에 대해서는 뒤에 나올 「성적 실망 대신 욕구」 절에서 다시 살펴보겠습니다.

당신의 파트너는 어떤 사랑의 언어를 쓰는가?

♡

지금쯤 여러분은 여러분과 파트너가 어떤 사랑의 언어를 쓰는지 짐작했을 것입니다. 두 가지 언어를 함께 쓰는 사람도 많습니다. 하지만 사랑의 언어를 확정 짓는 일이 쉽지 않을 수도 있습니다. 특히 사랑 보관소가 비어 버린 지 오래되었다면 더 그럴 것입니다. 원래 어떤 사랑의 언어를 모국어로 썼는지 더 이상 기억나지도 않으므로 떠올리기를 단념해 버릴 수도 있습니다. 여러분이 만약 그렇다면 처음 사랑에 빠졌을 때로 돌아가 보세요. 처음에 파트너의 어떤 점을 가장 좋아했나요? 그는 특히 어떤 점에서 매력적이었나요? 당시 그가 여러분에게 어떤 멋진 말을 해 주었고, 어떤 마법 같은 일을 해 주었나요? 어쩌면 이렇게 말해 보는 것도 도움이 될 것입니다. "나는 … 때 내 파트너로부터 가장 사랑받는다고 느꼈다."

그리고 "내 파트너의 무엇이 현재 가장 그리운가?"라고 질문해 보는 것도 좋습니다. 여러분이 파트너에게 주기적으로 해달라고 하는 것이 있나요? 무엇 때문에 여러분은 파트너를 자꾸 귀찮게 하나요?

파트너의 행동 가운데 가장 화나게 하는 것이 무엇인지 생각해 보는 것도 좋습니다. 그는 선물에 인색한가요? 여러분에게 관심이 없나요? 그렇다면 여러분의 사랑의 언어는 앞서 설명한 '진심을 담은 선물'일지도 모릅니다. 반대로 파트너가 여러분의 무엇을 주로 비판하는지를 보면 그가 개인적으로 무엇을 필요로 하는지 추론하며 그의 사랑의 언어를 찾아낼 수 있습니다.

지금까지 서로 다른 전파만 줄곧 쏴댔다고 해도 걱정할 것 없습니다. 칭찬을 잘하기 위해 연애 수업을 들어야 하는 것도 아닙니다. 마사지 전문가가 되어야 하는 것도 아니고, 세금 신고나 청소 혹은 이외에 무엇이든 파트너를 행복하게 하는 일을 이제부터 무턱대고 좋아해야 할 필요도 없습니다. 하지만 상대가 쓰는 사랑의 언어를 받아들인다면 그것은 그의 마음을 어루만져 주는 것입니다. 그렇게 하면 상대도 여러분만의 사랑의 탱크를 다시 채워 주려 노력할 것입니다. 상대의 언어를 배우는 것은 감정적 투자이고, 그러한 투자의 보람은 둘 모두 똑같이 누리게 될 것입니다.

성적 실망 대신 욕구

너무 뜸한 섹스, 별로인 섹스, 적막한 침실 등등, 섹스만큼 굉장한 폭발력을 갖고 세상 침착한 사람조차 서로 모순되는 감정들에 정신을 못 차리게 하는 주제도 없을 것입니다. 서점에 가 보면 관련 충고를 담은 책들이 저마다 독자가 열망하는 해결책들을 약속하며 한쪽 코너를 가득 메우고 있습니다. 여성 잡지들이 모두 거창한 다이어트법을 하나씩 전시하고 있다면, 부부를 위한 잡지들에는 성욕 감퇴에 관한 기사들이 꼭 등장합니다. 하지만 우리의 바람과 달리 우리의 리비도libido는 매우 복잡해서 서로 다른 많은 요소에 영향을 받으며, 강요할 수도 없고, 이상적인 해결책 하나만으로 고칠 수 있는 것도 아닙니다. 싸움, 스트레스, 불만족, 그것들을 감당해야 하는 우리 몸, 그리고 또 다른 수많은 요소가 우리의 성생활에 막강한 영향력을 발휘합니다.

상황이 그다지 긍정적으로 보이지 않더라도 성생활의 개선을 위해 할 일이 분명 여러분이 생각하는 것보다 훨씬 더 많으므로 무력할 필요는 없습니다. 양쪽 모두 준비가 되어 있다면 심지어 상대적으로 빠르게 성공적인 결과를 볼 수도 있습니다. 만족스러운 섹스 라이프는 시간과 관심과 창의성과(네, 웃으셔도 됩니다) 인내심을 요구합니다. 섹시하게 들리지는 않겠지만 계획, 대화, 시간, 인내심, 판타지 가득한 새로운 아이디어 없이는 원하는 바를 이룰 수 없을 것입니다.

섹스 혹은 섹슈얼리티의 문제는 거의 늘 하나의 증세이다
♡

섹슈얼리티 문제는 스트레스, 번아웃, 우울증 같은 다른 갈등 혹은 개인적 위기의 부수적 현상인 경우가 대부분입니다. 우리의 몸은 주인이 중요한 경고 신호를 무시하면 스트라이크를 벌입니다. 섹스 문제가 그것 혼자 일어나는 경우는 거의 없습니다. 그러므로 필요한 변화를 단행할 때 거의 저절로 없어지기도 합니다. 또 섹스 문제는 침묵이 쌓은 물리적 벽 때문인 경우도 많습니다. 이 또한 기괴하게 들리는 사람이 많겠지만 단지 상대에 대한 복수 혹은 무의식적인 처벌로 섹스를 거부하는 경우도 적지 않죠.

섹스가 여러분이 특히 민감하고 상처도 가장 많이 받는 부분인가요? 여러분은 섹스를 상대에게 휘두르는 커다란 권력의 도구로 이용하고 있지는 않나요? 상대를 모욕하고 상처 주거나 반대로 행복감과 힘과 인정받았다는 느낌도 주면서 말입니다. 어쨌든 섹슈얼리티에 투자하는 것은 언제든 그만한 가치가 있습니다. 그걸 위해 베이비시터를 고용해야 하고, 저녁 약속을 취소해야 하며, 자신의 한계를 뛰어넘어야 한대도 말입니다.

'정상'은 없다

♡

"아내는 한 달에 한 번이면 충분하다고 생각해요."
"남편은 항상 원하는데 나는 늘 거부하죠."

무엇이 정상이고 무엇이 맞는지 시쳇말로 싸잡아 말할 수는 없습니다. 독일 라인란트 지방 속담에 "미치광이들도 다 다르게 미친다!"라는 말도 있습니다.

연구에 따르면 안정된 관계 속에서 정기적으로 섹스를 나누는 사람이 그렇지 못한 사람보다 삶을 더 유쾌하고 즐겁게 살아간다고 합니다. 하지만 흥미롭게도 커플이 서로 성적 친밀감을 더 자주 즐긴다고 해서 삶의 만족감이 그만큼 더 올라가기만 하는 것은 아닙니다. 통계상 일주일에 한 번 주기로 섹스를 즐기는 커플이 특히 행복하다고 하는데, 이는 나이와 성별은 물론 함께한 기간과도 상관없이 그렇다고 합니다. 물론 그보다 드물 경우 만족감은 줄어들지만, 더 잦다고 해서 만족감이 꼭 더 늘어나는 것도 아닙니다.

섹슈얼리티는 변한다

♡

섹스의 빈도뿐만 아니라 다른 측면들도 세월이 흐르면서 변합니다.

관계 자체가 여러 단계를 거치듯 섹슈얼리티도 그렇습니다. 처음의 열애 기간이 지나면 성적인 시간을 함께 보내는 빈도가 대부분 눈에 띄게 떨어집니다. 대부분 침실이 일상의 공간일 뿐 더 이상 흥분되는 실험을 하지 않으며 남은 것은 이제 익숙한 루틴뿐입니다. 일도 많고, 피곤하고, 기력도 없으니 차라리 아무 생각 없이 볼 수 있는 텔레비전이나 다른 미디어를 선호합니다. 하지만 그렇게 이렇다 할 변화 없이 몇 년을 보내다 보면 점점 불만이 쌓입니다. 그러다 둘 중의 한 명이 변화를 위해 바람을 피우거나 원치 않게(?) 다른 관계 속으로 빠져듭니다.

둘만의 다정한 시간은 이제 사라지고 불만만 쌓이다가 어느 순간 끊임없이 불평만 해대는 자신을 발견하기도 합니다. 이것이 싸움이 되고 결국에는 계속되는 힘겨루기로 이어지죠. 꺼져 가는 사랑과 섹슈얼리티의 불씨를 되살리고 싶다면 늦어도 이때쯤에는 서로 대화를 나눠야 합니다. 신체 중에 서로의 은밀한 곳을 뜻하는 애칭도, 오르가슴 등을 느낄 때 서로가 보여주는 육체적 반응에 대한 자신들만의 표현도 없는 경우가 많습니다. 섹스 감정과 욕구를 드러내는 자신들만의 은어도 당연히 없고 말입니다. 섹스 토크가 (특히 인터넷에) 만연해 있는 현대 서구사회에서도 결정적인 상황에서는 마치 터부라도 되듯 함구합니다.

섹스와 관련해서 여러분이 중요하게 생각하는 것들을 즉석에서 한 번 적어 보시겠습니까? 그리고 기꺼이 말해 보겠습니까? 전희, 자세, 부드럽게, 강하게, 빨리, 느리게 등등 아주 구체적으로 말입니다. 파트너와 여러분이 바라는 것과 절대 불가한 것에 대해 말해 본 적이 있나요? 성적으로 만족하고 제대로 기능하는 파트너 관계를 위해서는 여러분이 원하는 게 무엇인지 알고 또 그것을 표현할 수 있어야 합니다.

서로 다른 욕구들
♡

섹스가 중요하지 않은 사람도 많습니다. 이 사람들에게는 육체적 사랑이 불쾌한 건 아니지만 삶의 만족감을 위해 꼭 섹스를 해야 하는 것은 아닙니다. 이것이 문제될 건 없습니다. 상대도 성적 욕구가 강하지 않고 육체적으로 소홀한 대우를 받는다고 느끼지도 않는다면 말이지요. 여러분이 섹스를 갈망하는 쪽이라면 상대의 약한 리비도를 자신의 탓으로 돌리지 않는 것이 무엇보다 중요합니다. 단지 섹스가 그다지 필요하지 않은 사람도 있는 것입니다. 욕구가 적은 쪽은 섹스에 배고픈 상대를 위해 얼마만큼 보조를 맞출 수 있는지 생각해 보세요. 성적 불만족은 감정적인 문제만이 아니라 배고플 때와 목마를 때와 같은 육체적 결핍 상태이기도 합니다. 음식의 비유가 나왔으니 말인데 먹다 보면 없던 식욕도 생길 수 있습니다. 섹스에 시큰둥한 사람도 그러므로 하다 보면 사랑의 의무를 다하기가 조금은 더 수월해질지도 모릅니다. 하지만 가장 중요한 것은 둘다 만족할 수 있는 지점을 찾는 것이지요.

자신만의 욕구를 매일 무시하고 가족과 일을 위해 희생하는 여자들이 많습니다. 그러다 보면 언젠가는 욕구 자체가 완전히 사라져 버리기도 합니다. 커플 테라피스트나 의사와 상담해 보면 그런 리비도의 상실이 정확하게 어디서 왔는지 알아낼 수 있을 것입니다. 제 내담자들 중에는 피임약 때문에 성적 욕구가 사라진 사람이 많습니다. 여러분의 산부인과 의사가 그런 부작용이 있는 약을 처방한다면 당장 의사를 바꾸기 바랍니다! 섹슈얼리티는 인간에게 중요한 부분입니다. 성적 욕구가 충족되지 못하면 자존감도 떨어지죠. 성적 욕구가 완전히 사라진 사람이라도 자존감 문제는 남아 있을 수 있습니다. 물론 그것을 크게 의식하지 않거나 못할 수는 있습니다.

현재 섹스 라이프 상황 점검
♡

- 섹스를 얼마나 하며, 얼마나 하고 싶은가요?
- 방해 요인이 있다면 무엇인가요?
- 파트너의 몸을 (아직도) 좋아하나요?
- 여러분의 몸을 좋아하나요? 아니라면 왜 좋아하지 않나요?
- 그런 상황을 개선하기 위해 무엇을 할 수 있을까요?
- 파트너가 여러분을 남자 혹은 여자로 대하는 방식에서 상처가 되는 점이 있나요?
- 있다면 무엇이 그런가요? 상대의 표현 방식? 어떤 행위? 혹은 부족한 행위?
- 여러분의 섹스 라이프를 위해 기꺼이 갖고 싶은 것이 있나

요?

- 아니면 거부하고 싶은 것이 있나요?
- 그렇다면 어떻게 거부할 수 있을까요?
- 도움이 필요한가요? 여러분을 가장 잘 도와줄 사람은 누구인가요?

일상 속 섹스
♡

섹스를 세세하게 계획하라고 조언하면 그 즉시 얼굴을 찌푸리는 사람이 많습니다. 여러분도 즉흥적인 섹스만이 좋은 섹스라고 믿고 있나요?

직장에서의 일, 집안일, 그리고 또 다른 해야 할 일들에 치여 살다 보면 시간이 지날수록 습관과 루틴만 늘어납니다. 그런 촘촘한 일상에서는 적극적으로 계획하지 않는 한 섹슈얼리티에 소홀할 수밖에 없죠. 처음 연애할 때는 어땠나요? 그때는 늘 마음속으로 다음 데이트를 그려 보지 않았나요? 면도도 하고 향수도 뿌리며 한껏 꾸미고, 설레는 마음으로 섹스를 상상하곤 하지 않았나요? 이것을 즉흥적인 섹스라고 할 수는 없을 것 같습니다.

사랑은 느낌이자 행위
♡

이제 막 사랑에 빠진 사람들은 의식적·무의식적으로 끊임없이 서로의 몸을 만지려 합니다. 서로 키스하고 껴안습니다. 서로의 팔, 다리, 어깨에 손을 올려놓거나 서로의 손을 꼭 잡거나 서로를 쓰다듬습니다. 여러분과 여러분의 파트너를 한번 관찰해 보세요. 부드러운 접촉이 일어나고 있나요? 아니면 그런 습관에서 벗어난 지 오래인가요? 처음에는 좀 어렵더라도 다시 서로를 만지기 시작하며 노력해 보기 바랍니다. 욕구는 노력할수록 커지기도 합니다.

마음을 여는 것도 접촉만큼 중요합니다. 가능한 한 자주 서로 대화하십시오! 처음부터 대화가 행복한 결말을 부르지는 않겠지만 만족스러운 대화의 초석이 될 수는 있습니다. 섹스 문제가 있는 커플들의 경우 서로에 대해 잘 모르고 특히 상대가 무엇을 열망하는지 전혀 모르는 경우가 정말 많습니다. 여러분의 파트너는 여러분이 말해 주지 않으면 무엇을 필요로 하는지 기껏해야 추측만 할 수 있습니다. 한쪽에서는 성생활이 좋다고 생각하지만 다른 한쪽은 혼자서 괴로워하는 커플도 드물지 않습니다. 어떤 내담자는 사랑을 나눈 후에 남편이 어땠느냐고 물으면 몇 년째 거짓말로 좋았다고 했음을 고백하기도 했습니다. 첫 섹스부터 끔찍해서 헤어지고 싶을 정도였지만 상처를 줄까 싶어 차마 솔직히 말할 수는 없었다고 합니다. 그래서 자신이 괴로워하는 쪽을 택했던 것이죠. 아이를 둘 낳고 수년 동안 참고 살다가 우리 상담소에서 마침내 그녀는 남편에게 진실을 말하는 용기를 낼 수 있었습니다. 남편은 큰 충격을 받았지만 그들이 그날 종일 나와 함께 시간을 보낼 수 있었던 것은 참 다행이었습니다. 그들이 다시 함께 섹스를 즐길 수 있게 되기까지 시간은 좀 걸렸지만, 반년 후 피드백을 위해 다시 우리 상담소를 찾았을 때 전 제 눈을 의심했습니다. 둘이 손을 꼭 잡고 계단을 올라오는 것도 놀라웠지만 둘은 그동안 그 전설의 '청춘의 샘물'만 마신 듯 한층 더 젊어져 있었습니다.

바람, 공통의 판타지
♡

성적인 바람과 혼자 간직해 온 판타지를 털어놓을 수 있게 해 주는 것, 이것은 사랑하는 사람에게 여러분이 줄 수 있는 가장 은밀한 선물입니다. 사랑하는 사람 사이의 이러한 신뢰는 유일무이하고 값을 따질 수 없이 소중합니다. 섹스에 대해 파트너와 자유롭게 얘기할 수 없다면 상대가 어떻게 반응할지 몰라 두려운 것이거나 새로운 시도를 주저하는 것입니다. 여기에서 성장 배경, 인생 경험, 개인적 특질이 큰 역할을 합니다. 무엇이 좋고 무엇이 싫은지 솔직하게 터놓고 얘기하다 보면 상처와 공격을 받게 될 수도 있습니다. 미국의 작가 브렌 브라운Brené Brown은 상처 문제를 살펴보는 것이 강한 인격을 이해하는 데 중요한 열쇠라고 생각했습니다. "상처받을 수 있음을 알고 상처를 기꺼이 허락할수록 목표로 향하는 용기와 확신이 그만큼 큰 것이다. … 경기장에 들어가지도 않고 인생에서 완벽해질 날 혹은 무적이 될 날만 기다리고 있는가? 두 번 다시 없을지도 모를 기회 혹은 관계를 저버리면서?"[28] 시도하지 않으면 얻을 수도 없습니다. 사랑하는 사람보다 여러분의 비밀을 더 잘 지켜 줄 사람이 누가 있겠습니까?

섹스 지도
♡

여러분의 파트너에게 여러분만의 개인적인 섹스 지도를 만들어 주면 어떨까요? 그럼 둘 모두에게 훨씬 좋을 것입니다. 그 지도에는 다음과 같은 주요 정보들이 들어 있으면 좋겠습니다.

- 나와 섹스할 때 당신은 무엇보다 … 을 알아야 한다.
- 나는 … 을 그다지 좋아하지 않는다.
- 나는 … 을 아주 좋아한다.
- 나는 당신이 무엇보다 … 을 더 많이 해 줬으면 좋겠다.
- 그것은 … 에 해 줬으면 좋겠다.
- 당신과의 섹스를 나는 … 때문에 제일 좋아한다.
- 실제로 어떤지는 잘 모르겠지만 상상 속에서는 … 을 해 보면 좋을 것 같다.

성욕이 떨어지는 이유
♡

오래 같이 살다 보면 성욕을 잃거나 최소한 아주 많이 줄어드는 커플들이 적지 않습니다. 특히 자녀가 생기면 더 그렇지요. 사랑, 섹슈얼리티 관련 만족감에 대해서라면 대체로 첫 아이가 태어난 뒤 1년이 가장 바닥입니다. 여기에는 서로에 대한 기 싸움도 한몫을 합니다. '당신이 내가 필요한 것을 주지 않으면 나도 당신이 원하는 것을 주지 않을 거야.' 하지만 호르몬도 결정적인 역할을 합니다. 임신 기간 동안 여자의 몸에는 옥시토신oxytocin이 많이 분비되는데 출산과 함께 그 양이 대폭 줄어듭니다. 옥시토신을 괜히 사랑 호르몬이라고 하는 것이 아닙니다. 옥시토신이 줄어들면 여자들은 보통 열정적인 섹스보다 다정한 손길을 바라지요. 욕구 불만인 남자 쪽이 가하는 압박은, 그러므로 안타깝게도 그나마 있던 애정마저 사라지게 하는 역효과를 부르며 여자를 더욱 멀어지게 합니다.

사랑에 빠질 때 여자의 테스토스테론testosterone 수치가 올라가고 이것이 성욕을 자극하는데 남자의 경우 오히려 그 수치가 조금 떨어집니다. 그럼 둘의 성욕이 비슷해지므로 매우 바람직한 상태가 되죠. 하지만 이 시기가 지나면 자연이 보내 주는 그 완벽한 후원은 사라지고 따라서 그 균형 상태도 깨지게 됩니다. 상담을 하다 보면 남자는 그 균형을 되찾고 사랑받고 있다고 느끼기 위해 섹스를 원하지만, 여자는 균형 상태이고 사랑받고 있다고 느낄 때에만 섹스를 원하는 상황을 거듭 목격합니다.

옥시토신은 섹스 중에도 분비되어 오르가슴 뒤 서로를 쓰다듬고 싶은 마음이 들게 합니다. 바깥에서 성적 만족감을 찾는 일은 그러므로 호르몬적으로 볼 때 절대 좋은 생각이 아닙니다. 성적인 모험으로만 시작했던 일이 옥시토신의 작용으로 원치 않는 감정들을 부르고 급기야 사랑에 빠질 수도 있기 때문입니다. 섹스 시 다른 많은 호르몬도 분비되는데 이것들이 섹스를 더 원하게 합니다. 오랫동안 섹스를 하지 않았다면 성욕을 부추기는 호르몬도 그만큼 적게 분비된다는 말입니다. 그러므로 다음과 같은, 바람직하지 않은 원칙이 도출됩니다. '섹스는 할수록 더 하고 싶고, 안 하다 보면 계속 안 하고 싶다.'

지루함과 작별하기
♡

섹스는 두 사람의 서로 다른 힘이 조화를 이루는 게 중요하므로 자신의 성적 취향만 고집할 수는 없습니다. 물론 인간이 감정적으로 가장 필요로 하는 것은 안정입니다. 안정이 확보된 후에야 성장, 계발, 도전, 모험, 그러니까 안정과 거리가 먼 것들을 도모하고 싶은 마음이 생깁니다. 하지만 좋은 섹스에서 좋은 호르몬 조합 다음으로 중요한 전제가 끊임없는 자극입니다. 지금 당장 새 파트너를 찾으라는 말은 아니니 걱정하지 마세요. 새 파트너와의 섹스가 꼭 만족스러우리란 법도 없습니다. 신뢰하는 파트너와의 섹스가 꼭 지루하란 법이 없는 것처럼 말이죠. 중요한 것은 양쪽 모두 자신의 바람을 분명히 말할 수 있어야 하고, 새로운 시도에 준비가 되어 있어야 한다는 것입니다. 오래된 관계라도 늘 새로운 것을 발견하고 상대를 깜짝 놀라게 하고 (혼자가 아니라) 함께 탐색 여행을 갈 여지는 무궁무진합니다. 이것을 증명하기 위해 남편과 독보적인 '섹스 실험'을 단행한 어느 미국 작가도 있습니다. 그녀의 책 『52 유혹The 52

Seductions』에서 베티와 허버트는 십 년 결혼 생활 후 뜸해진 성생활을 어떻게 다시 불타게 했는지 묘사했습니다(사생활 보장을 위해 당연히 둘의 성은 밝히지 않았지요). 둘은 무엇보다 일주일에 한 번, 섹스와 관련해서 새로운 것을 하나씩 시도하는 것을 의무로 삼았습니다.[29]

이들처럼 매주 꼭 그럴 필요는 없지만 여러분의 성생활에 이례적인 것들을 첨가해 보세요. 단조로운 일상과 늘 똑같은 방식이 섹시한 경우는 거의 없습니다. 인생에서 선호하는 것들의 목록에서 섹스가 자꾸만 밑으로 내려가는 사람이라면 더 그렇습니다. 삶에서 우리를 행복하게 하고 깊은 만족감을 주는 이 부분을 되찾기를 바랍니다. 사랑을 위해 더 많은 시간을 할애하세요. 낯설고 불편하게 느껴질 수도 있지만, 일주일에 한 번(혹은 최소한 2주에 한 번) 지정일을 정해놓는 것이 좋은 섹스를 부름은 이미 증명된 바 있습니다. 특히 젊은 부모 커플에게 그렇습니다.

지니
♡

"주인님, 무엇이든 원하시는 걸 말씀해주세요!" 그 유명한 램프의 요정, 지니의 말입니다. 1960년대 "지니"라는 똑같은 이름의 텔레비전 시리즈가 있었는데, 거기에서는 무인도에 떨어진 한 우주 비행사가 마법에 걸려 병 안에 갇힌 지니를 발견합니다. 비행사는 지니를 풀어 주는데 지니는 자유롭게 떠나지 않고 그의 옆에 남아 그때부터 그의 모든 소망을 들어주겠다고 말합니다. 그런데 그의 소망을 듣고 이루어 주는 대신 혼자 예측하려 들어서 일이 꼬이기 시작하죠.

섹스에서도 서로 원하는 것을 분명히 말하지 않고 서로 짐작만 할 때 일이 꼬일 수 있습니다. 병 속에 갇힌 섹스의 요정을 풀어 주세요! 데이트 약속을 잡고 시간을 정하십시오. 처음에는 한두 시간 정도면 좋습니다. 저녁 시간도 좋고 주말도 좋습니다. 중요한 것은 둘이 함께 계획하는 것입니다. 숙고를 마쳤다면 이제 게임을 시작합니다. 한쪽은 지니를 다른 한쪽은 주인을 연기합니다. 약속한 시간 내내 지니는 주인의 소망을 들어줘야 합니다. 뭐든 소망할 수 있고 꼭 섹스와 관련된 것이어야 하는 것도 아닙니다. 예를 들어 주인은 거품 목욕, 책 읽어 주기, 요리해 주기 등을 요구할 수도 있고, 거실을 화려하게 장식하고 멋진 저녁을 차려달라고 할 수도 있습니다. 아니면 정신적 행복을 위해 마사지를 원할 수도 있고, 서로 따뜻하게 껴안고 쓰다듬어 주기를 바랄 수도 있습니다. 다만 지니가 아닌 주인이 선호하는 것이어야 합니다. 주인은 그날 저녁을 자신이 어떻게 통치할지 정하고 지니에게 전달합니다. 물론 한계는 미리 정해둡니다. 지니는 노예가 아니므로 괴로운 일까지 할 필요는 없습니다. 하지만 주인은 지니를 즐겁게 할 의무가 없으므로 정확하게 자신을 위한 지시만 내립니다. 주인은 그 시간에 하고 싶은 것을 미리 생각하고, 정확한 지시를 내려야 하며, 필요 시 "아니, 거기 말고. 그래, 거기. 아니, 좀 더 강하게. 이제 거기. 그래, 바로 그거야."처럼 세세하게 설명합니다.

그리고 다음날 그 시간이 어땠는지 서로 의견을 교환합니다.

둘이 항상 똑같이 좋았거나 흥분하지 않았을 수도 있고 꼭 그래야할 필요도 없습니다. 중요한 것은 정확하게 어떤 느낌이었는지 서로 솔직하게 말하는 것입니다.

우리 상담소 내담자들에게 지니 아이디어를 권유하면 보통 여자들은 대뜸 남자 쪽에서 절대 그런 게임을 할 리가 없다고 말합니다. 하지만 사실 남자들은 이제 드디어 자신의 여자가 정말 뭘 원하는지 추측할 필요가 없게 되었으므로 대개 기뻐하고 호기심을 보입니다. 남자들은, 여자를 잘 모르겠다고 하는 사람들조차 진심으로 여자들이 정말 바라는 것을 알고 들어 주고 싶어 합니다. 남자들은 여자들이 생각하는 것보다 훨씬 더 자신의 여자를 행복하게 해 주고 싶어 합니다.

몇 년 전 우리 상담소에 찾아온 어떤 여성도 자신의 파트너가 침대에서 얼마나 형편없는지, 그리고 자신의 욕구를 전혀 충족시켜 주지 못함을 성토했습니다. 제가 지니 게임 처방을 내리자 그렇게 한참 야단을 맞던 남자는 깊이 안도했습니다. 이제 그녀가 정말 원하는 것을 알게 될 테고 섹스를 주도해야 한다는 책임감에서 벗어나게 되었으니 말이죠. 그런데 막상 약속한 날이 되자 그녀는 자신이 뭘 원하는지 알 수 없어서 한 시간 내내 자신의 머리만 빗겨 주게 했습니다. 그녀에게는 참혹한 경험이었습니다. 사실 문제가 있었던 사람은 그동안 그렇게 비난했던 남편이 아니라 자신이었음을 인정할 수밖에 없었기 때문입니다. 자신이 무엇을 원하고 무엇을 필요로 하는지 그녀 자신도 몰랐는데 그가 어떻게 알 수 있었겠습니까?

지니 게임은 꼭 부담 없이 해야 합니다. "빵과 치즈가 있는 저녁을 먹고 싶어요." 정도로 소박하게 시작할 수도 있습니다. 그래도 지니는 여러분의 속마음을 읽을 수 없으므로 "빵은 방금 구운 빵으로 얇게 잘라 주고, 버터도 얇게 조금만 발라 주세요. 그 위에 브리 치즈를 조금 올려 주세요."처럼 정확하게 지시하십시오. 여러분이 원하는 것을 알고 정확하게 소통해야 합니다.

역할 바꾸기

♡

이 게임은 당연히 약속한 것을 꼭 지킬 때만 의미가 있습니다. 사실은 그날을 원하지 않아서 자꾸 핑곗거리를 찾는다면 자신과 파트너에게 솔직해야 할 것입니다. 그럴 때는 게임을 할 때 절대 하기 싫은 것들에 대해 이야기를 많이 나누는 것이 도움이 될 수 있습니다. 그렇게 준비하는 시간 자체가 관계 개선을 위해 할 수 있는 또 하나의 좋은 연습입니다. 게임을 자꾸 하다 보면 둘이 같이 원하는 방식이 저절로 생길 것입니다. 여러분이 주인 역할을 할 때는 이기적으로 행동해도 됩니다. 다시 말해 지니 쪽의 욕구를 들어주는 것이 우선시되어서는 안 됩니다! 그렇다고 같이 자유 섹스 클럽에 갈 것을 강요하는 정도로까지 나아가진 않습니다. 그리고 당연히 주인 쪽은 쾌감도 상승의 정도와 관계없이 원하는 것을 요구할 수 있습니다. 실험하고 시도하고 웃을 수 있으면 된 것입니다. 그리고 다음에는 서로의 역할을 바꿔 봅니다.

둘만의 시간-무슨 수로?

사랑을 다시 꽃피우기 위해서는 갈등 상황일 때 주의해서 행동하는 것에서 나아가 일상에서도 서로 친밀함을 느낄 수 있도록 의식적으로 노력하는 것도 중요합니다. 서로 자주 안아 주고 손을 잡고 산책을 하거나 특별한 이유 없이도 따뜻한 문자를 보내 보세요. 서로에게 소중한 사람임을 느끼게 해 주는 방법은 꽤 많습니다. 오랜 임상 연구에 따르면 일상에서 주고받는 작은 사랑과 감사의 표현, 서로가 서로에게 얼마나 소중한 사람인지 말해 주는 것이 행복한 관계를 크게 촉진합니다. "기쁠 때나 슬플 때나 언제나 함께한다."라는 좋은 말이 있습니다. 그러므로 힘든 시기에 좋은 전략을 계발하는 것만이 아니라 좋은 때 그러함을 충분히 즐기고 축하하고 감사하는 것도 중요합니다. 지금 서로 안아 주는 일이 거의 없다면, 그리고 마지막으로 사랑을 나눈 게 언젠지 기억도 나지 않고 툭하면 아무것도 아닌 일로 싸운다면 현재 파트너와 단둘이 보내는 시간이 얼마나 되는지 한번 잘 생각해 보기 바랍니다. 부모로서, 사업 파트너로서 혹은 모임에

같이 나가는 사람으로서가 아니라 커플로서 보내는 시간 말입니다.

- 한 달, 한 주, 하루에 둘만의 시간을 얼마나 보내나요?
- 그 시간은 어떻게 보내나요?
- 주로 어떤 주제에 대해 말하나요?
- 서로의 감정과 욕구를 어떻게 소통하나요?

나는 당신에게 어떤 사람인가?
♡

싸움, 비난, 거리감… 대체로 이 모두는 사실 경고 사인을 무시하고 있다는 뜻 그 이상도, 이하도 아닙니다. 갈등의 대부분은 서로에 대한 관심, 신뢰, 존중, 인정, 이해가 부족하기 때문입니다. 여러분의 파트너가 직간접적으로 말하려는 것은 사실 "당신을 잃을 것 같아 불안해. 당신이 나에게 관심을 좀 더 가져 줬으면 좋겠어. 나는 당신이 나를 위해 거기 있어 주면 좋겠어."입니다. 여러분의 파트너는 다음과 같은 의문들로 힘들어하며 자신을 좀 봐달라고 하는 것입니다.

- 나는 당신에게 어떤 사람인가?
- 내가 필요로 할 때 옆에 있어 줄 수 있나?
- 내가 당신에게 과연 중요한 사람인가?
- 당신에게 의지할 수 있을까?

- 내가 당신을 사랑하듯 당신도 나를 사랑하는가?

이 질문들에 재빨리, 하지만 진심에서 우러나오는 대답을 주고받을 수 있는 방법이 하나 있습니다. 파트너의 눈을 10분 동안 깊이 들여다보세요. 말없이, 불평도 없이 그리고 손, 발, 표정도 쓰지 않고 눈만 응시합니다. 여러분의 눈을 통해 상대는 여러분의 마음을 읽을 수 있습니다. 파트너가 여러분의 마음을 들여다보게 하세요. 그것이 수많은 말보다 더 많은 이야기를 해 줄 것입니다. 한번 시도해 보세요. 그다음 그 느낌이 어땠는지 서로 이야기해 봅니다. 이제 막 사랑에 빠진 커플은 강렬한 눈길을 끊임없이 주고받습니다. 여러분은 언제 마지막으로 파트너의 눈을 깊이 들여다봤나요? 다정한 눈길은 성공적인 소통을 위한 첫걸음입니다. 한번 실험해 보기 바랍니다! 노력해 볼 만한 것입니다.

영원함과 안정
♡

영원함과 안정이 늘 좋은 것만은 아닙니다. 행복한 관계를 오랫동안 유지하기 위해서는 습관 유지가 아니라 변화 모색이 그 목표가 되어야 합니다. 가정의 안정을 이루는 데 너무 집중한 나머지 사랑하며 행복하게 사는 데 중요한 변화에 대해서는 터무니없을 정도로 등한시하는 커플들이 많습니다. 서로를 고취하고 감탄하게 하고, 서로에게서 새로운 것을 발견하거나 함께 새로운 것을 발견하는 일이 늘 쉽지만은 않지만, 이것이 사랑과 섹스에 있어 끊임없는 발전을 부르는 길입니다. 오랜 커플들 사이 사랑의 감정을 고취하는 방법에 대한 심리학적 실험이 미국에서 10주간 이어진 적이 있습니다. 그 결과 오래 지속되는 사랑의 비밀은 지루함을 피하고 새로운 것을 시도하는 데 있음이 드러났습니다. 행복한 관계를 위한 레시피는 끊임없이 시도하는 것입니다.

특이한 데이트 추억 쌓아가기
♡

바로 지금부터 소통 방식을 조금씩 바꾼다면 머지않아 단조로운 일상에서 벗어날 수 있을 것입니다. 이제 우리의 목표는 새 프로젝트 혹은 경험을 일상으로 불러들여 다시 흥분해 보는 것이고, 이것은 참으로 아름다운 목표입니다. 사랑에 빠진 그 느낌을 되살릴 수 있는 재미있는 랑데부를 모색해 보세요. 요컨대 한 달에 한 번 새로운 시도의 날을 정해두는 것도 좋을 것입니다. 번갈아 가며 책임지고 그날을 지휘하기로 하면 서로의 능력에 기분 좋게 놀라게 될 수도 있습니다. 새로운 장르의 영화를 시도해 볼 수도 있고, 이벤트 레스토랑을 가 볼 수도 있고, 새로운 스포츠에 도전해 볼 수도 있습니다. 부담 없이 상상의 나래를 펴기 바랍니다. 인터넷 검색 사이트에 "특이한 데이트 아이디어"라고 입력해 검색해 보면 여러분과 여러분의 파트너에게 적합한 아이디어 한두 개는 찾게 될 것입니다.

여러분에게 흥미진진한 일은 무엇인지, 둘이 함께 즐기기 위해 무엇이 필요한지, 무엇은 할 수 있고 무엇은 할 수 없는지에 대해 여러분 스스로 가장 잘 알 것입니다. 여러분 인생의 전문가는 여러분 자신입니다. 스스로의 인생에 대해 그리고 자신과 파트너의 관계에 대해 여러분보다 더 잘 아는 사람은 없습니다. 하지만 한 가지는 꼭 기억하기 바랍니다. 늘 똑같은 것만 한다면 새로운 것은 아무것도 경험할 수 없을 테고 새로운 감정도 얻을 수 없음을 말입니다. 행복은 늘 다음에 할 도전 그 뒤에 숨어 있습니다.

- 언제 마지막으로 새로운 일을 해 보았나요?
- 그때 어떤 느낌이었나요?
- '해 봐야 할 일' 목록, 혹은 '늘 하고 싶었던 것' 목록에 무엇이 있나요?
- 그 목록에서 파트너와 함께할 수 있는 것이 있나요?
- 파트너의 꿈과 바람을 알고 있나요?
- 둘이 함께 무언가를 향해 나아간 적이 있나요? 혹은 무언가를 열망해 본 적이 있나요?
- 둘이 함께 오래 소망했던 꿈을 이룬 적이 마지막으로 언제였나요?

목표 실현을 위해 노력하는 즉시 기분이 좋아집니다. 꿈을 위해 한 발 한 발 열정을 다할 때 자신감 넘쳐 보이고 더 흥미로우며 매력적인 사람이 됩니다.

사람은 모두 다르고 커플도 다 다르므로, 정답은 없고 방법은 다양합니다. 누구나 개인적으로 필요한 것이 다르고, 자기만의 꿈이 있습니다. 하지만 튼튼한 관계라면 서로의 목표 달성과 꿈의 실현을 돕습니다. 사랑에 있어서는 한 번 잃어버린 기회가 마지막 기회가 되기도 합니다. 그러므로 여러분과 여러분 파트너에게 좋을 것들을 시도해 보고 앞에서 제가 제안한 전략들을 어떻게 적용해 최적의 결과를 낼 수 있을지 신중하게 잘 생각해 보기 바랍니다. 여러분이 만족하고 사랑을 꽃피우는 데 무엇이 필요한가요? 둘이 함께 만들어 가는 스케줄표? 둘이서만 보내는 지정일? 베이비시터? 아니면 완전히 다른 그 어떤 것이 필요한가요? 그렇다면 그것은 무엇인가요?

"우리는 시간이 너무 없어요!"

♡

시간을 잡아먹는 것들을 모두 잡아내십시오. 기분을 잠깐만 좋게 하는 것들, 목표에서 멀어지게 하는 것들은 모두 시간 도둑들이고 불필요한 것들입니다. 그것들을 단호하게 거부할 때 둘이 함께 보내는 자유 시간을 만들 수 있고, 그런 자유 시간은 꼭 필요합니다. 예를 들어 목적 없는 인터넷 서핑을 그만두는 건 어떨까요? 혹은 직장에서 완벽주의를 조금 포기하며 20퍼센트의 노력으로 80퍼센트 성과를 내는 데 집중하는 건 어떨까요? 제 지인 중 한 명은 SNS 사용 금지 기간을 한 달 두어 보기로 했습니다. 그 결과 자신이 스마트폰 중독자임을 깨닫고는 충격을 받았고, 그 즉시 스마트폰은 전화할 때만 쓰는 것으로 디지털 족쇄에서 벗어났습니다.

- 여러분의 시간을 훔치는 도둑과 에너지를 빨아먹는 흡혈 귀를 찾아내세요.
- 생각해 보면 정말 중요한 일은 아닌데 매주 해야 해서 부담되는 일은 없나요?
- 늘 기진맥진하게 하는 일이 있나요?
- 포기하거나 줄일 수 있는 활동 혹은 임무가 있나요?
- 다른 사람에게 맡겨도 되는 일은 없나요?

때로는 직접 하는 것보다 다른 사람에게 맡기는 것이 더 나을 때도 있습니다. 그 사람이 그 일을 훨씬 더 잘, 더 빨리할 수 있다면 말입니다. 그 사람에게 그 일을 지시하는 데 추가 시간이 들더라도 장기적으로 볼 때 모든 걸 혼자서 도맡아 하는 것보다 낫습니다. 그렇게 얻은 시간을 잘 활용하고 다른 사람에게 생활비 혹은 최소한 부수입을 벌게 해 주었다는 뿌듯한 기분을 즐기길 바랍니다.

때로는 규칙적으로 쉬는 시간만 가져도 문제가 쉽게 해결되기도 합니다. 연구에 따르면 역설적이게도 쉬는 시간을 잘 가질수록 프로젝트를 더 빨리 끝낸다고 합니다. 우직하게 내달리기만 하지 말고 한 시간마다 최소한 5분은 숨돌릴 틈을 갖길 바랍니다. 그럼 저녁에 좋아하는 일 혹은 '어른들의 시간'을 못 가질 정도로 피곤하지는 않을 테고 그럼 그 시간을 좀 더 의미 있게 이용할 수 있을 것입니다.

7주 도전

"좋은 배우라면 두 가지는 완벽하게 연기할 줄 알아야 해요. 정말 죽는 것처럼 죽을 줄 알아야 하고, 열정적인 사랑 장면에서 관객을 매료시킬 줄 알아야 하죠." 저는 이 말을 듣고 그 즉시 그럴듯하다고 생각했습니다. 성공한 배우이자 제 남편의 좋은 친구이기도 한 지인이 몇 년 전 했던 말로, 배우로서의 자기 철학을 그렇게 표명한 셈이었죠. 어쨌든 사랑하는 장면이나 죽는 장면이 안 나오는 연극/영화는 거의 없지 않나요? 둘 다 나오는 경우도 드물지 않고 말입니다. 저는 이어 둘 중에 어느 쪽이 더 어렵냐고 물었습니다. 그는 사랑하는 장면을 연기하기가 훨씬 더 어렵다고 고백했습니다. 제가 의아하다는 듯 보자 그가 이어서 말했습니다.

"문제는 상대 배우를 내가 선택할 수 없다는 데 있어요. 시나리오상 감독이 나와 잘 어울릴 것 같다고 생각한 상대가 늘 내 마음에 드는 건 아니잖아요. 심지어 그 반대인 경우도 있죠. 카메라 앞에서는 내가 정말 싫어하는 상대라도 더할 수 없이 사랑스럽다는 듯 연기해야 했던 적이 적지 않았죠."

"아, 그럴 수도 있겠네요. 내가 생각해도 너무 어려울 것 같아요. 그럴 때는 어떻게 해요? 어떤 요령이라도 있어요?" 제가 물었습니다.

"사실 쉽지는 않지만 연습을 하면 불가능한 것도 아니죠!"

그가 연기 공부를 할 때 심지어 "사랑에 빠지기"라는 과목까지 있었다고 합니다. '사랑에 빠지는 수업이라니 멋진데?' 그쯤 되자 저는 그의 말에 초집중하지 않을 수 없었습니다.

"사람은 누구나 아름다운 점이나 사랑스러운 점 하나쯤은 다 갖고 있죠. 그러니까 요령은 바로 그 점에 집중하고 다른 모든 것은 잊어버리는 거예요. 예컨대 3년 전 어느 드라마에서 평소에 싫어하던 배우와 커플이 되었는데 역시나 그 배우를 전혀 좋아할 수 없었죠. 그녀는 자신의 성공에 너무 도취한 나머지 매사에 자신이 여신이라도 되는 양 행동했습니다. 하지만 그녀의 손이 참 아름답다는 것만큼은 나도 인정해야 했죠. 그래서 나는 그녀의 손에 집중하며 사랑하는 장면들을 모두 소화해냈습니다. 그렇다고 내가 그녀와 키스하면서도 그녀의 손만 봤다는 건 아니에요. 상대에 대한 내 내면의 자세 혹은 마음가짐을 말하는 거예요."

사소한 일로 남편에게 화가 날 때 저도 비슷하게 생각합니다. 저도 그 즉시 남편이 얼마나 더 많은 좋은 점과 매력을 갖고 있는지 생각합니다. 상대의 긍정적이고 사랑스러운 부분에 집중할 때 마음을 열기가 한결 수월해집니다.

즉시 사랑에 빠지기

♡

배우들에게는 그런 단추 누르기식 생각의 전환이 분명 효과가 있는 것 같습니다. 연기 수업에서 그것을 집중적으로 연습하는 것만 봐도 말이지요. 수업 참가자들은 두 그룹으로 나뉩니다. 첫 번째 그룹이 원을 그리며 서면, 두 번째 그룹은 그 원 바깥으로 원을 그리며 섭니다. 그럼 두 사람씩 서로 마주 볼 수 있습니다. 그 두 사람은 2분 안에 서로 '사랑에 빠져야' 합니다. 선생은 스톱워치로 시간을 재고 2분이 지나면 바깥쪽 원에 선 참가자들에게 시계 방향으로 한 발자국씩 움직이게 합니다. 그럼 다들 다음 파트너 앞에 서게 됩니다. 여기에서도 2분 안에 상대의 사랑스러운 점을 찾아내 집중하고 '사랑에 빠집니다'!

여러분은 어떤가요? 누군가에게서 매력적인 점을 찾고 그것에 집중하는 데 얼마의 시간이 필요할 것 같나요? 이 연습을 전혀 모르는 사람과는 도저히 할 수 없을 것 같나요? 그래도 괜찮습니다. 하지만 여러분이 일생을 함께하기로 한 사람이라면 매력적이고, 사랑스럽고, 놀랍고, 섹시한 부분을 구체적으로 인식할 수 있어야 합니다.

화가 아니라 변화에 여러분의 에너지를 집중하세요!

파트너에 대한 긍정적인 것이 아무것도 떠오르지 않고 따라서 그것에 집중할 수도 없다면 여러분은 절망하게 될지도 모릅니다. 때로는 파편 더미가 너무 커서 인내심을 갖고 조금씩 치워야 합니다. 이 책 맨 앞 '테스트' 부분의 세 번째 질문에 답했던 것들(한때 혹은 지금 여러분이 상대에 대해 긍정적으로 생각하고 좋게 보는 것들)을 기억해 보면 긍정적인 집중에 도움이 될 것입니다.

사랑을 위한 7주

♡

오랜 시간 의도적으로 무언가 다른 것을 하다 보면 습관은 바뀌게 되어 있습니다. 그렇다면 '긍정적으로 보기 능력 단련하기'라는 목표를 세우고 지금부터 7주 동안 여러분과 파트너 사이의 좋은 점들에 한층 더 집중해 보세요. 그동안 '하루 한 번' 규칙을 꼭 명심하길 바랍니다. 여러분 자신 혹은 상대에 대한 비판은 꼭 필요할 때 하루에 한 번만 하는 것입니다. 상대의 비판할 점을 썼던 종이에 상대가 꼭 알아야 할 점이 있나요? 있다면 그것을 상대에게 말하되 꼭 적당한 때 기회를 봐서 예의를 갖추어 말하기 바랍니다. 아니면 그 종이를 말없이 태워 버리고 머릿속도 가볍게 둘만의 긍정적인 미래에 집중하는 방법도 있습니다. 여러분의 파트너도 함께 그 종이를 보고 서로의 질문에 똑같이 대답한 후라면 함께 그 모든 비판적인 생각을 태워 버리세요. 그다음 앞의 '테스트'에서 적은 세 번째 질문(관계에 있어 좋은 점)과 네 번째 질문(소망과 꿈)의 답을 서로에게 읽어 주십시오. 그리고 이후 7주 동안은 매일 밤 '세 가지 요지 일기'를 씁니다. 원한다면 함께 써도 좋습니다. 그 첫 4주 동안은 여러분의 건강을 가장 먼저 생각하고 스스로의 행복을 위해 급진적 자기애를 실천합니다. 그런 다음 여러분의 파트너와 그 관계를 사랑으로 보살필 수 있습니다. 가능한 한 그 7주 안에 파트너와의 색다른 데이트를 최소한 두 번 하도록 계획을 짭니다. '소원을 들어 주는 지니 데이트'도 더할 나위 없이 좋습니다.

사랑을 위해 그 7주를 무사히 보냈다면 놀라운 변화가 느껴질 것입니다. 그럼 평가 시간을 가져 보세요. 혼자 노력했다면 혼자, 둘이 함께 노력했다면 함께 평가해 봅니다.

- 무엇이 달라졌나요?
- 무엇이 특히 좋았나요?
- 아쉬운 점이 있었나요?
- 어떤 점을 깨달았나요? 마음이 아팠던 깨달음, 놀라웠던 깨달음, 재밌는 깨달음 … 다 좋습니다.
- 언제 어디서 처음 효과를 느꼈고 변화를 감지했나요?
- 7주 동안 무엇을 배웠나요?
- 기꺼이 계속 유지하고 싶은 것이 있나요?
- 앞으로 더 명심하고 싶은 것이 있나요?
- 엄숙하게 약속 혹은 맹세하고 싶은 것이 있나요?

저는 이 책이 여러분에게 힘과 확신을 주어 포기하지 않고 계속 노력할 수 있기를 바랍니다. 정말로 원한다면 관계는 바꿀 수 있습니다. 이제 더 이상 싫다면, 그런 마음이 자신과 상대를 속이는 것이 아니라면 그것도 좋습니다. 무엇을 원하든 그것에 마음의 준비가 되어 있고 열정도 있을 때, 그리고 자신의 생각과 방식을 정직하게 들여다볼 때 원하는 변화는 저절로 일어날 것입니다.

"원하는 자 길을 발견하고 원하지 않는 자 핑계를 발견한다."(알베르 카뮈)

어린아이에게 배우기
♡

우리는 살면서 얼마나 자주 어린아이들에게 배우나요? 이제 막 걸음마를 시작한 아이는 자꾸 넘어져도 굴하지 않고 다시 일어나 요령을 터득할 때까지 마치 처음처럼 다시 시도합니다.

급진적 자기애에 관해서도 우리는 아이들에게 많은 것을 배울 수 있습니다. 아이들은 분명히 그리고 직접적으로 자신이 원하는 것과 절대 싫어하는 것을 말합니다. 놀이터에서 보면 아이들이 심지어 서로 다른 언어를 쓰고 서로 다른 문화에서 자라고 있음에도 서로를 잘 이해하는 모습을 보고 놀라게 됩니다. 아이들이 아무것도 아닌 일로 서로 티격태격하거나 소리치며 싸우는 모습도 자주 봅니다. 자주 싸우는 커플들도 그런 아이들과 똑같지만 중요한 차이점이 하나 있습니다. 아이들은 5분이 지나면 다 잊어버리고 다시 함께 예쁜 모래성을 짓습니다. 그렇게 하는 것이 삽으로 머리를 치며 싸우는 것보다 더 만족스럽기 때문이죠. 우리 어른들은 때로 무엇이 더 중요한지 잘 보지 못하는 것 같습니다.

급진적 자기애를 실천하고 사랑으로 파트너에게 다가가기가 매우 어려운 사람도 분명 있을 것입니다. 하지만 사랑에는 진심을 다해 모험을 걸어 볼 가치가 분명히 있습니다. 여러분의 감정을 당당하게 말하는 용기를 갖고, 행복을 위해 여러분만의 길을 신뢰하는 지혜를 갖기 바랍니다.

감사의 말

저는 감사할 게 많은 사람입니다! 어릴 때 저를 특히 예뻐해 주신 독일어 선생님이 한 분 계셨는데, 그분 덕분에 저는 한참 어린 나이에 이미 제 작가적 재능을 굳게 믿었고 언젠가는 책을 쓰리라 결심했었습니다. 하지만 제 인생의 다른 많은 좋은 사람들의 도움과 귀한 경험들이 없었다면 감히 이 책을 낼 생각은 하지 못했을 것입니다. 특히 관계 번아웃 주제를 적극적으로 추천해 준 라스 슐츠-코삭에게 고마운 마음을 전합니다. 그리고 집필과 제작 과정에 도움을 준 다른, 많은 친구들에게도 감사합니다. 여기에는 물론 우리 상담소의 내담자들도 포함됩니다. 이분들 덕분에 저는 수년 동안 소중한 경험을 많이 할 수 있었고 이 책도 쓸 수 있었습니다.

사랑과 인내심이 넘치고 그 누구보다 창의적인 저의 배우자도 이 책 집필 프로젝트에 빼놓을 수 없는 공헌자입니다. 남편은 이 책 집필을 끊임없이 장려해 주었고, 촉구했으며, 지지해 주었습니다. 그리고 제가 쓴 원고를 더할 수 없는 현명함과 전문가다운 시각으로 거듭 읽고 교정해 주었습니다. 남편 덕분에 저는 사랑도 세월이 흐를수록 더 아름다워지고 더 깊어질 수 있음을 배웠고, 이 책에서 제가 설명한 원칙들이 실제 그 효과가 좋음을 알게 되었습니다. 저는 여전히 우리가 함께할 미래를 언제나 고대하고 있습니다. 그리고 이 책이 가능한 한 수많은 사람에게 닿아 매일매일 조금의 노력으로 관계의 탄탄한 토대를 만들고, 그 결과 저처럼 그동안 꿈꾸던 아름다운 삶을 살아가게 되길 바랍니다.

참고문헌

Algoe, Sara B./Gable, Shelly L./Maisel, Natalya C.: It's the little things: Everyday gratitude as a booster shot for romantic relationships. Personal Relationships, 17 IARR University of Illinois, Urbana-Champaign 2010.

Ariely, Dan: Denken hilft zwar, nützt aber nichts: Warum wir immer wieder unvernünftige Entscheidungen treffen. München 2008.

Ballreich, Rudi/Hüther, Gerald: Du gehst mir auf die Nerven! Neurobiologische Aspekte der Konfliktberatung. Mülheim-Baden 2009

Bargh, John A./Chen, Mark/Burrows, Lara: Automaticity of Social Behavior: Direct Effects of Trait Construct and Stereotype Activation on Action. New York University: Journal of Personality and Social Psychology 1996, Vol. 71, No. 2, 230-244

Bernhardt, Klaus: Panikattacken und andere Angststorungen loswerden: Wie die Hirnforschung hilft, Angst und Panik für immer zu besiegen. München 2017

Bernhardt, Klaus: Depression und Burnout loswerden: Wie seelische Tiefs wirklich entstehen, und was Sie dagegen tun können. München 2019

Bowlby, John: Bindung als sichere Basis. Grundlagen und Anwendung der Bindungstheorie. München 2014

Breines, Juliana/Chen, Serena: "Self-compassion increases self-improvement motivation". Personality & Social Psychology Bulletin 2012 Sep; 38(9):1133-43

Brown, Brené: Verletzlichkeit macht stark: Wie wir unsere Schutzmechanismen aufgeben und innerlich reich werden. München 2013

Bucay, Jorge/Salinas, Silvia: Liebe mit offenen Augen. Frankfurt/M. 2010

Carvalho, Sérgio A./Gillanders, David/Palmeira, Lara/Pinto-Gouveia, José/
Castilho, Paula: "Mindfulness, selfcompassion, and depressive
symptoms in chronic pain: The role of pain acceptance", in: Clini-
cal Psychology Volume 74, Issue 12 December 2018 Pages 2094-
2106

Chapman, Gary: Die funf Sprachen der Liebe: Wie Kommunikation in der
Ehe gelingt. Marburg 2012

Charvet, Shelle R.: Wort sei Dank: Von der Anwendung und Wirkung ef-
fektiver Sprachmuster. Angewandtes NLP. Paderborn 1998

Charvet, Shelle R.: Words That Change Minds: The 14 Patterns for Master-
ing the Language of Influence. Institute for Influence 2019

Clement, Ulrich: Guter Sex trotz Liebe: Wege aus der verkehrsberuhigten
Zone. Berlin 2006

Chopra, Deepak/Chopra, Gotham: Entdecke die Kraft der Superhelden in
dir ... und verändere die Welt. Bielefeld 2012

Damasio, Antonio, in: Tepperwein, Kurt: Öffne dich und liebe. München
2008

Dieterich: Marianne (Hrsg.): Fortschritte der Neurologie und Psychiatrie.
83 (05) Stuttgart 2015

Dijksterhuis,Ap: Das kluge Unbewusste: Denken mit Gefühl und Intuition.
Stuttgart 2015

Ebbesen, Ebbe B./Duncan, Birt/Konečni, Vladimir J.: "Effects of content of verbal aggression on future verbal aggression: A field experiment", in: Journal of Experimental Social Psychology. Amsterdam 1975

Fincham, F. D.: "The kiss of the porcupines. From attributing responsibility to forgiving." International Association for Relationship Research, Personal Relationships, 7, 1-23. 2000

Fisher, Helen/Pawelke, Gudrun: Warum wir lieben. Die Chemie der Leidenschaft. Düsseldorf, Zurich 2005

Frankl, Viktor E.: Ärztliche Seelsorge: Grundlagen der Logotherapie und Existenzanalyse. Mit den "Zehn Thesen über die Person". München 2007

Frankl, Viktor E.: "Paradoxical intention and dereflection" Psychotherapy: Theory, Research & Practice, Division of Psychotherapy (29), American Psychological Association, 12

Frankl, Viktor E.: ... trotzdem Ja zum Leben sagen: Ein Psychologe erlebt das Konzentrationslager. München 2009

Freudenberger, Herbert/North, Gail: Burnout bei Frauen: Über das Gefühl des Ausgebranntseins. Frankfurt/M. 2012

Gailliot Matthew T./Baumeister Roy F./DeWall C. Nathan/Maner Jon K./ Plant E. A./Tice D. M./Brewer L. E./Schmeichel B. J.: "Self-Control Relies on Glucose as a Limited Energy Source", in: Journal of Personality and Social Psychology. American Psychological Association 2007

Gelles, Richard J.: "Violence in the Family: A Review of Research in the Seventies." Journal of Marriage and Family, Vol. 42, No. 4, Decade Review 1980. Published by: National Council on Family Relations

Gilbert, Daniel: Ins Glück stolpern: Suche dein Gluck nicht, dann findet es dich von selbst. München 2008

Gillath, Omri/Bunge, Silvia A./Shaver, Phillip R./Wendelken, Carter/ Mikulincer, Mario: "Attachment-style differences in the ability to suppress negative thoughts: Exploring the neural correlates", in: NeuroImage Volume 28, Issue 4 Dez. 2005.

Giltay, Erik J./Kamphuis, Marjolein H./Kalmijn, Sandra/Zitman, Frans G./Kromhout, Daan: "Dispositional Optimism and the Risk of Cardiovascular Death: The Zutphen Elderly Study." Archives of Internal Medicine 2006

Gottman, John/Silver, Nan: Die Vermessung der Liebe. Vertrauen und
    Betrug in Paarbeziehungen. Stuttgart 2016

Gottman, John : Die 7 Geheimnisse der glucklichen Ehe. Berlin 2014

Herbert, Betty: 52 Verführungen: Ein Paar holt sich die Lust zurück.
    München 2012

Helmreich, Isabella/Lieb, Klaus: "Resilienz Schutzmechanismen gegen
    Burnout und Depression", in: InFo Neurologie & Psychiatrie
    2015, Volume 17, Issue 2, pp 52-62

Hooley, Jill M.: "Criticism and the Course of Mental Disorders", in:
    Schutt, Russell K.: Social Neuroscience: Brain, Mind, and Soci-
    ety. Harvard 2015

Kahneman, Daniel: Schnelles Denken, langsames Denken. Berlin 2012

Klees, Katharina: Paare im Konflikt. Ostfildern 1996

Knörzer, Wolfgang/Amler, Wolfgang/Rupp, Robert: Mentale Starke en-
    twickeln - das Heidelberger Kompetenztraining in der schulischen
    Praxis. Weinheim 2011

Lerner, Harriet: Beziehungsregeln: Die ultimativen Tipps für alle, die
    Partnerschaftskrisen satt haben. München 2014

Levy, Becca R./Slade, Martin D./Kunkel, Suzanne R./Kasl, Stanislav V.:
    "Attitudes and Social Cognition: Longevity Increased by Positive
    Self-Perceptions of Aging", in: Journal of Personality and Social
    Psychology, Vol. 83, 2002

Lindgren Astrid: Pippi Langstrumpf. Hamburg 1970

Ludersa, Eileen/Togaa, Arthur W./Leporea, Natasha/Gaserb, Christian:
    "The underlying anatomical correlates of long-term meditation:
    Larger hippo-campal and frontal volumes of gray matter", in:
    NeuroImage Volume 45, 2009

Maruta, Toshihiko/Colligan, Robert C./Malinchoc, Michael/Offord, Ken-
    neth P.: "Optimists vs Pessimists: Survival Rate Among Medical
    Patients Over a 30-Year Period", in: Mayo Clinic Proceedings
    2000

McNeill, David: Gesture and Thought. Chicago 2005

Moeller, Michael L.: Die Liebe ist das Kind der Freiheit. Reinbek 2010

Muise, Amy/Schimmack, Ulrich/Impett, Emily A.: "Sexual Frequency
    Predicts Greater Well-Being, But More is Not Always Better", in:
    Social Psychological and Personality Science, Vol. 7 issue 4, 295-
    302, 2015

Nagler, William/Androff, Anne: Die 6 schmutzigen kleinen Regeln der
   Liebe. München, 1993

Patterson, Kerry/Switzler, Al/McMillan, Ron/Grenny, Joseph: Heikle
   Gesprache. Worauf es ankommt, wenn viel auf dem Spiel steht.
   Wien 2012

Proyer, Rene T./Gander, Fabian/Wellenzohn, Sara/Ruch, Willibald: "Nine
   beautiful things: A self-administered online positive psychology
   intervention on the beauty in nature, arts, and behaviors increases
   happiness and ameliorates depressive symptoms", in: Personality
   and Individual Differences, The Official Journal of the Interna-
   tional Society for the Study of Individual Differences (ISSID);
   Vol. 94. 2016

Reissman, Charlotte/Aron, Arthur/Bergen, Merlynn R.: "Shared Activities
   and Marital Satisfaction: Causal Direction and Self-Expansion
   versus Boredom", in: Journal of Social and Personal Relation-
   ships, May 1993, vol. 10, no. 2, 243-254

Robinson, Jonathan: Das Geheimnis guter Paarkommunikation: Einfach
   und effektiv Konflikte abbauen und die Liebe starken. Paderborn
   2013

Rosenthal, Jacobson: Pygmalion im Unterricht. Weinheim 1971

Rosenthal, Robert/Fode, K. L.: "The Effect of Experimenter Bias on the
   Performance of the Albino Rat", in: Behavioral Science 8 (1963),
   S. 183-189

Roth, Gerhard/Opolka, Uwe: Angst, Furcht und ihre Bewaltigung. Olden-
   burg 2003

Roth, Gerhard: Fühlen, Denken, Handeln: Wie das Gehirn unser Verhalten
   steuert. Frankfurt/M. 2003

Schmidbauer Wolfgang: Hilflose Helfer: Über die seelische Problematik
   der helfenden Berufe. Reinbek 1992

Scherer, Hermann: Schatzfinder: Warum manche das Leben ihrer Träume
   suchen - und andere es längst leben. Frankfurt/M. 2014

Schnarch, David: Die Psychologie sexueller Leidenschaft. Stuttgart 2013

Schultz, Wolfram: "Dopamine neurons and their role in reward mecha-
   nisms", in: Current Opinion in Neurobiology, Volume 7, Issue 2,
   April 1997, S. 191-197

Schulz von Thun, Friedemann: Miteinander reden 1: Störungen und
   Klärungen. Allgemeine Psychologie der Kommunikation. Ham-

burg 2010

Shafy, Samiha: "Wenn die Hirnmasse schrumpft", in: Spiegel Wissen
    1/2011

Shaw, Julia: Das trügerische Gedächtnis: Wie unser Gehirn Erinnerungen
    fälscht. München 2016

Spezzano, Chuck/Panster, Andrea: Beziehungs-Notfall-Set. Die Ge-
    setzmäßigkeiten unserer Beziehungen verstehen. München 2009

Sollner W. et al.: "Repräsentation früher Bindungsbeziehungen und Emo-
    tionsregulation bei Patienten mit Burnout-Syndrom", in: PPmP·P
    sychotherapie·Psychosomatik·Medizinische Psychologie 2016; 66
    (6); S. 227-234

Thiel, Christian: Streit ist auch keine Lösung: Wie Sie in Ihrer Partner-
    schaft das bekommen, was Sie wirklich wollen. Hannover 2013

Trincker, Dietrich: In: Verra, Stefan: Hey, dein Körper spricht! Worum es
    bei Korpersprache wirklich geht. Hamburg 2015

Vesper, Elke: Ist unsere Liebe noch zu retten? 12 Schritte zu einer starken
    Partnerschaft. Frankfurt/M. 2010

Welt.de: "15-jähriger Schüler revolutioniert die Krebsmedizin" Link:
    https://www.welt.de/gesundheit/article113630589/15-jaehriger-
    Schueler-revolutioniert-die-Krebsmedizin.html (aufgerufen am
    21. Juli 2019)

Wissenschaft.de: "Lug und Selbstbetrug" Link: https://www.wissenschaft.
    de/umwelt-natur/lug-und-selbstbetrug/ (aufgerufen am 21. Juli
    2019)

Woollett, Katherine/Maguire, Eleanor A.: "Acquiring 'the Knowledge' of
    London's Layout Drives Structural Brain Changes", in: Current
    Biology. Dec. 2011

Zessin, Ulli/Dickhäuser, Oliver/Garbade, Sven: "The Relationship Between
    Self-Compassion and Well-Being: A Meta-Analysis", in: Applied
    Psychology: Health and Well-Being, Volume 7, Issue 3 2015

출처

1   Fisher, Helen: Warum wir lieben. Die Chemie der Leidenschaft. Dusseldorf, Zurich 2005

2   Damasio, Antonio, in: Tepperwein, Kurt: Öffne dich und liebe. Munchen 2008

3   Bucay, Jorge/Salinas, Silvia: Liebe mit offenen Augen. Frankfurt/M. 2010

4   Freudenberger, Herbert/North, Gail: Burnout bei Frauen: Über das Gefühl des Ausgebranntseins. Frankfurt am Main 2012

5   Shaw, Julia: Das trügerische Gedächtnis: Wie unser Gehirn Erinnerungen fälscht. München 2016

6   Proyer, Rene T./Gander, Fabian/Wellenzohn, Sara/Ruch, Willibald: "Nine beautiful things: A self-administered online positive psychology intervention on the beauty in nature, arts, and behaviors increases happiness and ameliorates depressive symptoms", in: Personality and Individual Differences, The Official Journal of the International Society for the Study of Individual Differences (ISSID); Vol. 94. 2016

7   Rosenthal, Jacobson: Pygmalion im Unterricht. Weinheim 1971

8   Rosenthal, Robert/Fode, K. L.: "The Effect of Experimenter Bias on the Performance of the Albino Rat". Behavioral Science 8 (1963), S. 183-189

9   Welt.de: "15-jähriger Schüler revolutioniert die Krebsmedizin" Link: https://www.welt.de/gesundheit/article113630589/15-

jaehriger-Schuelerrevolutioniert-die-Krebsmedizin.html
(aufgerufen am 21. Juli 2017)

10   Charvet, Shelle R.: "Words That Change Minds: The 14 Patterns
for Mastering the Language of Influence. Institute for Influence
2019

11   Söllner W. et al.: "Repräsentation früher Bindungsbeziehungen
und Emotionsregulation bei Patienten mit Burnout-Syndrom",
in: PPmP·Psychotherapie·Psychosomatik·Medizinische
Psychologie; 66 (6); S. 227-234, 2016

12   Kahneman, Daniel: Schnelles Denken, langsames Denken.
Berlin 2012

13   Lindgren Astrid: Pippi Langstrumpf. Hamburg 1970

14   https://www.wissenschaft.de/umwelt-natur/lug-und-selbstbetrug/

15   Roth, Gerhard/Opolka, Uwe: Angst, Furcht und ihre
Bewältigung. Oldenburg 2003

16   Levy, Becca R./Slade, Martin D./Kunkel, Suzanne R./Kasl,
Stanislav V.: "Attitudes and Social Cognition: Longevity
Increased by Positive Self-Perceptions of Aging", in: Journal of
Personality and Social Psychology, Vol 83 2002

17   Giltay, Erik J./Kamphuis, Marjolein H./Kalmijn, Sandra/Zitman,
Frans G./Kromhout, Daan: "Dispositional Optimism and the
Risk of Cardiovascular Death: The Zutphen Elderly Study."
Archives of Internal Medicine 2006

18 Trincker, Dietrich, in: Verra, Stefan: Hey, dein Körper spricht!
    Worum es bei Körpersprache wirklich geht. Hamburg 2015
19 https://programm.ard.de/TV/Programm/Jetzt-im-
    TV/?sendung=281139708773972
20 Roth, Gerhard: Fühlen, Denken, Handeln: Wie das Gehirn unser
    Verhalten steuert. Frankfurt/M. 2003
21 Schulz von Thun, Friedemann: Miteinander reden 1: Störungen
    und Klärungen. Allgemeine Psychologie der Kommunikation.
    Hamburg 2010
22 Hooley, Jill M.: "Criticism and the Course of Mental Disorders",
    in: Schutt, Russell K.: Social Neuroscience: Brain, Mind, and
    Society. Harvard 2015
23 Nagler, William/Androff, Anne: Die 6 schmutzigen kleinen
    Regeln der Liebe. München 1993
24 Pausch, Randy: Last Lecture - Die Lehren meines Lebens 15.
    Dezember 2009
25 Fincham, F. D.: "The kiss of the porcupines. From attributing
    responsibility to forgiving", in: International Association for
    Relationship Research 7, Personal Relationships, 1-23 2000
26 Kahneman, Daniel: Schnelles Denken, langsames Denken.
    Berlin 2012
27 Chapman, Gary: Die funf Sprachen der Liebe: Wie
    Kommunikation in der Ehe gelingt. Marburg 2012
28 Brown, Brené: Verletzlichkeit macht stark: Wie wir unsere
    Schutzmechanismen aufgeben und innerlich reich werden. München
    2013
29 Herbert, Betty: 52 Verführungen: Ein Paar holt sich die Lust
    zurück. München 2012

관계 번아웃에 빠진
커플을 위한 실천 뇌 과학

당신의 뇌가
사랑을
의심할 때

2022년 1월 20일 초판 1쇄 발행

지은이 **다니엘라 베른하르트** • 옮긴이 추미란
발행인 **박상근(至弘)** • 편집인 류지호 • 상무이사 양동민 • 편집이사 김선경
책임편집 김재호 • 편집 이상근, 양민호, 김소영, 권순범 • 디자인 쿠담디자인
제작 김명환 • 마케팅 김대현, 정승채, 이선호 • 관리 윤정안
펴낸 곳 불광출판사 (03150) 서울시 종로구 우정국로 45-13, 3층
　　　　대표전화 02) 420-3200 편집부 02) 420-3300 팩시밀리 02) 420-3400
　　　　출판등록 제300-2009-130호(1979. 10. 10.)

ISBN 978-89-7479-985-4 (03180)
값 17,000원